释疑・解惑・见微

顾文/著

易经今解

华夏出版社

图书在版编目（CIP）数据

易经今解：释疑·解惑·见微 / 顾文著. -- 北京：华夏出版社有限公司，2024.9. -- ISBN 978-7-5222-0734-6

Ⅰ．B221.2

中国国家版本馆 CIP 数据核字第 2024QD0672 号

易经今解：释疑·解惑·见微

作　　者	顾　文
责任编辑	张　平　曾　华
责任印制	周　然
出版发行	华夏出版社有限公司
经　　销	新华书店
印　　装	河北宝昌佳彩印刷有限公司
版　　次	2024 年 9 月北京第 1 版 2024 年 9 月北京第 1 次印刷
开　　本	710mm×1000mm　1/16 开
印　　张	27.25
字　　数	446 千字
定　　价	79.00 元

华夏出版社有限公司　地址：北京市东直门外香河园北里 4 号　邮编：100028
　　　　　　　　　　网址：www.hxph.com.cn　　电话：（010）64618981
若发现本版图书有印装质量问题，请与我社营销中心联系调换。

自 序

甲辰龙抬头，四处望地球。
地球有秘密，说旧又不旧。
周而又复始，还是转悠悠。

旧的去了，新的又来！这种循环不已，就是《周易》。

此处走不出去，开个门洞走出去！这种变通，亦是《周易》。

人生是一个"有有无无"的过程。有的时候不嘚瑟，无的时候不丧气，这份淡定和从容，也是《周易》。

"密云不雨，自我西郊。"眼看天要下雨，却又不下了，怎么办？回家睡觉或者喝酒去！该等待的时候就等待，这种灵活，还是《周易》。

有个小官为了显摆，借了大官四马拉的车出游。有一伙盗贼专抢四马拉的车，结果小官被盗贼杀了！"享受不该享受的福，是祸"，这种认知，更是《周易》。

……

《周易》凝聚着人类古老又新鲜的智慧。

历朝历代对《周易》的解读和阐释汗牛充栋，为什么我还要写一本？我想到了满汉全席和韭黄炒鸡蛋。名扬四海的满汉全席为什么推广不开来，而韭黄炒鸡蛋却家家户户都在做？简单、明了的，让人易懂、好学的，就会传播得快！

所以，我想编写一本让人"好读"的《周易》。

因为，中华传统文化在民族复兴当中，一定是"一夜春风过万家，满园深浅吐芳华"。

世代更迭，语汇更新。

用符合今人的阅读习惯，特别是年轻人的阅读习惯，去阐释古老的《周易》，我以为这是值得鼓励的。《易经今解》力求简明，在一些重要的地方想做到提纲挈领。

史书史料要适度更新，随着朝代的认知发展去"接龙"。比如，有史学家说"朱门酒肉臭，路有冻死骨"应为"朱门酒肉嗅，路有冻死骨"，有钱人家的酒肉香气在门外边都能嗅到，而路上还有冻死骨。

我以为，古书、古知识的"接龙"很重要。

《易经今解》最大的特点是每一卦之后，都附有对应六爻的新编"应爻爻辞"。这些"爻辞"是用当代人的思维习惯去理解原著的意义，用现代的语言陈述，通俗易懂，帮助读者释疑、解惑、见微。

这应该是本书的一大亮点。

龙年伊始，《易经今解》将要付梓，我得写一个序，就像女子出嫁，要一块红头盖。

甲辰之春，作者于北部湾畔

目 录
Contents

第一章　我们这样认识《周易》/ 1

《周易》的简历 / 3
　易 / 3
　《易经》/ 3
　《周易》/ 4
　爻 / 4
　卦 / 5
《易经》经久不衰的奥秘 / 6
《周易》"天人合一"的哲
　学思想 / 6

《易经》与占卜 / 7
"三易"的由来 / 7
《周易》的结构 / 8
孔子读《易》/ 9
《周易》的传承 / 10
预测的方法 / 15
常用的术语 / 18

第二章　《周易》上下经 / 21

《周易》上经 / 23
乾 ䷀ / 23
坤 ䷁ / 39
屯 ䷂ / 48
蒙 ䷃ / 54
需 ䷄ / 60
讼 ䷅ / 65
师 ䷆ / 70

比 ䷇ / 75
小畜 ䷈ / 80
履 ䷉ / 85
泰 ䷊ / 89
否 ䷋ / 94
同人 ䷌ / 99
大有 ䷍ / 104

谦 ䷎ / 109	剥 ䷖ / 149
豫 ䷏ / 114	复 ䷗ / 153
随 ䷐ / 119	无妄 ䷘ / 158
蛊 ䷑ / 124	大畜 ䷙ / 162
临 ䷒ / 129	颐 ䷚ / 167
观 ䷓ / 134	大过 ䷛ / 171
噬嗑 ䷔ / 139	坎 ䷜ / 176
贲 ䷕ / 144	离 ䷝ / 181

《周易》下经 / 185

咸 ䷞ / 185	井 ䷯ / 269
恒 ䷟ / 191	革 ䷰ / 274
遁 ䷠ / 196	鼎 ䷱ / 280
大壮 ䷡ / 200	震 ䷲ / 285
晋 ䷢ / 205	艮 ䷳ / 289
明夷 ䷣ / 210	渐 ䷴ / 294
家人 ䷤ / 215	归妹 ䷵ / 299
睽 ䷥ / 220	丰 ䷶ / 304
蹇 ䷦ / 225	旅 ䷷ / 309
解 ䷧ / 230	巽 ䷸ / 314
损 ䷨ / 235	兑 ䷹ / 318
益 ䷩ / 240	涣 ䷺ / 322
夬 ䷪ / 245	节 ䷻ / 326
姤 ䷫ / 250	中孚 ䷼ / 330
萃 ䷬ / 255	小过 ䷽ / 335
升 ䷭ / 260	既济 ䷾ / 340
困 ䷮ / 264	未济 ䷿ / 345

第三章 学《易》之传 / 351

　　系辞传 / 353
　　说卦传 / 392
　　序卦传 / 403
　　杂卦传 / 407

附录 易学人物 / 413

第一章

我们这样认识《周易》

第一章　我们这样认识《周易》

《周易》的简历

如果《周易》是一位公务员，那它要填干部简历表，要填姓名、曾用名、家庭成员等。以下便是它的简历——

易

简易、变易、不易。

通俗一点的说法是：

简单、变化、不易。

"三易"之中，"变易"是核心。变则通，是《周易》的核心思想。

要别人学习，就要容易；要别人上瘾，就要变化；要世人传承，就要简单。

"易"，含义为何？

一说，伏羲画八卦，有时"远取诸物"，"易"是飞鸟的形象。

一说，依据中国历史上第一部字书《说文解字》，"易"即蜴，是象蜥蜴的形。蜥蜴的保护色，随时间与环境不断变化，以"变化"的含义命名为"易"，以象征宇宙万象的千变万化。《说文解字》中又说，"易"由日月两字组成。日代表阳，月代表阴，因而，"易"象征阴阳二元。

后汉的郑玄在他的《易赞》中，将"易"的定义高度发挥。他说，"易"这个字，有简易、变易、不易三种含义。

《易经》

容易的经书，知变的经书。

准确而棒的解释！

史学界曾有这样的说法：《易》为"六经"之首。

"六经"：《诗》《书》《礼》《易》《乐》《春秋》。

自西汉起，《易》被尊为重要的儒家经典。《四库全书总目提要》说："《易》道广大，无所不包，旁及天文、地理、乐律、兵法、韵学、算术，以逮方外之炉火，皆可援《易》以为说。"

一说，《易》为"十三经"之首。"十三经"是儒家的基本著作，分别是《易》《诗》《书》《礼》《春秋》《左传》《公羊传》《穀梁传》《礼记》《孝经》《论语》《孟子》《尔雅》。这十三种著作，当以"经"的地位最高，"传""记"次之，《尔雅》又次之。《易》以其外层神秘、内蕴的哲理至深至宏而居首位。

《周易》

在周朝定版的《易经》。相传周文王被囚羑里，演易而得本。

传说"上下经"是周文王所作，但无确据；传说《易传》是孔子所作，亦无确据。世书皆如此"顺说"，十人证龟为鳖。

《周易》，有六十四卦，三百八十四爻。

一般说，《周易》是一本古代占筮之书。错！起码叙述得不完整。

《周易》，是哲学小品、诗歌、寓言、话本之大全。占筮，只是其众多功用中的一个实用、通俗的门类。

求证《周易》的作者至今仍然是个谜。在纷纭众说中，以司马迁的伏羲作八卦，周文王作六十四卦且作卦爻辞，孔子作传，最为流行。

"周"有两说：汉代郑玄认为"周"是"周普"的意思，也就是无所不备的意思；唐代孔颖达认为"周"为朝代名，指"周代"。

《周易》上经三十卦、下经三十四卦。"传"称"易传"或"易大传"，是对"经"的解释与评论，共有十篇，又称"十翼"。

易学史家一般认为，《周易》是现存最早的一部中国古代哲学著作，也是现存最早的一部中国古代占筮著作。

爻

《易经》六十四卦的基本符号是"—"和"--"，叫作"爻"。

就结构说，爻分阳爻和阴爻；就占筮说，爻还分动爻和静爻。

【阳爻】写法为"—"，占卜的意象为阳、天、君、大人、父、男、雄性、奇数等一切阳刚之人之物之形迹之现象。

【阴爻】写法为"- -",占卜的意象为阴、地、臣、小人、母、女、雌性、偶数等一切阴柔之人之物之形迹之现象。

【动爻】指在占卜过程中,爻变化的一个"变相"。比方说,这个爻现在是阴爻,但变动之后的客观存在就是阳爻了。老阴会变成老阳,老阳会变成老阴。

> **解说** 我们做一个比喻:一个女人,她是单身,是一个姑娘,但她已经订婚了,她"动"了之后,就是"人妻",就不再是姑娘了。但她目前还是姑娘!
>
> "老阴变老阳,老阳变老阴"的表现:如果摇三枚铜钱算卦,三枚铜钱都是阴面,那么这一爻就是动爻,代表着老阳;反之,三枚铜钱都是阳面,那么这一爻也是动爻,代表着老阴。阳太多了(过了)就是阴,阴太多了(过了)就是阳。一个女人生了五个儿子,女人变成老太婆最后死了,只剩下儿子们,这种变化就是"老阴变老阳";一个男人老了,阳刚之气没有了,他的长相也慢慢地越来越像女人,这种变化就是"老阳变老阴",其哲学意味非常浓厚。

【静爻】指没有变化因素影响的爻。原来是阴爻的还是阴爻,原来是阳爻的还是阳爻,一切如故。

卦

卦,分"经卦"与"复卦"两类。

【经卦】经卦也叫"小成卦",是《易经》的基本卦,共有八个,分别是乾、兑、离、震、巽、坎、艮、坤。

就占卜的意象来说,乾代表天,兑代表泽,离代表火,震代表木,巽代表风,坎代表水,艮代表山,坤代表地。每个经卦由三个爻组成。

【复卦】复卦也叫"大成卦",由两个经卦组成,共有六十四个。复卦的爻数就由三个变成六个了。

复卦有六个爻,由下往上数,最下的叫"初爻"(不叫"一爻"),其次叫"二爻"……最上的叫"上爻"（不叫"六爻"）。但因为爻分阴阳，为了方便说明每个爻在卦中的位置及其阴阳属性，我们习惯将阳爻叫作"九"，将阴爻叫作"六"。最下的阳爻就叫"初九"，其次叫"九二""九三"，接着的如果是阴爻，就叫"六四""六五"和"上六"。如此类推，举一反三。

复卦又分"内卦"与"外卦"。

【内卦】复卦之中，第一爻至第三爻（即下面的三爻）合起来叫"内卦"，也叫"下卦"。

【外卦】复卦之中，第四爻至第六爻（即上面的三爻）合起来叫"外卦"，也叫"上卦"。

《易经》经久不衰的奥秘

《易经·系辞传》说："古者包牺氏之王天下也，仰则观象于天，俯则观法于地，观鸟兽之文与地之宜，近取诸身，远取诸物，于是始作八卦，以通神明之德，以类万物之情。"请注意：仰观天文，俯察地理，取象于天，取法于地，取纹于鸟兽。也就是说，八卦源于"意象"而不是说理。"理"是有阶段性的，"象"却是万古不衰的。

这就是《易经》经久不衰的奥秘。

能在世界上流传并万古不衰的，一是意象，二是情感。

意象，可以包罗万象。对此，每一个人根据不同的体验，会得出不同的解释。情感是人类生命的结晶，只要把它放进生活里，人生就会特别有味道。

《易经》的优势，在于占据了"意象"。意象在什么时候都是新鲜、可想象的。《易经》把通万物之情、究天人之际，以至探索宇宙、人生必变、所变、不变的大原理，阐明人生知变、应变、适变的大法则，以及人类的行为规范等，全交给了"意象"，真是聪明至极。

《周易》"天人合一"的哲学思想

天理，即人道的天人合一的哲学思想。

第一章　我们这样认识《周易》

天人合一，是我国传统文化的基础、一切学术思想的根源，也是我国传统文化的最大特色。

孔子删《诗》《书》《礼》《乐》，作《春秋》，然后传述《易》。孔子"五十而读《易》"，又"韦编三绝"，读得那么认真，那么狂喜。儒家将《易》冠为"六经"之首。对于儒家所做的这么一个排序，我们应该相信它、尊重它。

春秋、战国时代的儒、道、墨等诸子百家，以及唐、宋以后儒、佛、道各家的学术思想，无不渊源于《易经》的天人之学。因此，要了解中国文化，就不能不由读《易经》入门。

《易经》与占卜

《易经》意象非常丰富，以至于后世许多人都把它当成一本占卜的书。

不可否认，《易经》确实是古代一部占卜的书。但也正因为是占卜的书，它才没有被秦始皇烧掉，得以流传到今天。

古时候民智未开，自然界还是一个强势的谜团。人的命运像汪洋中的一片树叶。于是，古人凡遇重大行事，必先求神问卜。

在河南安阳的殷墟遗址中，曾发掘出大量的龟甲，证实殷代盛行用龟甲占卜。古人把龟甲烧裂，以其纹路走向与形状占断吉凶，这叫"卜"。"卜"字，就是象龟甲裂纹的形。

到了周代，就多用蓍草占卜，称作"筮"。用蓍草占卜，既方便，又能降低成本。

古代有专门负责占卜的官员。依据《周礼·春官·宗伯》的记载，周代设有称作"大卜"的官，其依据"三易"，职掌占卜。

"三易"的由来

"三易"指《连山》《归藏》《周易》。

对"三易"的由来，说法不一。概括地说，一般认为，《连山》是夏代的易学，由艮卦开始，象征"山之出云，连绵不绝"；《归藏》是殷代的易学，由坤卦开始，象征"万物莫不归藏其中"；《周易》是周代的易学，由乾、坤二卦开始，象征"天地之间，天人之际"。

《连山》《归藏》都已经失传，今天的《易经》指《周易》。

一说，汉、魏以后的象数易学，就是《连山》《归藏》的遗存。由此可见，今天《易经》之外的一些占卜说法，有着《连山》《归藏》的渊源与影子，从中还可以看出，我国古代的占卜，不但源远流长，而且已经发展成有系统的学术体系了。

对占卜的争论，由来久矣。反方说，占卜的动机是先看结果，有利才行动，不利就不行动，这样的初衷就已经不纯正了。正方说，避凶趋吉是人类的本能，行事之前占卜并没有什么不妥。

宋代大儒朱熹说：《易》是用来占卜以决断疑惑的，但依道理，应当做的就应当做，不应当做的就不应当做，在这种情形下，根本用不着占卜。唯有正事，在方法上有分歧，因而感到迷惑时，才可以占卜。恶事、私欲，不可占卜。

《周易》的结构

《周易》包括本文与解说两部分。

本文，称作"经"；解说，称作"传"。

本文的"经"，是由象征符号组成的六十四个卦及其所附的用于解说的卦辞、爻辞构成的。

在解说的"传"中，多使用概括性的语言"刚"与"柔"，或"阳"与"阴"。所以，"阳爻"（—）也称作"刚爻"，"阴爻"（- -）也称作"柔爻"。

乾、坤两卦除了有形的六爻之外，还有无形的"用九"和"用六"。这是例外，在其他各卦中，都只有"初"到"上"的六爻。

伏羲是古代传说中的帝王。相传他是人面牛身的文化神。他首先画出三画的八卦，即乾、坤、震、巽、坎、离、艮、兑。这八种卦是《易》最原始的形式，象征宇宙万物。

但只用八卦，难以象征宇宙万物及其错综复杂的变化。于是，伏羲再将八卦重叠，推演成六十四卦。所以，在六爻的下方，原本注有说明上下卦名称的文字，如（☰），乾上乾下，意思是，上是乾卦，下是乾卦。

这种寓意用今天的书写方式难以体现，而古代的书写方式是自上而下竖写的。

卦辞也称作"彖辞"。

"彖"是一种有利齿的兽。这里的"彖辞"，是"断语"的意思。也就是说，卦辞是每一卦的占断语。

卦辞是周文王撰写的。《史记·太史公自序》中说："昔西伯（周文王没有称王时的爵位）拘羑里，演周易。"

周文王在被殷纣王囚禁在羑里期间，推演六十四卦，发愤著作卦辞。所以，《系辞传》说：卦辞的含义隐微，充满了危机感。

卦辞的后面是爻辞，解说六爻每一爻的含义。有说爻辞也是周文王写的。不过，爻辞中引述了许多文王身后发生的事件。本书认为，文王的儿子、创造周代文化黄金时代的周公著述爻辞的说法比较稳妥。

孔子读《易》

《十翼》被认为是孔子的著作。

《史记·孔子世家》说："孔子晚而喜《易》，序彖、系、象、说卦、文言。读《易》，韦编三绝。"当时的书，用漆写在竹简上，以皮带串订，称作"韦编"。孔子熟读《易》，串订的皮带都翻断了三次。

《史记》中的这一记述，依据的是《论语·述而》篇中孔子说："加我数年，五十以学《易》，可以无大过矣！"但学界认为，《十翼》的论点，前后多有出入，甚至有相抵触的部分，不可能出自孔子一人之手，可能还包含孔子的弟子或后世的著作。

《彖传》是对卦辞的解释，以六爻的全体形象说明卦的意义。

《象传》分为"大象"与"小象"。"大象"也是对卦的全体说明，但与《彖传》不同，是将六爻还原成三爻的八卦，以八卦所象征的事物来说明全卦。"小象"则与《彖传》近似，以各爻的位置为主，说明每一爻辞的意义。

《系辞传》是《易》的概论，它向后人昭示和提升了《易》的哲学高度。在我国哲学史上，《系辞传》是一部极其重要的论文。它使《易》不止于占卜。

系辞指文王、周公系在卦、爻后面的卦辞和爻辞，而《系辞传》则指孔子在整部《易经》后面的解说。因为孔子名气大，所以《系辞传》也称作"大传"。《易》与系辞之关系，犹如新娘与媒人。现在给人的印象是媒人比新娘重要得多了！

《文言传》是对六十四卦中最重要的乾、坤二卦进行的特别详细的说明。

"文"指修饰；"文言"即颂扬乾、坤二卦的伟大。这里的用意是，不单独有一篇文章，不足以说明这两卦的深刻含义，所以刻意用了修饰性的文辞。

《说卦传》可分成两部分，前半部分与《系辞传》相同，是《易》的概论，非常简明扼要；后半部分说明八卦所象征的现象。"说"是解说的意思。

《序卦传》，说明六十四卦的排列顺序与意义。

《杂卦传》，将六十四卦每一卦的特色，以性格相反的两卦为一对，用一句话扼要地说出。因为顺序与《序卦传》不同，所以说"杂"。"杂"是"将顺序错杂"的意思。

"经"与解说它的"传"，构成全部的《易经》。

我国现存最早的图书目录《汉书·艺文志》中说："故曰《易》道深矣，人更三圣，世历三古。"

这是说，由"八卦"到"十翼"，源远流长！《易经》是经过悠久的时间，积累多位圣贤的心血而成的。

"三圣"是指上古的伏羲，中古的文王、周公，近古的孔子。过了三圣之手，《易经》的权威性与深邃性就大大提升了。

以上关于《易经》的古代传说，后世有许多学者存疑。不过，《易经》是产生在极为悠远的古代，经过旷久的时间与许多人的睿智的累攒才得以完成的，则是不可否认的事实。

《周易》的传承

自古以来，注释《易》的书，不说多如牛毛，也可以说汗牛充栋。

《易》之所以到今日之高度，是一代又一代的学者、研究家，用研究

第一章　我们这样认识《周易》

专著作为基石，垒建起来的。

【孔子春秋读《易》，传至前汉为田何】 依据《汉书·儒林传》的说法，孔子传《易》于商瞿，商瞿五传至前汉的田何。前汉的易学，即以田何为主，但内容如何？今人由散见于《汉书》中的片言只语以及一些数据，简略地知道了孟喜、京房的易学，也知道那时已将《易》应用到历法当中去了。

【将《易》引入历法】 为什么《易》与历法有关？前汉到唐初，还是混沌初开。当时盛行天人相关的思想，认为天象与人事有因果关系。君主的言行是否得当，会直接反映在气候的顺调与否上，还会体现在天体运行当中。也就是说，如果君主的言行顺乎民意，那么就海晏河清，日正月圆；如果邪恶当道，必定天黄地玄，天怒人怨。

这种思想由来已久，到前汉时期，便导致阴阳家、五行家将自然与哲学混为一谈，并用到经典的解释中去了。

孟喜与京房的易学研究，就是承传了阴阴家、五行家的理论。京房还将他的易学，应用到了政治得失的占卜上。《汉魏丛书》中收录有《京氏易传》三卷，但与《汉书》中引用的许多《京氏易传》并不一致。当然，《汉书》中引用的内容比较可靠。清代的惠栋在他收录于《续皇统清经解》中的《易汉学》中，曾经极力使孟、京的理论复原。

【汉魏六朝注《易》传，仅王弼所作得以保全】 汉、魏、六朝时代的易注，除了三国时期魏的王弼所作外，都没有完整地保留下来。唐代的李鼎祚在他的《周易集解》中，曾经汇集当时散逸的诸说，清代学者们的古注复原多半依据这本书。保存比较完整的，有后汉的郑玄、荀爽，三国时期吴的虞翻，晋代的干宝等人的注解。在清代的惠栋以前，宋代的王应麟曾致力于郑玄的易注复原。清代的张惠言曾以《周易荀氏九家义》《周易虞氏义》《虞氏消息》《虞氏易礼》为篇名，将荀爽、虞翻的易注整理并收录于《皇清经解》中。

【汉易的变异】 郑、荀、虞的易注各具特色，但也有共同之处，即都不重视卦辞的象征意义，而只一字一词地望文生义，由该卦的字义去寻求答案。例如："至八月凶"，"八月"来自何处？"七日来复"为什么说"七日"？"无药有喜"，为什么卦中会有"无"与"药"？虽然八卦本身就有象征各种事物的解法，但是，像这样一字一词地去对应，字字斟酌地去理解卦辞所列举的象征，则无论如何也不够用了，走进了死胡同！

于是，他们另辟蹊径，别作发挥。孟喜、京房将特定的卦指定为十二个月，将爻指定为日，对阴阳、五行、数术家的理论，统统配合应用；《十翼》中没有"药"的概念，就分别成植物与矿物，于卦中寻求木与石的含义；如果还不能解释，就将阴阳爻改变，或将上下爻交换，强使经文的字句与卦形发生关联。这叫牵强附会！

前后汉的这些易学，包含以后采取同样解法的，统称"汉易"。由于特别重视卦的形象与数字，"汉易"也称作"象数易"。

"汉易"这种阴阳爻相互改变、上下爻相互交换的方法，也不完全出于杜撰。在《系辞传》中，已经有这种阴阳变易的理论。不过，有史学家认为，这样一字一词地对应，使《易》的注释繁琐复杂，反而造成混乱，使人不容易理解。有一部分易学家反对这一风气，三国魏的王弼是代表人物，他写了《周易注》。这是《易》研究的一个转折点！

这位年纪轻轻就夭折了的天才，生前注释了《老子》与《易》。《老子》与《易》是当时人人都爱读的书，统称"老易"或"易老"。在政治动荡不安的三国时代，人人都关注明哲保身的哲学，这两部处世智慧书，受到普遍的欢迎。王弼的易注，当然难免受到时局与人心思定、人心思保的影响。

王弼的注释，着重于把握经文的整体意义。只要把握住了全文的含义，他就不在乎经文中的一字一句的解读。例如"牛""马"等字，只不过是人世间某种现象的象征，不必拘泥于此事此物。卦的形象，只不过是象征，尽管有"牛""马"等字，但如果要由卦形中去寻求根据，也是枉费精力。基于这一构想，他将"汉易"中繁琐的象数完全割弃，尽可能以孔子的《十翼》来解说经文。这种只根据《十翼》注释的态度，始于前汉的费直。承袭这一系统的，还有郑玄、荀爽，但他们的注解也都超越了《十翼》的限制。完全应用费直的方法去注释《易经》的，当时只有王弼一人。

在王弼的易注中，到处弥漫着老子的气息，他因此而被后世儒家非难。然而，使混沌神秘的象数易学重新返回宁静的人的睿智世界，则不能不归功于王弼。

王弼的易注，具有划时代的意义，不久就取代了"汉易"，被唐代的《五经正义》采用。这可以说是"正本清源"，也可以说是"优胜劣汰"。

《五经正义》是一部极为详尽的注释书，也是钦定的儒家经典教科书，其中的《周易正义》十卷，采用了王弼的注解；王弼没有注释的《系辞传》《说卦传》《序卦传》《杂卦传》，则采用了晋代韩康伯的注释来补充。将这些注释引申发挥的是《十三经注疏》。

与"象数易"相对的是，王弼等人的着重伦理的"易注"被称作"义理易"。

宋代的易学，大体上继承王弼，有很多易注的著作都是王弼风格的，其中最严谨的，首推程颐的《伊川易传》四卷与朱熹的《周易本义》十二卷。

《伊川易传》的注释方法与王弼的大体上相同，不过，王弼注释中机智与飘逸的趣味风格则完全消失了，取而代之的是真挚的道义感。朱熹曾就此评说过：《伊川易传》，明白无难读之处。程颐的《伊川易传》，平易但稍显冗长。王弼的注释，虽然智慧风趣，但也有冗长之嫌。相比之下，程氏的则更严格，他将象数、占卜完全舍弃了。清代的王夫之评论程氏说：详于事理，但缺乏《易》的神秘性。顾炎武说：自古说《易》者数百家，但未见超出《程传》以上者。胡渭也赞扬：程氏排除自古以来混入《易》中的老子异端之说，解明《易》道，如日月在天。由此可见《伊川易传》在历史上的评价之好、地位之高。

【朱熹的《周易本义》】 朱熹的《周易本义》以体裁为其特色。《易经》本来是经文在前，传在后的，郑玄将《彖传》《象传》分散附于各卦的经文之后；王弼更进一步细分，将《彖传》与"大象"附在各卦辞的后面，将"小象"中除乾、坤两卦的外，都附在各爻辞的后面，并将《文言传》分开，放在乾、坤两卦之后，非常方便读者阅读。王弼注释所采用的这一体裁，一直延续到《伊川易传》。

但朱子复古，又恢复原来的形式。明永乐十三年，敕命修订的教科书《周易传义大全》，并载《伊川易传》与《周易本义》，但体裁仍然依照《伊川易传》，再将《彖传》《象传》《文言传》分附于经文之后。清康熙五十四年出版的《周易折中》，也并载程、朱的注释，但体裁却依照《周易本义》，再将"经"与"传"分开。

朱子的《周易本义》文字简洁。他自己说：在义理方面，《伊川易传》详细，因而简略。

在伦理的解释方面，《周易本义》与《伊川易传》没有什么出入。但与《伊川易传》显著不同的是，《周易本义》将《易》限定为占卜的书，认为经文就是问卜的占断，如"利攸往""利涉大川"就是旅行或行船时占卜的结果。这是朱子的局限性与不足。

王夫之等认为，朱子的这种见解是将《易》降低成世俗的占卜书，不可取。不过，也有学者认为，实际上，朱子的定义才是《易》的本来面貌。

朱子的《周易本义》载有邵雍、刘牧的"先天图""河图""洛书"。这些图是比《易》更早，将宇宙构造用神秘的数字图式化的成果。这有点像今天的数字电视而非模拟电视。对此，程氏完全不信，朱子则深信不疑。这是两人在神秘性上对《易》的观点之差异。

朱子是中国近代最伟大的哲学家。他的哲学体系，由元朝到清代，一直被视为科举的思想基准。科举考试必须具备的学养"四书""五经"都完全依据朱子学注释。但《易》的解释，则兼用程、朱。前述《周易传义大全》《周易折中》，就是为科举而钦定的教科书。

在朱子之后，又有宋代杨万里的《诚斋易传》、明代来知德的《周易集注》等名著。

【王夫之独特的"易注"】到了清代，对《易》的注释都排除王弼，而致力于"汉易"的复原。惠栋、张惠言等在这方面都有成就，所作的易注也都是"汉易"风格的。例如，收录在《皇清经解》中惠栋的《周易述》完全采用了虞翻的解法；而焦循的《易章句》和《易通释》虽然有独创的见解，但在本质上，仍然属于"汉易"模式与风格。

在清代，"汉易"盛行之前，有王夫之独特的易注《周易内传》与《周易外传》各七卷，还有《周易大象解》一卷，这些是不可忽略的成果。

他基于"汉易"的象数与程氏的义理同时不可偏废的观点，认为《易》不能拘泥为占卜的书，也不可限定为思维的书。"象数与义理，应当一致；占卜与思维，应当一理"是王夫之的观点。

他以宋代张载的《易说》为规范，全篇洋溢着充满活力的一元论，最为明快，富于趣味。不过，也许有趣得稍微过分了一些。

几千年的历史，像蜿蜒而去的长河。"易注"也一样，弯弯曲曲，来来去去。

"汉易"过于特殊繁琐，不易理解；王夫之的批注引人入胜，但个性太强烈；王弼的批注风采最动人，但解释得很晦涩，且老庄意味浓厚；程、朱的批注有理有义，可《程传》缺占卜，朱子欠风趣。

程、朱之"易说"，传承悠久，注释妥当，当是进入易学之门最便捷的途径。但那毕竟是古人之作，今日读来，还觉遥远，不够亲切。

因此，本人致力于编著一部明快、不需费多大神就可读懂的易学入门书。这本书，就像你在时间不多而事情多，但又想填饱肚子的时候，遇到了一家经典的快餐店。你不需要花多少时间就拿到了你想吃的东西，而且不烫嘴，快吃慢吃都可以，可以狼吞虎咽，也可以细嚼慢咽。

本书平易简明，智慧有趣。

预测的方法

预测，在古代叫占筮。占筮在古代五花八门，形式不一，要求不一。

占筮，尤其《易经》的占筮，有如下一些原则：不问不卦；三日一卦；只占正事、难事，不占偷鸡摸狗、偷天换日、偷梁换柱之事。

一、正式的筮法

以竹签为例，五十根竹签，先拿出一根始终不用，以象征天地未开之前的太极。

将余下的四十九根随意分开，握于左右手中。左手握的象征天，右手握的象征地。由右手中抽出一根，夹在左手小指与无名指之间，象征人。

放下右手中的竹签，用右手数左手中的竹签，每四根一数，象征四季，最后余下四根或四根以下，夹在左手无名指与中指之间，象征闰月。

再用左手数刚才右手中放下的竹签，每四根一数，最后余下四根或四根以下，夹在左手中指与食指之间。

小指与无名指之间的一根与左右手数余下的竹签，合起来必定是九或者五，以上是第一变。

将第一次余下的九或五根竹签除去，再用四十或四十四根竹签，同样地分握于左右手，由右手取出一根，夹在左手的小指与无名指之间，然后分别每四根一数，左右手余下的加上左手小指与无名指之间的一根，合起来必定是八或者四，以上是第二变。

再将其余的三十二或三十六根竹签，同样地数，余下的合计，必定是八或四。这是第三变。

经由以上三变，得到位置在最下方的第一爻。第一变余下的是九或五，第二、第三变都余下八或四，九与八是多数，五与四是少数。

三变中有两次多数一次少数，即九、四、八，九、八、四或五、八、八时，称作"少阳"，也简称"单"，就是阳爻，记录成"━"。

三变中有两次少数一次多数，即五、四、八，五、八、四或九、四、四时，称作"少阴"，也简称"拆"，就是阴爻，记录成"╌╌"。

三次都是少数，即五、四、四时，称作"老阳"，简称"重"，是阳爻，但也可能变成阴爻，记录成"口"。

三次都是多数，即九、八、八时，称作"老阴"，简称"交"，是阴爻，但也可能变成阳爻，记录成"×"。

老阴、老阳可能变化，称作"变爻"，少阴、少阳不变化，称作"不变爻"。

以数字表示，老阴是六，老阳是九。经文中常见的初六、初九等，就是这一类变爻。

如果是少阴，数字是八；如果是少阳，数字是七。

以上是最初的占筮方法。今人难有这样的耐心，所以，简化的手法早已有之。

二、简单的筮法

五十根竹签，先除去一根为太极。将四十九根竹签，分握于左右手，由右手中抽出一根，夹在左手的小指与无名指之间。用右手数左手中的竹签，八根一数，数尽时不留。余下的，加上左手小指与无名指之间的一根，合计，为一是乾卦，二是兑卦，三是离卦，四是震卦，五是巽卦，六是坎卦，七是艮卦，八是坤卦，一次就得到下卦。

再用四十九根竹签，同样地数，就得到上卦。

这样不会出现变爻。然后，再将四十九根竹签，分为左右，由右手取出一根，夹在左手的小指与无名指之间，将左手的竹签，六根一数，数尽时不留。余下的，加上左手小指与无名指之间的一根，合计，为一是初爻，二是第二爻，三是第三爻，四是第四爻，五是第五爻，六是上爻，用这样的方法确定卦中的变爻。

三、掷钱法

这是不用竹签的占筮法，依据唐代《仪礼正义》和《士冠礼》中所说的规则如下：

用三个铜钱抛掷：

两个面一个背时，是少阳"━"。

两个背一个面时，是少阴"╍"

三个背时，是变爻老阳"□"。

三个面时，是变爻老阴"×"。

这样，六次就可以由下而上得到全卦。六爻中有一个变爻时，占断看爻辞，有两个以上变爻时，占断看卦辞。

四、按时间起卦法

以年、月、日为上卦，年、月、日加时为下卦。

以年、月、日、时总数取爻。比如，子年为一，丑年为二，……直至亥年为十二。月也一样，按月的数字取数，一月是一，二月是二，三月是三，……一直到十二。日也按其数字取数，比方说，初一为一，初二为二，初三为三，……一直至三十，三十就为三十。

以年、月、日总数除以八，余数作为上卦。

以年、月、日总数加时辰数除以八，余数作为下卦。时辰数的计算方法，按子、丑、壬……一直数下去的顺序，子为一，丑为二，壬为三，以此类推。

动爻是年、月、日、时之总数除以六，所得的余数。余一为初爻，余二为二爻，余三为三爻，余四为四爻，余五为五爻，被六整除时，以六爻为动爻。

五、按字的笔画和字数起卦法

一字占。以一个笔画清楚且准确无误的字来占的话，有左右法、上下法和里外法三种。字为左右结构，左边的笔画为上卦，右边的笔画为下卦；字为上下结构，上边的笔画为上卦，下边的笔画为下卦；字为里外结构，外边的笔画为上卦，里边的笔画为下卦。

例如：回，外边是三画，上卦是离卦；里边也是三画，下卦也是离卦；合起来就是一个六爻卦离卦。

如果是两个字以上，就按字数起卦。

两个字，第一个字的笔画除以八，余数为上卦，第二个字的笔画除以八，余数为下卦。两个字的笔画相加除以六，余数为动爻。

三个字，第一个字为上卦，第二个字为下卦，第三个字为动爻。上、下卦的操作方法，与两个字的占法相同。

其他字数，不管多少，字数属偶数的，以两字占法为依据；字数属奇数的，上卦的字数比下卦的字数少一个，以总字数除以六，余数即是动爻。

六、按声音起卦法

按声音起卦，是按声数起卦。听到几声，即作为上卦。声数加时数作为下卦。动爻系总数除以六之余数。

若上下卦的声数（下卦加时数）大于八，则除以八，余数为起卦的数。

常用的术语

刚柔

刚柔为万物生成的二元，或者说两种属性。刚用"—"表示，柔用"- -"表示。

阴阳

阳与刚相同。

阴与柔相同。

位

"位"指六爻每一爻的位置。

由下向上数，顺序为初、二、三、四、五、上（第一不叫"一"，叫"初"；第六不叫"六"，叫"上"）。

【位的象征意义】原则上，"五"是君的地位；"四"是近臣的地位；"三"是不大与君接近的高的地位；"二"是不太高的地位，但却有与"君"意气相投的可能性；"初"是还没有入世的地位；"上"表示隐退的人，亦即王弼所说的"无位"的地位。

中

在八卦中，"得中"是上好的事。

六爻的卦分为内卦（下卦）与外卦（上卦）。内卦正中间的"二"，外卦正中间的"五"，因为在各自卦的中间，所以称作"得中"，其比"三"或"上"的地位更好。"初"就更不能与其相比了，"初"是最低层次的。

对事物采取中庸的态度，不偏不倚，这是我国传统的智慧。

正

奇数属于"阳爻""阳位"。

偶数属于"阴爻""阴位"。

如果奇数，亦即初、三、五是阳爻，它们都在阳位，称作"得正"或"当位"；如果偶数，亦即二、四、上是阴爻，它们都在阴位，也称"得正"或"当位"。

相反，如果奇数的阳位是阴爻占着，偶数的阴位是阳爻占着，就是"不正"或"不当位"。

应

照应、接应、相应。

内卦与外卦各自的第一爻至第三爻，亦即"初"与"四"、"二"与"五"、"三"与"上"，有相应的关系。

但须一为阳爻，一为阴爻，异性相吸，才能"相应"。

如果都是阳爻或阴爻，则同性相斥，即"不相应"。

比

两个相邻的爻，如"初"与"二"、"二"与"三"、"三"与"四"、"四"与"五"、"五"与"上"相比。

这也必须一为阴爻，一为阳爻，异性相吸，才有亲切感。

乘、承

相邻的二爻，上方的爻对下方的爻是"乘"，下方的爻对上方的爻是"承"。

时、时义、时用

六十四卦象征自然或人事在不断变化的过程中某一瞬间的现象，像照相一样，是一瞬间的定格，所以，时、时义、时用，在变化的瞬间，其意义是非常重要的。

比如，相争、喜悦、痛苦等时的状态，称作某卦的"时"。

"时义"为卦的时间意义。

"时用"为卦的时间效用。

吉、无咎、悔、吝、凶

未来的判辞。

"吉"是吉祥。

"无咎"是没有灾难、没有过错，虽然不是吉，但也不是凶。

"悔"是后悔。

"吝"是羞辱，虽然不是凶，但也是噩运，比"悔"的程度严重。

"凶"是凶恶，凶险。

第二章

《周易》上下经

《周易》上经

乾 ☰

> 初始、发展、孕育、正义、硬朗、光明、伟大、空旷。
>
> 这一卦告诉我们：必须知进知退，坚定信念，自强不息。

乾，元亨利贞。

"元"，有"大"与"始"的含义。"亨"，通。"利"，祥和、有利。"贞"，正、固。

六十四卦的第一卦是乾卦。乾，表示天。

然后是第二卦坤卦。坤，表示地。

《序卦传》说："有天地，然后万物生焉。"

天地为创造万物的根元，所以，乾坤被列为六十四卦的首卦、第二卦。从开局看，《易经》很大气，磅礴于天地。

乾，是日出的光气舒展的形态，也有发音近似的"健"的意思。在构成宇宙的阴阳二元当中，"阳"具备创造与活动的本质。

纯粹由阳气构成的，最大的就是天。从构成意义看，三爻全部用阳的符号。再重叠一个乾卦，以表示天道变化的复杂。

然而，这一卦为什么命名为"乾"，而不直接命名为"天"？因为天是可见的形象，太直观了。太直观的东西，往往影响了它的丰富性与可想象的空间。而乾虽然代表或者象征着天，但毕竟与天不一样。

这才是《易经》生生不息、代代衍传的玄机与奥秘。

俗一点的解释：这是我的女人。概念是准确的。但具体是老婆、姨太太，还是情人？含义比较丰富，又不失准确性。

乾，元亨利贞。它是乾卦的卦辞，是这一卦判断吉凶的断语。

文王作卦辞，原意是说：天的功能，是万物创始的伟大根元，通行无阻，祥和有益，无所不正，而且执着。

执着最重要。动机必须纯正，而且必须持续。如果不能持续，最后的结果，仍然不会圆满。

执着的重要性是后人强调的。

彖曰：大哉乾元，万物资始，乃统天。云行雨施，品物流形。大明终始，六位时成，时乘六龙以御天。乾道变化，各正性命，保合太和，乃利贞。首出庶物，万国咸宁。

孔子著《彖传》，解释乾卦的卦辞，是以天的法则说明乾的含义，并将"元、亨、利、贞"分成四种德行来解释。

由"大哉乾元"到"乃统天"，解释"元"。"元"是大兴始的意思，所以说"大哉""资始"。乾指天的功能。《系辞传》中说"天地之大德曰生"，天的功能是生成万物和"生"的冲动，也就是生生不息的意念。当"天"的这一伟大功能开始时，就同时产生了一切。"资"是"取"的意思。万物皆取用于"天"的功能，始得以发生。最朴素的解释是老百姓说的一句话："天生人，天养人。"所以说，伟大呀！天的功能一开始，就成为创造万物的根元，统帅以天为形象的宇宙。

"云行雨施，品物流形"，解释"亨"。古人认为，生命的源泉是气，亦即气息、呼吸。天的气息，是构成万物的要素，是赋予生命的源泉。而这种源泉是流动的，是虚空中涌起的气。最明显的是云的飘动，进而降落充沛的雨。雨是天的生动之气象，其流布到现象界的每一角落，赋予万物各式各样的形体。当然，古人认为，天的生生不息的功能，是伟大光明的宇宙，由开始到终了的原动力。随着时间的推移，由潜伏、显现、成长、跃动、飞腾到满盈，完成这六个阶段的变化。

由"乾道变化"至"万国咸宁"，解释"利"与"贞"。《中庸》说："天命之谓性。"性是受于天的，命是天所授的。天的法则，时刻都在变化，在此变化中，生育万物，并依其本质，赋予生命，有整然的法则性存在着。只有保持这一自然的大和谐，才能使万物各得其所、各得其宜，真正祥和有益。

所以，"元""亨"是天的生生不息伟大功能的发生与扩展。"元"相当于种子萌芽，"亨"是生长，"利"是开花，"贞"是结果。结果后，种子又落到地上，重新萌芽，亦即元、亨、利、贞四德依时序循环不已，无始无终。

象曰：天行健，君子以自强不息。

天体运行，周而复始，刚健有力。君子就应当效法天，不休止地强制自己，努力不懈，力求进步，造福天下。

何为《象传》？由说明上下卦的象征与爻辞含义的文字构成，以做进一步的阐释。解释仍然相当朴实，与原意相距不远。

由八卦演进到六十四卦，应用的是象征性的符号，为了容易理解，再以现象界能够观察、感觉、体会到的事物来解释卦的象征，所以称作《象传》或《象辞》。《象传》分"大象"与"小象"。"大象"指卦的意象，"小象"指爻的意象。

初九：潜龙，勿用。
象曰：潜龙勿用，阳在下也。

"初"，由最下方开始，第一爻，所以叫"初"；"九"，初爻是阳爻，所以叫"九"；"初九"，是对这一爻的位置与属性的统一称谓。"潜"，潜藏。"用"，功用、行动。"勿用"，还不能发生功用或采取行动。

故事 有书说，这一爻在占卜时出现老阳。亦即，虽然是阳爻，但也有变为阴爻的可能，也就是两次阴爻。龙蛇混杂于数学的负负得正中。

再具象地说，一家之主是男人（按传统说法），但那一家没男人，女人当家了，这时女人也就具有了"男人"的属性。

龙，是我国古代最受崇敬的神秘动物。它能够三栖，潜在深渊、行在陆上、飞腾在天空，具有变化莫测、隐现无常的特点。所以，龙被用来象征天道变化、阴阳消长以及人事进退的变化无常。同时，龙也被用以象征天的无穷潜能与贤能有作为的伟大人物。

龙的活动，本属阳性。这一爻，虽然是阳爻，但位置在最下方。也就是说，那阳气刚在地下发生，还不是对外活动的时候。或者说，不适合公开、强悍地活动，所以，用"潜龙"象征。

占断为"勿用"。占断有"不可用、不能用、不必用"的含意，但也有"潜在的力量、不可预测、难以限量"的意思。

处于这种状态，就应当像潜藏的龙，隐忍不可行动，以等待时机。

另说，这是象征文王被囚羑里时。

《象传》说，潜伏的龙发生不了作用，因为阳刚的力量，还潜伏在地下。

这一爻，说明在潜伏时期，应当隐忍待机，不可妄动。

灵光一闪 在潜伏时期，要隐忍、等待，不妄动。

九二：见龙在田，利见大人。
象曰：见龙在田，德施普也。

"见"，即"现"。"大人"，指圣明或者位与德兼备的人物。

乾卦的第二爻，在下卦的中央位置，因而"得中"，是有利的地位。《易经》有这样一种思想：位置在中央，上有遮，下有垫，进退自如，就是好位置。

"二"是偶数，属于阴。在阴的位置出现阳爻，通常认为"不正"（比如，这是女人的岗位，现在男人顶上去有点不大合适，不伦不类），但在乾、坤二卦中，并不存在"正"与"不正"的问题。因为乾、坤二卦在整

第二章 《周易》上下经

部《易经》当中，是"纲领"卦。

正所谓成大事者不拘小节。

九二与在"五"位的阳爻相应，虽同属阳爻，同性相斥，本不相应，但在特殊的乾卦（起始卦）里，九二仍然可以与在"五"位的阳爻九五相应。

何况九五是至尊之位！

初九是潜藏的龙，到九二已经上升，出现在田野。由于九二阳爻刚健，又在"二"的位置，得中，所以具备中庸的德行。

一个田野之人，如果能见到刚健又具备中庸德行的伟大人物九五，当然有利。（现在流行的一则段子说，对人的一生起关键作用的三件事是：找对一个平台，交对一个朋友，跟对一个上司。）

所以，这一爻以"见龙在田"象征，并以"利见大人"比拟人事。

龙在田，田不旱，田亩丰收，好事！刚开始展现才华的新人，遇到位高权重的人，更是好事。

另说，"利见大人"，即本身有可能成为伟大的人物。周文王被从羑里释放，就有这样的含意。不过，九二与九五地位不同，在九二的位置上，还没有得到权势，只不过伟大圣明的德行已经显现而已。

《象传》说，龙出现在田野，正在以德行感化万物，普施于万物，以团结力量。

这一爻，说明利见者，是长者、长官。

灵光一闪　在人事上，有一个至尊的人可见，可靠。

九三：君子终日乾乾，夕惕若，厉无咎。
象曰：终日乾乾，反复道也。

"乾乾"即"健健、努力不懈"的意思。"惕"，警惕。"若"，与"然"同。"厉"，严谨。"咎"，过错。

这一爻，"九"是阳爻，"三"是奇数的阳位，阳爻阳位，因而"阳刚得正"。但与九二在"二"的中位相比，九三上升到下卦最高位置"三"，过分刚正，反而有危险。

这有点像八月十五的月亮，太圆了反而容易缺。又如成语，"水至清则无鱼"。

有德行的君子，正处于上升阶段或稍高的位置，本性又刚健正直，如果终日奋发努力不懈，夜晚也戒慎恐惧，即使处于运动上升的危险地位，也不会发生过失与灾难。

这一爻的爻辞，完全以人事说明卦象：具备智慧与德行的君子一经显现，受到注目，就处于危险的境地。这时，必须奋发，努力不懈，日夜警惕，不休不止地致力于德业的完成，谨慎小心，才能避免过失与灾难。如果骄傲自大，就会自招危险。

另说，这是象征周文王返国后惕厉奋发的时期。

《象传》说，终日自强不息，是正在反复实践天的法则，以锻炼自己。

这一爻，强调了坚持初衷和原则的重要性。

灵光一闪 羽毛未丰，当奋发，戒慎恐惧，以防灾祸。

九四：或跃在渊，无咎。
象曰：或跃在渊，进无咎也。

"或"，不定词。"跃"，跃动。"渊"，上面空，下面是深水的洞穴。

这一时刻，龙是否要飞腾，还没有下定决心，但已经在深渊中，或跃动，或潜伏，进退有据，跃跃欲试，具有不可限量的潜在力量。

九四的"渊"比九二的"田"，位置低，但却可以一跃而出，有了飞腾升空的起点。

这一爻是阳爻，在偶数"四"的阴位，虽然离开了下卦，升到了上卦的最下方，却仍然缺乏安定感。

亦即正在准备当中，进退行动的意向还没有确定。因而，九四以"或跃在渊"的龙，象征正在待机而动。

只要把握进退最有利的时机，就不会发生过失与灾难。

另说，这是象征武王出兵武津又撤退的试探阶段。

《象传》说，或许由深渊中跃出，是说已经完成准备，进退有据，即或前进，也不会有过失与灾难。

这一爻，说明了时机的重要性。

第二章 《周易》上下经

灵光一闪 决定进退应当谨慎，把握最有利的时机。

九五：飞龙在天，利见大人。
象曰：飞龙在天，大人造也。

九五在上卦居中，又是阳爻在奇数的阳位，得正，所以，处于最理想的地位。

九五的爻辞也最吉祥。

这已经是天时、地利、人和的时候。

飞龙在天，有无限的活动空间，又如日当中，居高临下，俯视大地，潜力无穷。

以人事比拟，则是刚健中正的伟大人物，已据有统治者的地位。

古时皇帝被称作"九五至尊"就是依据这一爻的易理。"九"是阳数的最高位，"五"是阳数的最中间。"九五"位置高，又至中，所以受到尊敬和爱戴。

这一爻，以飞龙在天普降甘雨，象征伟大人物的恩泽福及万民。

"利见大人"的占断，在此有些费解。自己已经是大人了，还见什么大人呢？

故事 有一个小和尚去拜菩萨，他对菩萨说："哪天我像你一样，我就不用求人求神了。"菩萨突然说起话来："我现在还在求啊！"小和尚说："你求谁啊？"菩萨说："求我自己啊！"

求人不如求己！再说，你得是个菩萨，要不，就不会有人求了！

这一爻说大人本身相当于"大人"，也有伟大的人物应该选贤与能，造福万民，让有作为的人一展抱负的含意。

故事 宋太祖曾经问王昭素："一般人怎么会占到'九五'——飞龙在天，利见大人的卦？"

王昭素回答："没有妨碍，当我们占到这一卦时，是指陛下'飞龙在天'，我们'利见大人'。"

这一机智回答，令朱熹大为赞扬。

另说，这象征武王伐纣，得天下。

《象传》说，龙飞腾升天，是指唯有具备才德的伟大人物，才能到达这一地位。

这一爻，说明到了大展宏图之极盛，应当选贤与能。

灵光一闪 贤能与君主，应双向奔赴。

上九：亢龙有悔。
象曰：亢龙有悔，盈不可久也。

"亢"，极与高，又干燥。

上九是乾卦最高、最末的一爻。已经到达极点，往上没有更高的位置，物极必反，因而位置虽高，却不如九五之位。

龙飞得过高，到达既高又干燥的极点。在这种状态下，既不能上升，又不能下降，进退两难，以至于后悔了。

乾卦全部是阳爻，在九五的位置，阳刚恰好平衡，但再上一层，达到阳刚的极限，就会由于能量过大，形成不胜负荷的状态，这时，如果再有行动，反而事态严重，以至于会后悔。

《象传》说，飞腾到极限的龙会后悔，因为盈难以持久，满则招损。"盈难以持久，满则招损"是《易经》的智慧，应该谨记。

故事 有一句话说，"少则倾，中则正，满则没"。孔子教导学生，给一个葫芦装一点点水，它斜着浮在水面上，给葫芦装一半的水，它正着浮在水面上，给葫芦装满水之后，它就沉没到水底了。

在这里，满就是覆灭。

这一爻，说明必须居高思危，自我警惕，不可过分追求满足感。

灵光一闪 盛极而衰是大自然的常则，应当警惕与节制。

用九：见群龙无首，吉。

第二章 《周易》上下经

象曰：用九，天德不可为首也。

在六十四卦中，只有乾卦与坤卦附有额外的"用九""用六"断语。

"用九"是占筮出现乾卦，而且全爻都是"老阳"，亦即全爻都有变成阴爻的可能时，所用的断语。

> 故事 在《左传·昭公二十九年》中，有"乾之坤"的记载，这时就引用了"用九"的断语。当然，其他各卦，也会出现全卦每爻都变化的情形，但都没有附"用九""用六"的断语，只能看本卦的卦辞来占断。

如前所述，刚阳盈满，就会"亢龙有悔"。

以乾卦来说，阳极阴生，全卦与各爻，势在必变，没有不变的可能性。这是世事之规律之一。

如果阳刚势极，必得变为阴柔才会安定。这是世事之规律之二。

群龙无首，不是乱糟糟吗？群龙有首，才吉祥啊！一般如此，但有时未必。

一群龙，不论多么刚健勇猛，却没有争强好胜，也没有谁要领先的迹象。用人事比拟，一群能人刚强有力，但不逞强争先，仍平等共存，和衷共济。

以这种态度处世，必然不会招来凶险，当然大吉大利了。

因而，了解了各爻的变化，要善加运用，不要被变化拘束，才能"用九"而不被"九"用。只有超然于事物之外，客观地观察分析，掌握变化的法则，适切因应，才会无往不利。

要运用法则而不可被法则拘束。唯有冷静、客观、不冲动、不逞强、不妄动、通权达变，才能掌握变化、善用法则。

> 故事 一和尚与徒弟出行，夜宿破庙。和尚叫徒弟把案台上的木佛像拿来烧了取暖。徒弟大惊失色，说："这可不得了，我们怎么能烧佛像？这可是大罪孽。"师父说："烧了看看有没有舍利子。"烧了两尊佛像，

天还没有亮，冷得人打哆嗦。师父说："再拿两尊来烧。"徒弟不敢，说："我们已经烧了两尊，不能再烧了。""既然没有舍利子，再烧也无妨。"师父说。由于师父通权达变，他们度过了风雪之夜。如果没有了和尚，如何弘扬佛法呢？但后人如果学这位和尚，一味地去烧佛像，那就罪大恶极了。善用法则，不是跟用法则。

《象传》说，天的德性是无首无尾的，是循环无端的。

这一爻，说明规则要灵活运用。

灵光一闪 用刚不是逞强。

《文言》曰："元者，善之长也；亨者，嘉之会也；利者，义之和也；贞者，事之干也。君子体仁，足以长人；嘉会，足以合礼；利物，足以和义；贞固，足以干事。君子行此四德者，故曰：乾，元亨利贞。"

《文言传》将乾、坤二卦的《象传》与《象传》做了进一步的推衍解说。这是专以人事的德行修养来阐扬《易》，用儒家的理论来解释《易》。

孔子强调"四德"，亦即天的特性。

"元"是生成万物的根元，一切善行的首要条件。

"亨"是天生成万物意图的流布与扩散，使一切美好的事物聚合。

"利"是天生成万物的意图的完成，使一切物事各得其宜，彼此和谐。

"贞"是天生成万物的意图，纯正而且执着，为一切事物的骨干。

君子体认、实践至善的仁，才足以领导他人；能够使一切美好的事物聚集于一堂，才合乎礼仪，亦即道理；能够使万物得到利益，才足以使道义达到和谐的状态；能够执着地固守纯正，才足以使一切事物都具有骨干，立于不败之地。唯有君子才能够实践这四项德行，这就是乾卦"元、亨、利、贞"的道理。

故事 襄公九年，鲁国妇人穆姜谋反，后得随卦。随卦的意思是"可以，顺利"。但有一个前提，要具备"四德"：元、亨、利、贞。穆姜知道，这四德她一样也没有，所以卦上说的那些吉利，对她来说行不通。她后来果然被处死了。

初九曰"潜龙勿用",何谓也?

子曰:"龙德而隐者也。不易乎世,不成乎名,遁世无闷,不见是而无闷。乐则行之,忧则违之,确乎其不可拔,潜龙也。"

孔子解释这一爻的爻辞说:这是龙,亦即有作为的人,隐藏看不到的德行。他的意志不因世俗而改变,他也不争取虚名,隐退而不闷闷不乐。他的主张不被接纳时,他也不愁闷。他的主张能够愉快地实现时,他就去推行,担忧主张难以实现时他就隐遁起来。坚定信念而不动摇,这就是潜龙的德行。

九二曰"见龙在田,利见大人",何谓也?

子曰:"龙德而正中者也。庸言之信,庸行之谨,闲邪存其诚,善世而不伐,德博而化。"

"庸"同"用","日用""日常"的意思。"闲"是门中有木,原意是"防止家畜逃出"。

孔子解释这一爻的爻辞说:这是龙纯正而且中庸的德行。日常说话应守信,日常行为要严谨,要心存诚实,防止生出邪念。对世人有贡献而不夸耀,以博大的德行感化人。《易》所说的"龙出现在田野,有利于见到伟大的人物"指的是领导人的德行。

九三曰"君子终日乾乾,夕惕若,厉无咎",何谓也?

子曰:"君子进德修业,忠信,所以进德也。修辞立其诚,所以居业也。知至至之,可与言几也。知终终之,可与存义也。是故,居上位而不骄,在下位而不忧。故乾乾,因其时而惕,虽危无咎矣。"

孔子解释这一爻的爻辞说:君子进德修业,讲求忠信,是为了增进品德。修饰言辞,应以诚信为本,是为了立业。知道时机到来,全力以赴,才能够掌握先机。知道何时应当终止就断然终止,才能够保持道义上的分寸。所以,居于领导地位时,才不会骄傲;为人部属时,也不会忧愤。因而,能够自强不息,因应时机,知道警惕,虽然在危险的状态中,也不会有过失与灾难。

九四曰 "或跃在渊，无咎"，何谓也?

子曰: "上下无常，非为邪也。进退无恒，非离群也。君子进德修业，欲及时也，故无咎。"

孔子解释这一爻的爻辞说：或在上位，或居下位，并非恒久不变，但变动不是出于邪恶的动机。或者前进，或者后退，没有一定的规律，但不能脱离民众。君子进德修业，是为了把握时机，所以不会有过失与灾难。

九五曰 "飞龙在天，利见大人"，何谓也?

子曰: "同声相应，同气相求。水流湿，火就燥；云从龙，风从虎。圣人作而万物睹，本乎天者亲上，本乎地者亲下，则各从其类也。"

孔子解释这一爻的爻辞说：声调相同，产生共鸣；气息相同，相互吸引；水往低湿处流，火往干燥处烧；云跟随龙，风跟随虎。圣人的作为，使万物自然而然地感应，真情得以显露。因而，以天为本，向上发展；以地为本，向下扎根。这就是万物各依其类别，相互聚合的自然法则。

这一节非常有名。由物与物相互感应，引申到"圣人作而万物睹"，得到"各从其类"的结论，以解释"飞龙在天，利见大人"。

古代帝王被称作"九五至尊"，以龙象征，比拟成圣人，就是源自"圣人作而万物睹"。

[故事] 司马迁在《史记·伯夷列传》中，将"圣人作而万物睹"引申发挥，解释成人生祸福全凭机遇，伯夷因孔子的赞美，颜渊因追随孔子，名声均得以显扬。虽然这是司马迁因自己的遭遇有感而发，但也可以说是"各从其类"的另一种解释。

上九曰 "亢龙有悔"，何谓也?

子曰: "贵而无位，高而无民，贤人在下位而无辅，是以动而有悔也。"

孔子解释这一爻的爻辞说：高高在上，虽然高贵，但实质上已经失去地位；由于过于高贵，已经脱离了民众；虽然有贤明的属下，却得不到他

第二章 《周易》上下经

们的辅佐。所以，在这种状态下，有所行动，必然会令自己懊悔。

潜龙勿用，下也。见龙在田，时舍也。终日乾乾，行事也。或跃在渊，自试也。飞龙在天，上治也。亢龙有悔，穷之灾也。乾元用九，天下治也。

"潜龙勿用"是说，地位低，还不能发生作用。
"见龙在田"是说，时机还没有成熟，仍须等待。
"终日乾乾"是说，自强不息，仍在奋发努力，做应做的事。
"或跃在渊"是说，正在自我试炼的时期。
"飞龙在天"是说，已经获得地位，正在施展抱负。
"亢龙有悔"是说，功业已经达到极点，因满而招损。
"乾元用九"是说，应当客观地运用阳刚的变化原则，刚兼及柔，则天下始能太平。

潜龙勿用，阳气潜藏。见龙在田，天下文明。终日乾乾，与时偕行。或跃在渊，乾道乃革。飞龙在天，乃位乎天德。亢龙有悔，与时偕极。乾元用九，乃见天则。

"潜龙勿用"是说，阳刚之气仍在潜藏。
"见龙在田"是说，天下已见到欣欣向荣的文明气象。
"终日乾乾"是说，随着时间的推移仍自强不息。
"或跃在渊"是说，天的法则在此时已开始革新。
"飞龙在天"是说，这时已在具备天的德行的位置。
"亢龙有悔"是说，随着时间的推移到达了极限点。
"乾元用九"是说，客观地把握阳刚的变化原则，善加运用，就可以实现天的法则了。

乾元者，始而亨者也。利贞者，性情也。乾始能以美利利天下，不言所利，大矣哉！大哉乾乎！

乾元，是天创始万物，无往不利。
利贞，是天内在的本性发之于外的感情。

天创始万物，能够以最美满的利益，普遍施于天下。天施的是利益，却不说利益，天太伟大了，天的功能太伟大了。

刚健中正，纯粹精也。

刚强、健壮、适中、正当、纯粹，这是乾卦应具备的条件。
如果你处在这一卦，你就得具备这五种品质。

六爻发挥，旁通情也。

由六爻构成的卦，推衍下去，变化无穷，但发挥的作用，则无不本于天道的纯粹已极与创始万物的真情。

时乘六龙，以御天也。云行雨施，天下平也。

六爻的变化，如同按时驾六条龙统御天体的运行。行云布雨，润泽万物，可使天下得到太平。

君子以成德为行，日可见之行也。潜之为言也，隐而未见，行而未成，是以君子弗用也。

这是对初九的解说。

君子的行为，以完成品德修养为目的，而且，必须表现在日常可以看到的行为中。潜的意义是隐藏，还看不到。行动的时机还不成熟，所以，君子还不能发挥作用。

君子学以聚之，问以辩之，宽以居之，仁以行之。
《易》曰：见龙在田，利见大人。君德也。

君子追求学问，以累积知识；抱着怀疑的态度，以明辨是非；以宽厚的态度，待人接物；以仁爱的态度，为行为的准则。

《易》说：龙出现在田野，有利于见到伟大的人物。这是指领导人应有的德行在群众中间。

九三，重刚而不中，上不在天，下不在田，故乾乾，因其时而惕，虽危无咎矣。

九三过于刚强，又不在下卦的中位，所以，上不着天，下不着地，正处于危险的地位。因而，必须自强不息，因应时机，多加警惕。这样虽然危险，但不会发生过失与灾难。

九四，重刚而不中，上不在天，下不在田，中不在人，故或之。或之者，疑之也，故无咎。

九四以阳刚重叠，进入上卦最下方的位置，而且不在上卦的中位，仍然过于刚强。这样，会上不着天，下不着地，中又即将不属于人，处在不安定的地位，因而说"或之"。"或"是"疑惑"的意思。仍在迟疑不决，尚未采取行动，所以不会有过失与灾难。

夫大人者，与天地合其德，与日月合其明，与四时合其序，与鬼神合其吉凶。先天而天弗违，后天而奉天时。天且弗违，而况于人乎？况于鬼神乎？

他的德行，要与天地相合。他的光明，要与日月相等。他的进退，要如四季般整然有序。他奖善罚恶，要与鬼神所降的吉凶相当。他的作为，先于天时，但符合天的法则，天不会背弃他；后于天时，则遵循天的时机。因而，天尚且不背弃他，更何况是人呢？更何况是鬼神呢？

> **故事** 庄子在《逍遥游》中描述了一位藐姑射山的仙人，他驾驭飞龙，遨游在四海以外，能使天下万物和谐，五谷丰收。这仙人的形象是我们的榜样，也与《易经》中的"大人"相似。

亢之为言也，知进而不知退，知存而不知亡，知得而不知丧。其唯圣人乎？

知进退存亡，而不失其正者，其唯圣人乎？

"亢"的意思是指，只知道前进不知道退守，只知道生存不知道死亡，只知道取得不知道丧失。难道只有圣人才能够做到吗？知道进退存亡而不失其正道，难道只有圣人才能够如此吗？

乾卦，阐述宇宙创始万物的法则。

其法则至大、至刚、至中、至正，具备创始、亨通、祥和、坚贞的伟大功能，周而复始，无穷无尽，是人类至高无上的行为典范。大自然的运行，由潜藏酝酿生机，到萌芽生长，到奋发苗壮，到欣欣向荣，到开花结果的极盛时期，然后又由盈而亏，返回原始，重新开始，循环不已，以至于无穷。人类应当效法大自然的运行规律，领悟由无而有、由盈而亏的玄机，这样才能把握时机，知道进退。在潜伏时期，力量弱小，应当觉悟，必须坚定信念，隐忍待机，不可妄动。在显现时期，羽毛未丰，应当以诚信接近群众，团结力量，这样才能获得立足之地。在成长时期，可以施展抱负应当奋发，自强不息，同时，必须戒慎恐惧，以避免危险，避免招致毁损。

应爻参考：

初九：在潜伏时期，要隐忍、等待，不妄动。

九二：在人事上，有一个至尊的人可见，可靠。

九三：羽毛未丰，当奋发，戒慎恐惧，以防灾祸。

九四：决定进退应当谨慎，把握最有利的时机。

九五：贤能与君主，应双向奔赴。

上九：盛极而衰是大自然的常则，应当警惕与节制。

用九：用刚不是逞强。

坤 ☷

> 包容、广阔、光明、远大、柔和。
>
> 这一卦告诉我们：必须谦卑、谦和、谦让。同时，还要有地之广阔的胸怀。"有容乃大。""能容别人不能容之事。"

坤，元亨，利牝马之贞。君子有攸往，先迷后得主，利西南得朋，东北丧朋。安贞，吉。

"坤"是"伸"的意思，也有"顺"的意思。

乾，是朝日光气舒展的形象；坤，是地气舒展的形象。乾，是创始万物的天的功能；坤，则是顺从天，形成万物的天的工具。

坤卦，六爻都是阴爻。阴的形象，最大的是地，所以命名"坤"，象征地。

坤卦，也具备"元、亨、利、贞"四德。

但坤卦与乾卦不同，并非在任何情况下，都对万物有利，而只在像柔顺、健行的母马般执着于正道的时候，才具备"元、亨、利、贞"四德。亦即，大地依顺着天，资生万物，向前奔腾不息，这样才会有利。

据说，天体向右转，地球向左转。虽然大地逆天体运行的方向转，但仍然依顺天的法则变化，如同母马，喜欢逆风奔驰，却又性情柔顺，所以，坤卦以母马为象征。

君子前进，必有所作为。

但领先则会迷失路途，随后才能有所得。

这句话很重要。中庸的依据便在这里。然后，才有"枪打出头鸟"之说。

领先自然有风险，但领先之后便握有主宰、主导之权。所以，坤卦的卦辞说"先迷后得主"。先迷后得主，按现时的说法是"风险与机遇同在"。

依八卦的方位，西方是坤、兑的卦位，南方是巽、离的卦位，都属于阴，所以，往西南方，可以遇到同属于阴的朋友。

东方是艮、震的卦位,北方是乾、坎的卦位,都属于阳,因而,往东北方,就会失去同属于阴的朋友。

这是所谓"得朋""丧朋"之说。

另说,在月初的夜晚,月亮由西南方升起,由亏而盈,得到光明。然后,由盈而亏,在月尾的早晨,月亮于东北方消失,失去光明。这是以月亮盈亏的方位来解释"得朋""丧朋"。总之,行动必须正大光明,才能得到正义力量的支持。

最后的结论:只要安详地执着于正道,就会吉祥。

彖曰:至哉坤元,万物资生,乃顺承天。坤厚载物,德合无疆。含弘光大,品物咸亨。牝马地类,行地无疆,柔顺利贞。君子攸行,先迷失道,后顺得常。西南得朋,乃与类行;东北丧朋,乃终有庆。安贞之吉,应地无疆。

《彖传》就卦辞原有的含意加以阐扬了。

"至哉",是赞词。"至"是"至高、至大"的意思。

在语气上,"至哉"与赞美"乾元"的"大哉"相比,层次稍低。

坤元,是大地功能的开始,生成万物的根元。

乾卦用"万物资始",坤卦用"万物资生"。始,指生命的开始;生,指生命的完成。一字之差,层次上有差异。

大地深厚,负载万物,具备无穷的德行,包容、广阔、光明、远大,使各种类的物,都能顺利地生长。

以上解释"亨"。

雌性属于阴,因而,"母马"与"大地"同类,具有在地上奔驰的无限能力,柔顺、祥和、纯正,并且执着。君子应当效法这种以母马为象征的大地的德行。

以上解释"利、贞"。

领先会迷失路途,随后才能顺利地找到常规。在西南方向可以得到朋友的协助,是因为与同类同行;在东北方向将失去朋友。所以必须与同类同行,最后才会吉庆。安详并且坚持纯正之所以吉祥,是因为符合大地无穷的德行。

> 象曰：地势坤。君子以厚德载物。

这是《象传》解说卦辞的"大象"部分。

《易经》之所以不过时，是因为它大量的阐述都以意象来说明，达到了"此一时，彼一时"以及"仁者见仁，智者见智"的效果。

坤，象征大地的形势。君子应当效法大地，以宽厚的德行负载万物。

> 初六：履霜，坚冰至。
> 象曰：履霜坚冰，阴始凝也。驯致其道，至坚冰也。

"驯"是"顺从"的意思。"致"是"尽"的意思。

初六，在坤卦最下方，开始的第一爻，是老阴，亦即有变化成阳爻的可能性。以"履霜，坚冰"象征。

在这一最低下的位置，阴气凝结成霜。一旦到了降霜的季节，寒冬即将来临，阴气就会结成坚冰。

如果以人事比拟，得此爻者，所象征的意义是"形势一路走低"。

所以，当踏到薄霜时就应当想到，结冰的季节就要来了。这是以大地的现象，说明阴阳的消长。在这一地位，阴气开始生长，阳气逐渐消失。

《象传》说，阴气开始凝结成霜，依据大地的法则，按顺序下来，就到结冰的季节了。

这一爻，说明见微知著的道理。

灵光一闪 顺从，按游戏规则办，等待。

> 六二：直、方、大，不习无不利。
> 象曰：六二之动，直以方也。不习无不利，地道光也。

"直"即"正"，正义。"方"指"义"，正义。

六，是阴爻；二，已升到偶数的阴位。六二阴爻阴位得正，又在下卦的中位，所以中正，最纯粹。

这一爻，以大地的形势说理。大地一直向前延伸。古代说"天圆地方"，大地又极为广大，所以用"直""方""大"来形容。

以大地的德行来说，固执纯正是"直"，有整然的法则性是"方"，顺从天的德行是"大"。只要具备直、方、大的德行，即使不学习，也不会不利。

《象传》说，六二这一爻的行动，顺从大地的法则，一直向前，不学习也不会不利，这就是大地法则的光明伟大。

这一爻，说明直率、方正、宽大为做人的基本态度。

灵光一闪 做事先做人，保持纯正比什么都重要。最终无成者、无终者，皆因越过了臣道、妻道、为人之道。

六三：含章可贞。或从王事，无成有终。
象曰：含章可贞，以时发也。或从王事，知光大也。

"章"，美丽的文采。

六三是阴爻，在奇数的阳位，是从属的地位，但仍然保有积极的能力。不过，"三"在下卦的最高位，已不能永远不变。

美丽的文采必须含蓄，才能继续保持纯正。不过，美丽的文采难以长久隐蔽，随着时间的推移，会被发现，或许不得不跟随君王，从事政务。

但不可重视个人的成就，如此，最后才能有结果。

《象传》说，待时而变，这正是智慧的光明远大。

这一爻，说明要含蓄。

灵光一闪 一切成果，均不可以视为自己的才能所致。懂得坐的人，坐一辈子；不懂得坐的人，坐一会儿就起来了！

六四：括囊；无咎，无誉。
象曰：括囊无咎，慎不害也。

"括囊"，将口袋收紧。

六四是阴爻，在偶数的阴位，却是上卦的最下位，虽然得正，但不得中，过于阴柔，仍然处于危险的位置。

括囊，象征处于危险的地位，应当收敛，谨言慎行，这样才不会发生过错。虽然这样得不到赞誉，却可避免灾祸。

《象传》说，谨言慎行没坏处。

这一爻，说明要收敛。

第二章 《周易》上下经

灵光一闪 鱼儿在严冬，浮头是祸，潜底得保。

六五：黄裳，元吉。
象曰：黄裳元吉，文在中也。

"裳"是装饰性的下衣，比拟谦逊的态度。"文"，美丽的文采。

我国古代自然哲学的"五行说"认为，构成物质的元素为木、火、土、金、水，以颜色来说，各相当于青、赤、黄、白、黑，以方位来说，各相当于东、南、中、西、北。因而，黄是土，亦即大地的颜色，也是中央的颜色。虽然"五行说"盛行在春秋战国以后，但渊源很早。

故事 《左传·昭公十二年》中，记录了这样一件事：南蒯谋反，占筮出现坤卦六五，非常高兴。但子服惠伯却规劝他说："如果是忠信的事则可，不然必败。"接着解释这一爻辞说："黄是中色，裳是下饰……"这是最古老的解释。

六五在上卦的中位，因而以黄色象征。但六五在奇数的阳位，并不正，所以用"裳"比拟。黄色的下衣，是上士以上身份的人穿黑色礼服时，穿在下面的衣服。上衣长，罩在下衣的外面，再束带。"黄裳"，象征中庸谦逊的美德。

具备像黄色下衣般的中庸谦逊的美德，最吉祥，因为内在的美丽，自然会流溢于表。

《象传》说，"文在中也"，是说美丽的下衣，隐藏在上衣的下面，比拟内在的美德。

这一爻，说明要谦逊。

灵光一闪 得人心者得天下。要进入人们的心里，必须将自己变小，变得比尘埃还小。处高位者也有不正的时候，这"不正"是指位置不正，该阳刚却阴柔，该阴柔却阳刚。

上六：龙战于野，其血玄黄。
象曰：龙战于野，其道穷也。

上六已到达六爻的最高位，又是偶数的阴位，而坤卦又全部是阴爻，因而，阴已旺盛到极点。按物极必反的哲学思想，偶数阴位本来是好的，但是在阴极反阳的地位，必有阴阳相争。以人事比拟，亦即小人与君子相争，邪恶与正义相争。凡争就没有本质意义上的胜利者，其结果必是两败俱伤，所以，用两条龙在野外战斗并流着黑黄色的血来象征。

天玄地黄，天地相争，所以流的血是黑黄色的。

《象传》说，龙之所以在野外战斗，是因为穷途末路，迫不得已。

另说，这是象征暴君纣王的灭亡。

这一爻，说明极端阴柔，必然凶险。

灵光一闪 处高位却阴柔者才危险。有作为的阴柔，凶险，要慎之又慎。

用六：利永贞。

象曰：用六永贞，以大终也。

用六，是占到坤卦，六爻都是变爻，有可能全部变为阳爻时的断语。

坤卦用六与乾卦用九的用意相同，即善于运用坤卦六爻的变化，不要被变化拘束，而要从变化中找到不变的东西。不同的是，乾卦用九指善用阳刚，如天的法则，创始养育万物，而不求报偿，具有主体性。而坤卦用六则是指运用阴柔、顺从的法则，生成负载万物，找到从属于天的地位。

《象传》说，坤卦用六，必须坚定地永远坚持纯正，目光远大，才能得到有利的结果。

这一爻，说明用柔的法则，执着与纯正为先决条件。

灵光一闪 用柔不是献媚，而是忍辱负重。

《文言》曰：坤至柔，而动也刚，至静而德方，后得主而有常，含万物而化光。坤道其顺乎？承天而时行。

坤，其实是阐述大地的法则：极柔，但行动时则很刚强；极静，但德行方正。随后能有所得，在于遵守主从关系的常规；能包容万物，在于有使万物生长光大的功能。坤的法则，岂不非常柔顺吗？坤承受天的意志，

第二章 《周易》上下经

而依时序运行。

积善之家，必有余庆；积不善之家，必有余殃。臣弑其君，子弑其父，非一朝一夕之故，其所由来者渐矣，由辩之不早辩也。《易》曰："履霜，坚冰至。"盖言顺也。

这一节，应联系初六的"履霜，坚冰至"来理解。

积善的人家，必然有多余的吉庆遗留给子孙；积恶的人家，必然有多余的灾殃遗留给后代。臣下杀死君王，儿子杀死父亲，并非出自一朝一夕的偶然，而是逐渐累积的必然，是能辨别是非而不及早辨明并处理的缘故。所以，《易经》说："踏到霜时，坚冰就要来了。"这是规律，这是必然的结果。

直其正也，方其义也。君子敬以直内，义以方外，敬义立，而德不孤。"直、方、大，不习无不利"，则不疑其所行也。

这一节，解释六二的"直、方、大"。

君子以敬慎的态度，使内心正直；以正义的准则，为外在行为的规范。只要确立敬慎与正义的精神，他的德行就不会孤立。所以说，只要正直、有原则、宽大，即使不学习，也不会不利。这样理解，对自己的行为自然就没有疑惑了。

阴虽有美，含之；以从王事，弗敢成也。地道也，妻道也，臣道也。地道无成，而代有终也。

这一节，解释六三的"含章"。

虽然阴柔是美德，但要含蓄、隐藏起来，用来辅佐君王的政务，不可以居功。这是大地的原则、为妻子的原则、为臣下的原则，亦即在从属地位时必须遵守的原则。大地的原则，生育万物而归功于天，所以，在时序的交替中，能够有始有终。

天地变化，草木蕃；天地闭，贤人隐。《易》曰："括囊；无咎，无誉。"盖言谨也。

这一节，解释六四的"括囊"。

在天地的自然变化中，草木茂盛。如果天地闭塞，则贤能的人就隐藏、躲避起来了。所以，《易经》说："收紧袋口不会有过失，但也不会有荣誉。"这是说，言行应当谨慎。

君子黄中通理，正位居体，美在其中，而畅于四支，发于事业，美之至也。

这一节，解释六五的"黄裳"。

君子应当像黄色，位居中央，通情达理，如此则通达四方，条理分明；应当使自己保持在正当的地位，如此则美德具备于身体内部，自然畅达于四肢，而能行动自如；应当使美德向外表现在事业上，这才是美的极致。

子思著《中庸》，其"中庸"概念显然得自"黄中"。

阴疑于阳，必战。为其嫌于无阳也，故称龙焉。犹未离其类也，故称血焉。夫玄黄者，天地之杂也，天玄而地黄。

上六，阴已经到达极盛的地位，因而一反顺从阳的原则，反而猜疑阳，这样必然发生战斗。这是由于阴已经盛极，误以为阳已经消失，自己就是阳，就是君子、忠臣，其实阳依然存在，仍然像潜伏的龙，正在伺机而动。虽然阴已经盛极一时，但依然未脱离阴的本质，仍然是有血缘关系的同类的阴，是假的阳，是伪君子、奸雄。黑黄色，本来就是天地混杂的颜色，天是黑色，地是黄色。龙流着黑黄色的血，是说阴与阳，亦即君子与小人、正义与邪恶，两败俱伤。

坤卦，阐释地的法则。

在宇宙创始万物的过程中，天创生万物，地负载生命的成长。地安详而纯正，柔顺地遵循天的法则，而现刚毅之行动；安静地谨言慎行，所以行动方正；追随而不超越，包容而不排斥，具备至柔的性格，这正是为人的基本态度。应当见微知著，了解一切结果都有累积而成的必然性，必须防患于未然。应当直率、方正、宽大，含蓄且不炫耀，收敛且言行谨慎，谦逊地坚持中庸的原则。应当外柔而内刚，外圆而内方。然而，用柔的原则，不可以极端，极端必然凶险。必须深切体认主从关系，只有坚持纯正、冷静客观、通权达变、掌握变化、柔而能刚、善用柔的法则，才能够逢凶化吉。

应爻参考：

初六：顺从，按游戏规则办，等待。

六二：做事先做人，保持纯正比什么都重要。最终无成者、无终者，皆因越过了臣道、妻道、为人之道。

六三：一切成果，均不可以视为自己的才能所致。懂得坐的人，坐一辈子；不懂得坐的人，坐一会儿就起来了！

六四：鱼儿在严冬，浮头是祸，潜底得保。

六五：得人心者得天下。要进入人们的心里，必须将自己变小，变得比尘埃还小。处高位者也有不正的时候，这"不正"是指位置不正，该阳刚却阴柔，该阴柔却阳刚。

上六：处高位却阴柔者才危险。有作为的阴柔，凶险，要慎之又慎。

用六：用柔不是献媚，而是忍辱负重。

屯 ䷂

> 萌芽，充满生的艰难。
>
> 这一卦告诉我们：万事开头难！需要生气蓬勃、不畏艰难、意志坚定。

屯，元亨利贞，勿用，有攸往，利建侯。

《序卦传》说："盈天地之间者，唯万物，故受之以屯。屯者盈也，屯者物之始生也。"

"屯"，原意是草木萌芽于地，有"生的开始"之意。

草木萌芽，充满生机，又有"充满、充实"的意思。

另外，草木萌芽的过程相当艰难，也有"艰难、停顿"的意思。

乾是天，坤是地。天地交会，万物开始生成，充满于天地之间。

因而，在乾、坤二卦之后，接着是这一卦，命名为"屯"，象征生的开始、充盈与艰难。

天地的生机，酝酿于冬季。草木萌芽，开始于寒冬，但却生气蓬勃、不畏艰难、意志坚定、祥和与纯正。

所以说，屯卦具备创始、亨通、祥和、坚贞，亦即元、亨、利、贞四种德行。

然而，草木刚刚萌芽，非常脆弱，仍然不能利用，也没有用处，所以"勿用"，不可轻举妄动。

不过，草木萌芽之后，就会坚定地成长。冬去春来，草木从此茁壮成长，欣欣向荣，前途不可限量。

以人事比拟，只要锲而不舍地继续奋发进取，就会拥有奠定公侯基础的有利条件，所以说，"有攸往，利建侯"。

以卦形来说，屯卦的下卦震，象征雷，作用是动；上卦坎，象征水、雨、云，具有陷与险的功能。所以，全卦象征天地相交创始万物时，必然艰难而且危险。

尽管如此，但如果毅然、果敢地行动，也有平安渡过的可能。不过，前途仍然艰险，必须坚持纯正的初衷（一春一长，循序渐进），不可轻率冒进。

这是以卦象说。

又，屯卦最下方的初九，在一群阴爻的下方，为这一卦的主爻，只要毅然前进，就希望无穷。何况屯卦与乾卦、坤卦一样，四德俱备，这是其他各卦少有的情形，所以占断是"吉"。

彖曰：屯，刚柔始交而难生，动乎险中，大亨贞。雷雨之动满盈，天造草昧，宜建侯而不宁。

乾卦全部是阳爻，是纯阳的卦；坤卦全部是阴爻，是纯阴的卦。而屯卦，下卦震，是坤卦最下方的阴爻变成阳爻，为阴阳刚开始相交的形象；上卦坎，是险难的形象。因而，全卦象征刚与柔开始相交、创始时期的艰难。

草创、初创、顾此失彼、蠢蠢欲动、有希望而艰难，都是这一卦传递的信息与象征。

震的作用是动，坎象征险。所以说，屯卦是在危险中行动，想要"大亨"，畅行无阻，就必须"贞"，坚守纯正的初衷。

震又象征雷，坎又象征雨。雷雨一旦行动就会使遍地大水满盈。这象征天地初创而且杂乱无章的苦难时期。

以人事比拟，虽然这是适宜创建公侯基业的有利时期，但也不安宁。

象曰：云、雷，屯；君子以经纶。

"经纶"是"织布时理顺纱线"的意思，用以比喻君子办事要深知事情的脉络。

云是雨的前兆。上卦坎是云，下卦震是雷。云与雷合成屯卦，以象征天地初创的苦难时期。在此时期，君子应当以天下为己任，负起策划经营与建立秩序的责任。

初九：盘桓；利居贞，利建侯。
象曰：虽盘桓，志行正也。以贵下贱，大得民也。

"盘"，大石。"桓"，树名。"盘桓"，大石压住草木，阻碍草木生长，比喻前进不得、踌躇。

初九是阳爻，但处在最下方开始的位置，虽然刚健，却处于困顿的苦难时期。不过，下卦震有动的功能与作用。

初九与上卦的六四阴阳相应，当然会奋发前进。然而，六四在上卦坎亦即陷、险的最下方，处于危险的陷阱中，以至于"盘桓"，不得不踌躇。虽然如此，但初九阳爻阳位得正，只要态度坚决、行为纯正，就仍然有利。

初九是屯卦的开始，意义重大。

阳爻位于阴爻的下方，以人事比拟，正处于有才能又正当有利于建立公侯基业的草创时期，前途大有可为。

《象传》说，虽然踌躇，但志向、行为纯正，只要不高高在上，能够与基层群众亲近，就可以大得民心，获得拥戴。

这一爻，说明处于苦难的初期，虽然让人踌躇，但也正是建功立业大有作为的时期，"正当"即会有利。

灵光一闪 无论多艰难，只要行动了就会有意义和希望。

六二：屯如邅如，乘马班如。匪寇婚媾，女子贞不字，十年乃字。
象曰：六二之难，乘刚也。十年乃字，反常也。

"如"，与"若""然"同。"屯"，困顿、困难。"邅"，进进退退。"乘马"，四匹并列的马。"班"，行动不一致。在《左传》中，有将脱离行列的马称作"班马"的用法。"字"，依据《礼记·曲礼》："男子二十，冠而字；女子许嫁，笄而字。"亦即，古时男子成年戴冠，女子出嫁用簪将发束起，这时，于本名以外，再起一字（号），以便于别人称呼。女子出嫁即"字"。不过，另有一说，古代没有将出嫁说成"字"的，应当作"怀孕"解。

六二阴爻阴位，而且在下卦的中位，所以中正，又与上卦的九五阴阳相应，应当结为"夫妻"。不料，六二恰好在阳刚的初九上方，与初九非常接近，以至于"屯如""邅如"，进退两难，就像并列的四匹马，脚步不一致，难以顺利前进。

初九强横，胁迫六二下嫁，但六二贞烈，等待十年之久才摆脱初九的纠缠，终于与相应的九五结合。

《象传》说，六二之所以困难，是因为位于阳刚的初九的上方。十年才嫁，这是反常的现象。

这一爻，说明在艰难的困境中必须意志坚定，不为威武所屈，不因反常的现象动摇。

灵光一闪 纯正，在艰难时期尤其重要。

六三：即鹿无虞，惟入于林中，君子几不如舍，往吝。
象曰：即鹿无虞，以从禽也。君子舍之，往吝穷也。

"即"，就、近。"虞"，古代管理山林的官名。"禽"，同"擒"，当"猎物"解。"吝"有"惜、恨、耻"的含义，比"悔"的程度高，接近"凶"。

六三阴爻阳位，因而不满，想要妄动。但六三既不正也不中，又与上六同是阴爻，也不相应，如果轻率冒进，必然陷入困境。

这一爻以打猎追逐鹿来比拟。如果没有管理山林的人当向导，追逐猎物的君子就难免迷失在林中。因而，君子应当机警，与其冒进，不如舍弃。如果贸然前往，就会有迷失并被困在林中的耻辱了！

《象传》说，追鹿没有向导，是盲目地追逐猎物，君子应当舍弃。前往会蒙受耻辱，是因为将无路可走。

这一爻，说明应当知机，明辨取舍，不可盲目行动。

灵光一闪 因利而往，必迷失。

六四：乘马班如，求婚媾，往吉，无不利。
象曰：求而往，明也。

六四是阴爻，本来与下卦的初九阴阳相应，但又与上卦的九五过于接近。由于初九、九五的牵制，六四意志动摇，犹如脚步不一致的乘马，进退两难。然而，六四毕竟与九五接近，只要向前去"求"，就能够结合，所以说，向前追求会吉祥，没有不利。

《象传》说，向前追求，状况才能够明朗。或者可理解为，向前追求，才是贤明的态度。

这一爻，说明在进退两难、抉择困难时，应当采取积极的态度。只有团结志同道合的人一起向前追求，才能使状况明朗化。

灵光一闪 远亲不如近邻，睦邻远比求亲重要。

九五：屯其膏，小贞吉，大贞凶。
象曰：屯其膏，施未光也。

"屯"，"聚"的意思，动词。"膏"，油脂，引申为"恩泽"。

九五中正，又在最尊贵的"五"位，却陷在上卦坎的险陷的正中央，以至于行动困难。

九五本来与六二阴阳相应，可是六二阴柔，没有力量给予应援，不足以帮助九五解困。初九虽然阳刚，但处在最基层，离九五较远，以至于九五被困在重阴之中，孤立无援。"屯其膏"，纵然有能力，也难以施展。在这种状况下，如果是小事，保持纯正，还会吉祥。如果是大事，即或保持纯正，也难免凶险。

《象传》说，在这种状况下，即使施展抱负，前途也未必光明。

这一爻，说明在孤立无援时，应当退守自保，不可逞强冒进。

灵光一闪 上级，有的是被下级害死的。

上六：乘马班如，泣血涟如。
象曰：泣血涟如，何可长也。

"涟"，落泪。

上六阴柔，却上升到了极点。好事到了极点都会走向反面，何况不好的事，一旦到了极点就日暮途穷了。

六三与上六同属阴爻，上六不能获得应援，陷于进无可取、退无可守的绝境，因而忧惧，血泪涟涟。

《象传》说，在这种状况下，又怎么能长久呢？

这一爻，以物极必反告诫人。《易经》反复不断地以"满盈"向人提出警告。

灵光一闪 凡事都要防止走向反面。

屯卦，阐释应对萌芽状态的原则。

在天地草创时期，秩序尚未建立，难免混乱不安。这是一个苦难的时期，但也是英雄豪杰建功立业的大好时机。当此草创之际，充满危机，必然踌躇，难以把握方向，必须坚定纯正的信念，否则一失足成千古恨。因而，必须富贵不淫，贫贱不移，威武不屈，不可因一时出现反常现象而动摇。应当果断，知道取舍，不轻举妄动。当处于进退两难的困境时，只有积极进取，才能使状况明朗，找到出路。当孤立无援时，应当退守自保，先求安全，再谋发展。最后，屯卦以"满盈"告诫人：物极必反，应适可而止。

应爻参考：

初九：无论多艰难，只要行动了就会有意义和希望。

六二：纯正，在艰难时期尤其重要。

六三：因利而往，必迷失。

六四：远亲不如近邻，睦邻远比求亲重要。

九五：上级，有的是被下级害死的。

上六：凡事都要防止走向反面。

蒙 ䷃

> 蒙昧、启蒙、教育。
>
> 这一卦告诉我们：教育为百年大计，应当有教无类、包容、谦虚，动机必须纯正。

蒙，亨。匪我求童蒙，童蒙求我。初筮告，再三渎，渎则不告。利贞。

《序卦传》说："物生必蒙，故受之以蒙。蒙者蒙也，物之稚也。"

"蒙"是"蒙昧、幼稚"的意思，也有"启蒙、教育"的含义。"匪"同"非"。"我"指九二。"童蒙"为幼稚愚昧的人，指六五。

万物生成以后，接着进入的是幼稚蒙昧的时期，教育就成为当务之急。

屯卦倒转过来就成为蒙卦。这种相互对称的卦形，称作"相综""综卦""覆象""反卦"，有彼此相反相成的性质，须相互参照理解。

这一卦，下卦坎，象征水、险；上卦艮，是山的形象，有"止"的作用。所以，蒙卦的卦形，是山下有险，指昏蒙的场所。又，下卦是险，上卦是止，意味着内心恐惧，抗拒对外，象征幼稚、愚昧，所以命名为"蒙"。

这一卦，以下卦的九二为主体。九二刚爻得中，又与六五阴阳相应，具备启蒙的力量，因而"亨"，可以畅行无阻。

并非我去求蒙昧的幼童，而是蒙昧的幼童来求我教导。《礼记·曲礼》中也说："礼，闻来学，不闻往教。"求教就像问卜一般，应当诚心诚意。第一次他来求教可以告诉他，如果两次、三次来，就成为"渎"，亦即冒犯。冒犯，就不再告诉他。

启蒙的工作，原则上必须动机纯正，坚持到底，所以，"贞"才有利。

彖曰：蒙，山下有险，险而止，蒙。蒙亨，以亨行时中也。匪我求童蒙，童蒙求我，志应也。初筮告，以刚中也。再三渎，渎则不告，渎蒙也。蒙以养正，圣功也。

第二章 《周易》上下经

《象传》说，蒙卦的形象，是山下有险。因为危险，停止不前，所以蒙昧不明。

蒙卦所谓的亨通，是由于行动切合时机，而且把握住了不偏激的中庸原则。不懂本来是很危险的，不懂就学，有了知识，危险就不成为危险了。这里的"止"，说的是止危险，其实是"行"的意思。

不是我去求蒙昧的幼童，而是蒙昧的幼童前来求教于我。这是由于志同道合，彼此感应。他初次来求教，我告诉他，是由于他心存刚毅，符合中庸之道。他再三"刚"，就成为冒犯，他冒犯，我就不再告诉他，是因为他蒙昧，而且也违反了他自己当初求教的初衷。

亨通的秘诀是行动要切入时机，把握不偏激的中庸原则。硬来是行不通的。求人也要滴水穿石。

另外，《中庸》中也有"君子之中庸也，君子而时中"的说法。

象曰：山下出泉，蒙；君子以果行育德。

蒙卦的上卦艮，象征山；下卦坎，象征水。

《象传》以山下流出泉水，说明蒙卦的形象。

山下流出泉水，犹如启蒙幼童，开始是潺潺细流，最后成为滔滔江河，滋生万物。因而，君子应当效法这一卦的精神，以果敢的行动来培育品德。

不怕小，不怕弱，只要持之以恒。

初六：发蒙，利用刑人，用说桎梏，以往吝。
象曰：利用刑人，以正法也。

"刑"，惩罚，有"纠正"的含义。"桎梏"即刑具，又作"拘束"解。"说"与"脱"同。

初六是阴爻，又在最下方开始的位置，处于最幼稚、蒙昧的时期。

所以，必须"发蒙"，启发蒙昧。

启蒙，开始要像使用刑罚纠正罪恶那样，这是有利的。然而，刑罚的作用，旨在利用刑具告诫人，期望刑期无刑，脱去刑具。如果一味严刑重罚，超出限度，反而会引起反抗，招来羞辱。

刑期无刑，是教育小孩的最高形式，也是最好形式。也就是说，教育本身是拘束人的，但让小孩感到没有受到拘束，那就是最好的了！

《象传》说，利用刑罚以纠正过失是有利的，但这是指在启蒙的最初阶段而言。首先要制定法则，法比罚重要。

这一爻，说明教育在开始时应当严厉，但不可过当，并应当先订立规范。

灵光一闪 有拘束但让人舒服，是教育的最好形式。

九二：包蒙吉；纳妇吉；子克家。
象曰：子克家，刚柔接也。

"包"，包容。

九二是下卦唯一的阳爻，亦即下卦唯一刚健的力量，是下卦的主体，负有统率其他阴爻的使命与启蒙的责任。但由于教导的对象众多，其资质各不相同，不能强求一致，所以，应当包容，包容才吉。

九二虽然刚健，但在下卦的中位，性格中庸，能够包容，所以吉祥。

由另外的角度看，九二与六五阴阳相应。"二"是阳，相当于丈夫；"五"是阴，相当于妻子。丈夫能够包容妻子，那是最好的。于是，联想到如果能够欢天喜地地像人家那样娶妻、爱妻，就十分吉祥了！

以家庭来说，六五相当于父，九二相当于子。但六五柔弱，不能负起一家的责任，而九二刚健，又能包容，可以使家庭兴旺。

在这里，家本来是一份责任，一个难题，现在儿子来承担了这份责任，克服了这个难题，所以说"子克家"。

《象传》说，儿子之所以能够负起家庭的责任，是因为九二能够与"三、四、五"的阴爻接近并且包容它们。

这一爻，说明教育应当包容，有教无类。

灵光一闪 刚柔相济能成事。

六三：勿用取女；见金夫，不有躬，无攸利。
象曰：勿用取女，行不顺也。

六三，阴爻阳位，不正。

它既向往上九又舍不得九二，因为九二就在身边，离得近，但又没有上九的地位高。六三因而失去了主张。

如果以女人做比喻，是见到刚健有财势的"金夫"就忘了自己，失去了主张。千万不要娶这样的妻子，不会有好结果。

《象传》说，不可以娶这样的妻子，因为以后不顺利。

"顺"，也解作"慎"。古代"顺"与"慎"通用，例如《荀子·修身》篇中，就将"慎墨"写作"顺墨"。

因而，"行不顺也"也解释成"行为不检点"。

这一爻，强调教育应坚定信念，不可见异思迁。

灵光一闪 见异思迁，反而不顺。

六四：困蒙；吝。
象曰：困蒙之吝，独远实也。

"实"，指的是九二。阳爻的性质，积极、充实；阴爻的性质，消极、容忍。因而，阳实阴虚。

六四是阴爻，与其相应的初六也是阴爻，并且距离阳爻九二很远，得不到援助，因而，六四蒙昧困顿，十分懊恼。

《象传》说，六四之所以蒙昧困顿，是因为远离有实力的人，孤立无援。

当然，以意象来说，六四还象征积极向上。

这一爻强调教育不可脱离现实，不可好高骛远。

灵光一闪 远离实力，有点危险。

六五：童蒙，吉。
象曰：童蒙之吉，顺以巽也。

虽然六五是阴爻，但得中，高居"五"的尊位，上方有阳刚的上九相比，下方又与阳刚的九二相应，是上下都有应援的形象，所以，是处于待变、将变、适变的阶段，一旦变成阳爻，上卦就成为巽卦，象征风，全卦就成为风与水，风调雨顺，必然大吉大利。

所以说，六五虽然幼稚、蒙昧，但虚心，能够接受教导，因而吉祥。

《象传》说，童蒙之所以吉祥，是因为顺应巽。巽卦有谦虚的意思。这里兼指上卦可能变成巽卦。

这一爻，强调教与学都应当谦虚。

灵光一闪 谦虚与顺从，大吉。

上九：击蒙；不利为寇，利御寇。
象曰：利用御寇，上下顺也。

"击蒙"，攻击蒙昧的意思。

上九阳刚，又在最高位置，以对待启蒙的态度来说，会过于刚强。攻击对启蒙而言虽然嫌过度，对防止外来邪恶的诱惑而言却有利。

听起来拐弯抹角，其实就是说，对于启蒙而言，即使态度强硬、要求过度一些，也没有问题。

《象传》说，以刚强的态度来防止外来的邪恶，对教导与被教导的人都有利。又以卦象来说，最上层有刚强的上九对外，内部又有刚强的九二巩固，上下相互应援，所以"顺"。

这一爻，说明阳刚的效用，只宜对外，不宜对内。

灵光一闪 严格只能对内。

蒙卦，阐释应对蒙昧的原则。

凡事开始，草创之初，秩序尚未建立，处于混乱蒙昧的状况，自然危机四伏。人内心恐惧，产生抗拒心理，以致重私利，轻公益，趋向保守，缺乏进取心。因而，启发民智，为治国平天下的首要工作。而教育的原则，首重自然感应，潜移默化，循序渐进，不可强求。教育为百年大计，应把握不偏不倚的中庸原则。教育又是神圣不可侵犯的工作，动机必须纯正，而且要坚持到底。教育应当严厉，但也应适度，过严反而会遭到抗拒。应当包容，有教无类。应当坚定信念，贯彻始终，不可见异思迁。必须切合实际，不可好高骛远。不论教与学，均应谦虚，相互切磋，教学相长，彼此受益。而且应当内柔外刚，对内应当兼容并蓄，对外来的邪恶则应断然排斥。

应爻参考：

初六：有拘束但让人舒服，是教育的最好形式。

九二：刚柔相济能成事。

六三：见异思迁，反而不顺。

六四：远离实力，有点危险。

六五：谦虚与顺从，大吉。

上九：严格只能对内。

需 ䷄

> 踌躇、期待。
>
> 这一卦告诉我们：愈接近危险，愈应当谨慎。

需，有孚，光亨，贞吉。利涉大川。

《序卦传》说："物稚不可不养也，故受之以需。需者饮食之道也。"

"需"，需要。生物为维持生命，饮食是必需品。"孚"，信用。

蒙是年幼者，年幼者，不可以不养育。《序卦传》将"需"解释成饮食的道理。

"需"，也有"期待"的意思。

但为什么"需"又有"踌躇"的意思？因为这一卦，下卦乾刚健，上卦坎是险陷，虽然刚健，但前面有险阻，不可贸然前进，应当等待。所以，此卦命名为"需"，是"等待、踌躇"的意思。

这一卦的主体九五位于上卦坎的中央，得中，且阳爻阳位得正，又在"五"的尊位，故在形象上，中心充实，象征信实。

这一卦的卦形，在乾的前方有坎。坎象征水，不容易步行涉过。然而，由于乾是纯刚的，坚强有力，只要等待、有信心，最后前途仍然光明，可以亨通。只要坚守纯正，就会吉祥，就能够涉水渡过大川。

贞，是"吉"的先决条件，必须先等待。由于必须等待而等待，所以占断是吉。

所谓的吉祥，一般来说，是能做到因应时势而动静。

彖曰：需，须也；险在前也。刚健而不陷，其义不困穷矣。需，有孚，光亨，贞吉。位乎天位，以正中也。利涉大川，往有功也。

《彖传》说，"需"是"须"，"须"有"等待"与"需要"的含义。前方有坎的险阻，所以必须等待。下卦乾刚健，本来不应当停止前进，但为了等待有利的时机，以免陷入危险，采取等待的正当方式，就不会遭遇穷

第二章 《周易》上下经

困了。等待必须信心坚定，最后才会光明亨通，更必须坚持纯正，最终才会吉祥。

这一卦由于主爻九五刚健，又居于至高无上的地位，而且九五、九二都中正，所以涉大川有利，前进会成功。

象曰：云上于天，需；君子以饮食宴乐。

《象传》说，上卦坎是云，下卦乾是天。云上升到天，只要等待阴阳调和，自然就成为雨；象征君子在应当等待的时刻就等待，尽情享受饮食宴会的乐趣，以等待有利时机的到来，不必有所作为。

"宴"，有"安"与"宴会"的含义。

屯、蒙、需三卦都由坎卦演变而来，以水和险为基本概念。

初九：需于郊。利用恒，无咎。
象曰：需于郊，不犯难行也。利用恒，无咎；未失常也。

"需"是"等待"的意思，因为前面有上卦坎的险。

初九，在最下方，离上卦坎的险最远，所以是在"郊外"等待。

又，初九是阳爻，刚毅有恒，能够坚守常规，所以不会有过失和灾难。

《象传》说，情况还正常，没到非常时期。

这一爻，说明在必须等待时，应保持距离，以策安全，而且要有恒心，意志不可动摇。

灵光一闪 需要等待的时候就等待，这是智慧。

九二：需于沙。小有言，终吉。
象曰：需于沙，衍在中也。虽小有言，以吉终也。

"言"是"责难"的意思。"衍"，是水向四处漫延，引申为"延长、推演"的意思。

九二，比初九接近上卦坎的水，所以，用"沙"象征。

九二，比初九稍微接近险阻，虽然不会有大的灾害，但已经比较困难，会稍微听到一些责难的话。但九二阳爻得中，因而仍然可以安闲地等待，最后还是吉祥的。

《象传》说，水流在沙中漫延，不可急进，虽然会被责难，但忍耐到最后还是会吉祥的。

这一爻，强调等待必须忍耐，不可急进，不可因闲言闲语而动摇。

灵光一闪 坚持最后三分钟往往很重要。

九三：需于泥，致寇至。
象曰：需于泥，灾在外也。自我致寇，敬慎不败也。

九三，更接近上卦坎的水，以"泥"象征，说明随时有陷入的危险。下卦接连三个阳爻，刚强过度，九三又离开了中位，从灾害的程度来说，已相当于随时会有寇敌来袭的状态了。

《象传》说，虽然上卦坎的危险还没有到来，但妄进就会给自己招来灾祸，所以，必须谨慎，只有这样才不会失败。

这一爻，强调愈接近危险，愈应当谨慎，不可妄进，以免给自己招祸。

灵光一闪 跌倒在黎明前，例子很多。

六四：需于血，出自穴。
象曰：需于血，顺以听也。

六四，已经进入上卦坎的险，可能造成伤亡，所以，用等待在"血"中象征。不过，六四阴爻阴位，虽然柔弱但得正，所以，不会轻举妄动。这样不久就会由陷入的"穴"中走出。

《象传》说，陷入穴中时，应当用柔，顺应变化，这样才会脱险。

这一爻，强调陷入危险后，不可逞强，应顺应变化，这样才能化险为夷。

灵光一闪 在危险中不可逞强。

九五：需于酒食，贞吉。
象曰：酒食贞吉，以中正也。

九五，阳爻阳位得正，在上卦得中，又处在至尊的地位，所以最安全。因此，用"可以安闲地饮食、等待"象征。然而，仍然要以坚持纯正为先决条件才会吉祥。

《象传》说，虽然处在安全中，但仍然应当执着于中正的原则。

这一爻，强调在可以安全等待的情况下，仍然不可违背中正的原则。

灵光一闪 坚持原则往往可以排除危险。

上六：入于穴，有不速之客三人来，敬之终吉。
象曰：不速之客来，敬之终吉。虽不当位，未大失也。

上六阴爻柔弱，位于上卦坎险的极点，已无法再等待，终于坠入"穴"中。

上六与下卦的九三相应。九三连同下面的两个阳爻，本来就有勇往直前的刚强性格，因为前面有险，所以等待已久，现在已经到了等待的终极时刻，所以一拥而来。这里以"不速之客三人"来象征。

上六柔弱，对三位刚强的不速之客，既然无力量赶走，就只有以诚意恭敬相待，这样才能化暴戾为祥和。

《象传》说，"不当位"，是指上六阴爻阴位，应该当位，但因到达"上"的极点，已进退无路，所以虽然在最高位，却等于没有地位。

而且，阴爻在阳爻的上方，也反常。不过，因为能以诚意对待，所以不会有大损失。

这一爻，强调以柔制刚的道理。

灵光一闪 最危险的时候，接受现实，以柔图强。

需卦，阐释等待的原则。

在草创时期，动荡不安，危机四伏，往往状况不明或面临危险，必须等待时机。等待需要恒心与耐心，恒心与耐心来自信心，而信心源自纯正的信念。因而，在不得不等待的时刻，应当坚定信心，以恒心与耐心等待有利时机的到来。这时，应当尽可能远离危险以策安全，而且应该保持距离，这样才能够了解状况。应当忍耐，不可因闲言闲语而动摇。不可急躁冒进。若盲目妄进，将给自己招祸。当陷入危险时，不可逞强，应当冷静，运用柔的法则，顺应变化，这样方可化险为夷。即或在安全中，也应居安思危，把握中正的原则，谨慎戒备。总之，应对危险的最高法则是以柔制刚。有目的地等待，正是应用柔的法则。

应爻参考：

初九：需要等待的时候等待，这是智慧。

九二：坚持最后三分钟往往很重要。

九三：跌倒在黎明前，例子很多。

六四：在危险中不可逞强。

九五：酒食，往往可以排除危险。

上六：最危险的时候，接受现实，以柔图强。

讼 ䷅

> 争论、诉讼。
> 这一卦告诉我们：分配不公往往会出大事。为什么有争论，有诉讼？不公。

讼，有孚窒惕，中吉。终凶。利见大人，不利涉大川。

这一卦的形象，正与需卦相反，它们相互是综卦。一方是等，一方是争，交互为用。

"讼"指争论，当然，也包含诉讼在内。

《序卦传》说："饮食必有讼，故受之以讼。"

饮食难免发生争执，所以，将讼卦放在需卦之后。

讼卦的上卦乾，刚健；下卦坎，险陷。

一方刚强，一方阴险，必然起争执。以个人比拟，内卦即内心阴险，外卦即外表有才干，这样的人容易与人争执，引起诉讼。因而，以"讼"为卦名。

九二阳爻，在中位，象征信实，但与上卦的九五同为阳爻，不能相应，以至于孚信受到窒碍。

依据《说卦传》，坎有忧虑增多的含意，所以，须加警惕。又，讼卦是由遁卦变化而来的，亦即遁卦的九三降到"二"位，占据中位，成为讼卦。所以，要中庸，在心中警惕才会吉祥。

另外，上九是在重叠的三个阳爻的最上层，过于刚强，逞强争论以求达到目的，所以，最后是凶。

"大人"指九五。九五阳爻，在上卦中央，处于尊位，既刚健中正，又居于领导地位。以卦的整体来看，刚强的上卦乾在险陷的下卦坎之上，亦即信实却踏在陷阱上，因而，自以为信实而逞强，实则行不通，唯有反省，戒慎恐惧，把握中庸的原则行动，才会吉祥。如果逞强，最后则是凶。

遇到公正的"大人"裁判，会有利；但要像"涉大川"一般逞强冒险，则不利。

不要以为自己正确、诚实或者充实，就一味逞强，以为自己一定胜利。这样的想法比较幼稚。如果你是在一堆小人中间，或者处在错误的包围之中显得正确，你得小心。

彖曰：讼，上刚下险，险而健，讼。讼有孚窒惕，中吉，刚来而得中也。终凶，讼不可成也。利见大人，尚中正也。不利涉大川，入于渊也。

《彖传》说，讼卦的上卦乾是刚，下卦坎是险，亦即内心的坎是险，外表的乾是健，因而成为诉讼的卦象。

讼卦来自遁卦，为遁卦的"变卦"。上面的爻下降，称作"来"；下面的爻上升，称作"往"。遁卦"三"位的刚爻，"来"到"二"的中位，成为讼卦。所以，心中的孚信会有变化，必须警惕才会吉祥。

《论语·颜渊》篇中，孔子说：审理诉讼，我也和他人一样。但最好还是不要发生诉讼吧！

诉讼打官司，本来就不是上策，难以达到目的，所以，最后的结果是凶。

"利见大人"，是要崇尚中正。"不利涉大川"，是因为会坠入深渊。

象曰：天与水违行，讼；君子以作事谋始。

《象传》说，讼卦的上卦乾是天，下卦坎是水，天在上，水在下，行动的方向不同，所以造成诉讼的局面。因而，君子处理事务，在开始时就应当慎重思考筹谋，以避免与人打官司。

解决诉讼的最好办法就是没有诉讼。如果有了，就已经是下策了！

初六：不永所事。小有言，终吉。

象曰：不永所事，讼不可长也。虽小有言，其辩明也。

初六，阴爻阳位不正，又在最下方，所以柔弱。

虽然初六与上卦的九四阴阳相应，但中间有九二阻碍，初六力量薄弱，所以，无力化解诉讼事件。

但九四阳刚,始终有呼应初六的倾向,所以,只要不将诉讼事件拖得太久,哪怕小有责难,最后也还是会吉祥的。

《象传》说,打官司本来就不应拖延过久。虽然小有责难,但一经说明,就可以化解。

这一爻,告诫打官司不可拖延过久,应当以解释求得化解。

灵光一闪 有争端应立即化解。

九二: 不克讼,归而逋,其邑人三百户,无眚。
象曰: 不克讼,归逋窜也。自下讼上,患至掇也。

"逋",逃亡。"眚",眼睛生翳,散光,看物产生虚幻的光晕。太阳的光晕,称作"日眚"。"眚"在这里有"灾祸"的意思。

九二阳刚,在下卦坎险的中央,本来就喜欢与人争执,又与九五同是阳爻,不能相应,当然就发生争执了。但九五阳爻阳位,又在上卦中央的尊位,至刚、至中、至正,而九二虽然阳刚,却在阴位,不正,位置又低,打官司必然失败,只好逃亡、隐藏。逃亡到村民只有三百户、不显眼的小村中,谨守本分,就不会有灾祸。否则,逃亡到显眼的大城镇,必定会被敌人追踪,难以逃脱。

《象传》说,在下位的人去告在上位的人,祸患是自己拣来的。

灵光一闪 偏僻之地便于藏匿。

六三: 食旧德,贞厉,终吉;或从王事,无成。
象曰: 食旧德,从上吉也。

"食"相当于"食邑"的"食"。古代做官的人,以分封采邑的税收生活,而且世袭。"旧德"指祖先的遗德。"食旧德"是指前往因祖先遗德所得到的领地去就食。

六三阴柔,无力与人打官司,因而,只能隐忍地前往祖先遗留的领地,并且坚守纯正,自励自勉,这样就能度过艰难,最后还是吉祥的。或许也有从政的可能,但不会有所成就。

《象传》说,处逆境时,追随比自己地位高的人比较有利,而自己行动则不会成功。

这一爻，是说应当知足，不可逞强争胜，只有隐忍自励才是正策。

灵光一闪 要追随比自己能干的人。

九四：不克讼，复即命，渝安贞，吉。

象曰：复即命，渝安贞；不失也。

"即"，"就"的意思。"命"，天命，亦即正理。"渝"，改变。

九四虽然阳刚，但在上卦的最下位，不得中，又阳爻阴位，不正，地位弱，与人争强不会得胜。不过，正因为柔，能够回头去就正道，改变初衷，顺其自然，安于正理，所以不会有过失，最终还是吉祥的。

《象传》说，这是因为没有违背天命。

这一爻，强调顺其自然，安于正理则心安理得。

灵光一闪 争讼，胜也不胜。

九五：讼元吉。

象曰：讼元吉，以中正也。

九五在至尊的位置，阳刚，又至中至正，象征公平、公正、合理地裁判诉讼，因而吉祥。

《象传》说，之所以吉祥，是因为中正。

这一爻，说明裁判诉讼，应以至中至正为根本。

灵光一闪 公平走遍天下。

上九：或锡之鞶带，终朝三褫之。

象曰：以讼受服，亦不足敬也。

"锡"与"赐"同。"鞶带"是古时依身份颁赐的腰带。"褫"是"剥夺"的意思。

这一爻辞，由六三的"或从王事"延伸而来。上九阳刚已达极点，尽管可以逞强赢得诉讼，但不会持久。或许会得到赏赐，但在一天之内，"鞶带"就被剥夺了三次。

《象传》说，以争讼得到赏赐的服饰，不足以使人尊敬。

这一爻，告诫以争讼达到目的不会持久，也不会受人尊敬，虽胜亦可耻。

灵光一闪 有了争端宜积极化解，少拉仇恨。

讼卦，阐释解决争端的原则。

人与人难免发生争执，引起诉讼。争讼多半因为内心险恶，行动过于刚强。争讼会使信实蒙羞，招来忧患，必须警惕。不可自以为得理而逞强，这样不但难以达到目的，反而会使自己陷入泥淖。应当深刻反省，戒慎恐惧，把握中庸的原则，避免打官司。有了争端宜积极化解，不可拖延过久，以免到达不可收拾的地步。应当退让，自我反省。不可轻启争端，惹祸上身。知足常乐，应当隐忍自励，不可逞强争胜。隐忍，顺其自然，安于正理，必然心安理得。裁决诉讼，应以至中、至正为根本。以争讼获益不会持久，也不会受人尊敬，反而会使信实蒙羞。

应爻参考：

初六：有争端应立即化解。

九二：偏僻之地便于藏匿。

六三：要追随比自己能干的人。

九四：争讼，胜也不胜。

九五：公平走遍天下。

上九：有了争端宜积极化解，少拉仇恨。

师 ䷆

> 军队、战争。
> 这一卦告诉我们：打仗是大事，"死生之地，存亡之道"，必须慎重对待。

师，贞。丈人吉，无咎。

《序卦传》说："讼必有众起，故受之以师。师者众也。"

由争讼发展到打起来了，所以，在讼卦之后是师卦。

"师"，指军队。"丈人"，指老成持重的人物。

下卦坎是险与水，上卦坤是顺与地。古代兵农合一，男子平时耕田，农闲时训练，战时就应召参战。兵的性质凶险，像水一般不安定；农民的性格柔顺，像地一般不动。这一卦的形象，是在顺与地的下面，有险与水，意味着在农民中间隐藏着兵。

军队的运用原则，必须"贞"，以坚持正义为条件，亦即，必须听从天命，符合众望，讨伐邪恶，伸张正义，所以，必须以正义、中庸、老成持重的人物为统帅，这样才会吉祥，才没有过失与灾祸。《孙子兵法》说：武力是凶恶的工具，战争为不得已的手段，关系着民众的生命、国家的存亡。

这一卦，只有九二是阳爻。九二在下卦的中央，被上下五个阴爻围护着，所以，九二是统帅，五个阴爻是士兵。九二刚强，在下层，握有实权；六五柔和，高高在上，象征君王任命统帅，以扩张军事。所以，这一卦命名为"师"。

彖曰：师众也，贞正也，能以众正，可以王矣。刚中而应，行险而顺，以此毒天下，而民从之，吉又何咎矣。

"以"，与"用"同，"运用随心"的意思。"师"，原意是"在山丘上聚集的都是人"，这里指群众、军队。"贞"，即"正"。

第二章 《周易》上下经

这一卦，有一个阳爻九二在下卦的中央，五个阴爻都听命于九二，九二能够随心所欲，带领群众以伸张正义，这种人物，就可以成为君王了！

九二是阳爻，在下卦得中，又与上卦的六五阴阳相应，象征君王将统帅权完全授予统帅。武力，本来是非常危险的手段，但冒险而没有阻碍，战争将不可避免地造成灾害，但百姓却愿意追随，能够这样，当然吉祥，哪里会有灾祸呢？

象曰：地中有水，师。君子以容民畜众。

师卦的形象是地下有水，水不流出地外。同样地，士兵也在农民中间，不可分离。因而，这一卦象征"师"，亦即军队。君子应当效法这一精神，包容民众，在民众当中蓄积力量。

初六：师出以律，否臧凶。
象曰：师出以律，失律凶也。

"律"，指军纪。"否"即恶，"臧"即善；"否臧"即善恶得失。

初六是师卦的第一爻，象征军队出发作战的阶段。战争开始阶段最重要，必须有严格的军纪。否则，不论胜败都是凶。此爻告诫，在开始阶段应特别慎重。

《象传》说，丧失了军纪，凶。

这一爻，强调严格军纪的重要性。

灵光一闪 严格的纪律是制胜的法宝。

九二：在师中，吉无咎，王三锡命。
象曰：在师中吉，承天宠也。王三锡命，怀万邦也。

"锡命"，颁赐嘉奖的爵命。"三命"，依《周礼》是指"一命受职，再命受服，三命受位"。

九二是这一卦中唯一的阳爻，位于下方，得到许多阴爻的信赖，又在下卦的中位，象征刚毅、中庸。军队有稳固的领导中心，这样当然吉祥，不会有过失与灾祸。

九二又与至尊的六五阴阳相应，得到君王的宠信，被三度赐予褒扬的荣誉。

《象传》说，这是依赖统帅的力量，以安抚政策使万国信服。

这一爻，强调统帅刚毅、中庸的重要性。

灵光一闪 刚毅、中庸是事业的基石。

六三：师或舆尸，凶。
象曰：师或舆尸，大无功也。

六三阴爻阳位不正，象征统帅缺乏统御才能，却又刚愎自用。位置不中，象征统帅行动乖张，轻举妄动，这样必然失败。如此，也许将军的尸体要用车载回来了，当然凶。

《象传》说，这是好大喜功，导致结果适得其反。

这一爻，说明统帅不中不正的严重后果。

灵光一闪 乖张狂妄是失败的根源。

六四：师左次，无咎。
象曰：左次无咎，未失常也。

"左次"，到左方。

兵法布阵的原则：使低地在左前方，攻击才能便利且有速度；使高地在右后方，可以当作防御的据点。"左次"就是到达高地的左方，使高地在右后方。

六四阴柔，又不在中位，本来无战胜的可能。可是，六四阴爻阴位得正，又在下卦坎的险阻的前方，象征知道量力于安全地带布阵，据守高地而不轻举妄动，所以说无咎。

《象传》说，这是由于不违背常规。

这一爻，强调统军应以安全为首要任务，不可违背常规。

灵光一闪 不违背常理可反败为胜。

六五：田有禽，利执言，无咎。长子帅师，弟子舆尸，贞凶。
象曰：长子帅师，以中行也。弟子舆尸，使不当也。

"田"，狩猎。"禽"，猎获某物。"执言"，发表意见、责难对方的过

第二章 《周易》上下经

错、对对方加以声讨。"长子",比拟大人物,指九二。"弟子",次子及以下,比拟小人物,指六三、六四。

六五是这一卦的主体,阴爻,在上卦中央至尊的位置,柔顺、中庸,不会主动发起战争,只会在不得已时应战,因而必胜,所以,用打猎猎获的野兽象征胜利获得的战利品。这种军队,有利于仗义执言,不会有灾祸。战争,只可交由一位统帅全权指挥,既已任命有才能的统帅,却又让一些小人参与,这样必然失败。因而,这一爻用长子统帅军队,弟子们的尸体却用车装载回来了做比喻。在这种指挥不能统一的状况下,即或动机纯正,结果也是凶。

《象传》说,以长子统帅军队,可以战胜,因为行动能够把握中庸的原则。但如果再让弟子们参与,就是用人不当,必然失败,要用车装载尸体回来了。

这一爻,调强统帅权统一的重要性。

灵光一闪 一艘轮船只能有一位船长。

上六:大君有命,开国承家,小人勿用。
象曰:大君有命,以正功也。小人勿用,必乱邦也。

上六是"师"亦即军队的终极点。战争结束,君王论功行赏,颁布命令,有人被封为侯,赐以土地,开创战时出千辆战车的"千乘"大国;有人被任命为卿、士、大夫,赐以土地,世袭战时出百辆战车的"百乘"的家。但小人则不可以使其拥有"国""家"或政治权力。上卦坤是土,象征分封土地"开国承家"。

《象传》说,君王颁布命令,是为了公正地论功行赏。小人不可以重用,是因为小人必定会使国家陷于混乱之中。

这一爻,强调不可使小人形成政治势力。

灵光一闪 小人干政必乱邦。

师卦,阐释由争讼最终演变成战争的用兵原则。
战争是凶恶的工具,关系着民众的生死、国家的存亡,所以用兵必须慎重。军队必须是正义之师，统帅必须中庸、公正，老成持重，不好战喜功。战争必须得到民众的支持，才能战无不胜。用兵的原则，首重纪律严明，统帅必须刚健中正，恩威并重，不可刚愎自用。作战应以安全为首要任务，指挥权必须统一。不能重用小人，即或其有战功，也不可使其拥有政治权力。

应爻参考：

初六：严格的纪律是制胜的法宝。

九二：刚毅、中庸是事业的基石。

六三：乖张狂妄是失败的根源。

六四：不违背常理可反败为胜。

六五：一艘轮船只能有一位船长。

上六：小人干政必乱邦。

比 ䷇

> 相亲、依附。
>
> 这一卦告诉我们：团结友爱很重要。

比，吉。原筮元永贞，无咎。不宁方来，后夫凶。

这一卦，与师卦上下完全相反，它们彼此是综卦。战与和，相互为用。

《序卦传》说："众必有所比，故受之以比。比者比也。"

"比"，"相亲相辅、择善依附"的意思。"原筮"，古代的占卜方法，有"初筮"或"再筮"等不同的解释。"元"，"与善"的意思。之所以说"元"，是因为用卜筮求证，从现在开始，不会有灾难。

师是群众。群众在一起共同生活，必须相亲相爱、互助合作、服从领袖，这样才能和谐圆满。所以，在师卦之后，接着是比卦。

占到这一卦，是吉卦，大体上是好的。这一卦教人如何与人相处。要相亲相爱，爱别人，也爱自己；要相信大家的善意，与别人友好相处，这样事情就会向好的方向发展。

以卦形来说，这一卦的主体是九五。

九五阳刚，在上卦至尊的中位，阳爻阳位，至中至正，上下又有五个阴爻追随，象征在一个团体中，群众依附、追随领袖。

任何团体，只要人人都相亲相爱、互助合作、追随领袖、和平共处，就会吉祥。

看到其他人都前去依附，自己心里不安宁，这才前去，像这些迟来的人，就会有凶险。

善与和，应出自内心，见别人做了才匆匆忙忙跟上，当然不好。所以，择善依附，不可迟疑。

中国人的智慧："勿以恶小而为之，勿以善小而不为。"

彖曰：比，吉也；比，辅也，下顺从也。原筮元永贞，无咎，以刚中也。不宁方来，上下应也。后夫凶，其道穷也。

《象传》说，相亲相爱是吉祥的。相亲相爱是相互辅助，是属下服从领袖。相亲相爱是吉祥的，用卜筮验证，也是元始、永远坚贞的德行。之所以不会有灾难，是因为九五阳爻阳位，又在上卦至尊的中位，刚毅中正，具备领袖的条件。之所以心中不安宁才来，是因为上下五个阴爻，都与唯一的阳爻九五相呼应。之所以后来的人凶险，是因为其已经走投无路了。

由此可见，无论好事坏事，时（时间、时机、及时）的意义都是伟大的。

象曰：地上有水，比。先王以建万国，亲诸侯。

这一卦，下卦坤是地，上卦坎是水，所以说地上有水。地得水而柔，水得地而流，这是相亲相辅的象征。古代的圣王就是以这一卦的精神，建立了万国，与诸侯相亲相辅。

初六：有孚比之，无咎。有孚盈缶，终来有它，吉。
象曰：比之初六，有它吉也。

"孚"，信实。"缶"，盛酒的瓦器。

初六是比卦的第一爻，说明相亲相辅应由诚信开始，才不会有过失。

如果诚信像瓮中装满的酒，就必然有人前来依附，得到意外的吉祥。

《象传》说，亲比到了初六，有格外的吉祥。

这一爻，说明相亲相辅，应由诚信开始。

灵光一闪 诚信是人生的通行证。

六二：比之自内，贞吉。
象曰：比之自内，不自失也。

"内"，指在下卦内。

六二阴爻阴位，在下卦中位，又与上卦的九五阴阳相应，因而，它柔顺、中正，与九五上下呼应。

《象传》说，发自内心，没有失误。

这一爻是说相亲相辅，应发自内心，不可失去主动性。只要坚持纯正的动机，结果必然吉祥。

这一爻，说明相亲相辅，动机应当纯正。应发自内心，主动。

灵光一闪 内心的团结才是真正的团结。

六三：比之匪人。
象曰：比之匪人，不亦伤乎。

六三阴柔，不中不正，其上下爻以及应当相应的上六又都是阴爻，以至于阴阴相斥，所要亲近的人都是不应当亲近的人。

《象传》说，所要亲近的人都是不应当亲近的人，怎能不令人伤心！

这一爻，说明相亲相辅的对象，应当有所选择。

灵光一闪 队伍要纯洁。

六四：外比之，贞吉。
象曰：外比于贤，以从上也。

"之"，指九五。

六四本应与下卦的初六相应，但同性相斥，以致它们不能相应。于是，六四转而向外面寻求，与九五相亲。

六四阴爻阴位得正，与阳刚、中正又在尊位的九五相亲，是执着于正道，动机纯正、坚定，当然吉祥。

《象传》说，向外与贤明的人亲近，这是要追随比自己高尚的人。

这一爻，强调应依附贤明高尚的人。

灵光一闪 应依靠德高望重的人。

九五：显比，王用三驱，失前禽。邑人不诫，吉。
象曰：显比之吉，位正中也。舍逆取顺，失前禽也。邑人不诫。上使中也。

故事《史记·殷本纪》中记载：商汤王在田野中，听到四面张网的人在祷告："天下四方，都进入我的网吧！"汤王认为，这将使天下的禽兽被赶尽杀绝，就撤去三面网，只留下一面，并且祷告说："要往左的就往左，要往右的就往右，命中注定属于我的，就进入我的网吧！"《礼记·王制》中也有"天子不合围"的说法，亦即天子狩猎，只由三面驱赶禽兽，留一面让禽兽逃生，称作"三驱"。

"邑"，市镇。

九五是这一卦的主体，唯一的阳爻，刚健中正，又在尊位，因而，其他阴爻都来亲近、依附，这是最显著的相亲相辅。所以，用王者狩猎来象征，只由三面包围，来者不拒，去者不追，宽宏无私。本着这种合乎中庸的原则、仁至义尽的态度，地方上的民众就不会恐惧戒慎，当然吉祥。

《象传》解释说，之所以吉祥，是因为九五施德政，并用"舍逆取顺"解释"失前禽"。

这一爻，说明相亲相辅不可强求，应感化使其自动自发。

灵光一闪 凡事留一线，日后好相见。

上六：比之无首，凶。
象曰：比之无首，无所终也。

上六阴柔，已达到这一卦的极点"上位无位"的位置，又缺乏刚毅，不具备成为领袖的条件，无法得到属下的拥戴与亲近，所以凶险。

《象传》说，没有领袖，搞不出名堂了。《诗经·大雅·荡》中说："靡不有初，鲜克有终。"有始尚且难以有终，何况无始？相亲相辅，必须一本初衷，贯彻始终。

这一爻，说明相亲相辅，应贯彻始终，并强调领袖的作用。

灵光一闪 领袖需要德才兼备。

比卦，阐释亲爱精诚的道理。

物以类聚，人以群分。形成群体后，必须相亲相辅，在刚毅中正的领袖的领导下和平相处，精诚团结。这是创造共同幸福的根本、永远正确的道理，不可以怀疑。以诚信为本、发自内心、采取积极主动的态度。动机必须纯正，必须择善固执，远恶亲贤。应当宽宏无私，包容而不强求。更应当一本初衷，贯彻始终。唯此，才能够精诚团结，一片祥和。

应爻参考：

初六：诚信是人生的通行证。

六二：内心的团结才是真正的团结。

六三：队伍要纯洁。

六四：应依靠德高望重的人。

九五：凡事留一线，日后好相见。

上六：领袖需要德才兼备。

小畜 ䷈

> 小的蓄积、小的阻碍。
>
> 这一卦告诉我们：不是事情不能办，而是还不到时候。都满天乌云了就是不下雨，怎么办？唯一正确的方法是等待。

小畜，亨。密云不雨，自我西郊。

《序卦传》说："比必有所畜，故受之以小畜。"

"畜"，"将农作物蓄积"的意思。人人相辅相亲，结果就有了蓄积。"畜"，引申有"养"与"止"的意思。"小"，有"少"与"稍有不足"的意思。

这一卦，下卦乾，上卦巽，都阳多阴少，是阴卦，只有六四是阴爻，其他五爻都是阳爻，象征阳大阴小，阳过盛，阴不足，亦即企图旺盛，但力量不足。由另一角度看，以一阴蓄养五阳，力量有限，不得不稍微停顿，所以称作"小畜"。亦即，因蓄积的力量不足而不得不暂时停顿，不能有大的作为。不过，这只是小的停顿，不足以终止行动，不久就可以亨通，原有的理想，终究会实现。

"小畜"与"大畜"相对，卦形也相似。"小畜"下卦乾是健，上卦巽是入，健而且入，意志可以亨通。又九二与九五都是阳爻在中位，刚健中庸，有实力，是意志可以通行无阻的形象。

不过，因为蓄积不足，力量有限，一旦有外来的因素冲击，就会力不从心，不能随心所欲地积极地有所作为，所以，用来自西郊的乌云密布，有暴风雨即将来临的迹象，但蓄积没有达到饱和状态，还没有降雨来比拟。密云是阴，西是阴的方位，都象征蓄积的力量不足。

周文王被囚羑里，撰述卦辞的时期，正相当于"小畜"时。由羑里看，周在西方，所以说"自我西郊"。

彖曰：小畜，柔得位，而上下应之，曰小畜。健而巽，刚中而志行，

乃亨。密云不雨，尚往也。自我西郊，施未行也。

这一卦的主爻是六四。六四阴爻阴位得正，上下五个阳爻与其呼应，但力量还不充分，有一时停顿的现象，这是小的阻碍，所以称作"小畜"。下卦乾是健，上卦巽是入，九二与九五都刚健中庸，所以虽然意志暂时被阻滞，但最后仍然可以实现。"密云不雨"，是说还在进行中；"自我西郊"，是指抱负还没有施展。

象曰：风行天上，小畜。君子以懿文德。

"懿"，美。"文德"，指文章才艺与道德。

这一卦，上卦巽是风，下卦乾是天，因而，是风行天上的形象。风行天上，还没有普降甘霖，是在酝酿阶段，是暂时停顿的时刻，所以称作"小畜"。

君子应当效法这一卦的精神，美化文章才艺与道德，因为还不到大有作为的时候。

初九：复自道，何其咎？吉。
象曰：复自道，其义吉也。

这一卦，下卦是乾，亦即天，应当在上，因而初九要升进，返回自己原来的地位。然而，与初九相应的六四是阴爻，力量不足，成为障碍了。不过，初九阳爻阳位得正，又与六四阴阳相应，在升进中，六四不足以成为障碍，初九仍然能够循正确的途径回去。初九这是返回自己原来应走的道路，哪里会有过失？所以结果是吉祥的。

《象传》说，返回自己原来的道路，在意义上就是吉祥的。

这一爻，说明在困顿中应当坚持当初纯正的动机。

灵光一闪 不忘初心并有所行动，吉。

九二：牵复，吉。
象曰：牵复在中，亦不自失也。

"牵"，"携手"的意思。

下卦的三个阳爻志同道合，都要前进。九二已越来越接近六四，不能不担心被阻碍。不过，九二刚健，又在下卦的中位，与初九携手并进，当可突破阻碍，回到原来的位置，所以是吉祥的。

《象传》说，与在正道的志同道合者携手并进，而且不偏离中庸的原则，自己就不会迷失。

这一爻，说明在突破阻碍时，应与志同道合者携手并进，并把握中庸的原则。

灵光一闪 应与志同道合的人一起前进。

九三：舆说辐，夫妻反目。
象曰：夫妻反目，不能正室也。

"说"，与"悦"通用；一说，与"脱"相同。"辐"，固定车轮于轮轴上的掣栓。

九三也是阳爻，刚健，想要进升，但不在中位。九三与上九同是阳爻，不能相应，并且与六四接近，有时阴阳相吸，和睦共处，就像车轮与车轴，被"辐"结合在一起，不能摆脱。可是九三毕竟刚毅，不可能安于被留住的现状，于是，与六四争，以"夫妻反目"象征。

《象传》说，夫妻之所以反目，是因为自己的婚姻不正当。九三是自寻烦恼。亦即，在前进途中与志不同道不合的人走在一起会受到阻碍，发生争执。

这一爻，说明在突破阻碍时，应断然摆脱羁绊。

灵光一闪 须摆脱时，则摆脱。

六四：有孚，血去惕出，无咎。
象曰：有孚惕出，上合志也。

六四以唯一的阴爻，成为本卦五个阳爻前进的阻力，当然会担心受到伤害。可是，六四阴爻柔顺，又在阴位，得正，是上卦巽中象征人的爻，谦虚，能够容人。加以上方有两个阳爻援助，故能够避免受到伤害且不恐惧。所以只要"有孚"，诚信，就可以远离"血""惕"，不会有灾祸。

如果得此爻，心中要有诚信，更要有诚信的行动，这样就会远离灾难，就没有什么可担忧的了。

《象传》解释说"合志也"，是指六四与上方的两个阳爻相合。

这一爻，说明在突破阻碍时，如果一本诚信，就可得到应援。

灵光一闪 坚信和坚持，往往是胜利的保障。

九五：有孚挛如，富以其邻。
象曰：有孚挛如，不独富也。

"挛"，手指弯曲握紧；"挛如"，"手握拢"的意思。

上卦的三爻，合力突破阻碍升进，所以说"邻"。而且，九五至尊中正，具有实力，可以协助相邻的两爻。因而，只要排除私欲，有携手共进的诚信，不但自己富有，也使邻居富有，就能得到邻居的帮助。

《象传》解释说，能携手共进是因为"不独富"。

这一爻，说明自助助人的道理。温暖他人并且不占他人便宜的人便可成为君子、领袖级的人物。

灵光一闪 帮人即助己。

上九：既雨既处，尚德载，妇贞厉。月几望，君子征凶。
象曰：既雨既处，德积载也。君子征凶，有所疑也。

"载"，满。《诗经·太雅·生民》中有"厥声载路"。"望"，满月。"征"，与"行"同。"雨"，是阴阳和谐的现象。"处"，是安居、停止不前的现象。"妇""月"都属于阴。

到达上九已是蓄积的极点。六四的阴，以诚信与五阳精诚团结，共同蓄积力量，已经达到饱和状态，既经降雨，就应当安于现状，不可再贪得无厌。阴已经功德圆满，受到五阳的尊敬，但阴本来应当服从阳，现在阴极盛，已凌驾于阳之上，处于蓄养五阳的地位，则是反常现象。以人事比拟，就像妻压制夫，虽然和谐，用心正当，但结果也危险。当接近满月时，月亮就匹敌太阳。当阴盛至极时，就与阳抗衡，君子就不得不出走，所以凶。

小人是阴，君子是阳。小人得势，君子就会担心被伤害。

《象传》说，即或是君子，也不能不担忧。亦即，蓄积已经达到极限，蓄积过度，将招来损失。

这一爻，以盈满告诫，蓄积应当适可而止。当强壮到让别人担忧时，就不是什么好事了！所以，贤人说，我们做事和为人，要上不过眉，下不过膝。这也就是孔子所说的"中庸"。

灵光一闪 适可而止是最高的智慧。

小畜卦，阐释因应一时困顿的原则。

在成长的过程中，往往因力量不足，不得不停滞不前。但停滞并不是不行动，而是在蓄积力量，为下一步行动做准备。得此卦，应坚定信念，一本初衷，为实现自己的理想全力以赴。同时，应本着中庸的原则，刚柔并济，精诚团结，与同道者共同奋斗。千万要记住：帮人往往就是在帮自己。应当以诚信感召人，自助助人。应当团结所有的力量，获得应有的支持，以达到目的。必须适可而止，不可贪得无厌。如果蓄积过度，因满招损，反而有凶险。

应爻参考：

初九：不忘初心并有所行动，吉。

九二：应与志同道合的人一起前进。

九三：须摆脱时，则摆脱。

六四：坚信和坚持，往往是胜利的保障。

九五：帮人即助己。

上九：适可而止是最高的智慧。

履 ䷉

> 践履、履行。
> 这一卦告诉我们：小心没坏处，危机意识很重要。

履虎尾，不咥人，亨。

履卦卦形与小畜卦相反，彼此是综卦。一停一进，交互为用。

《序卦传》说："物畜然后有礼，故受之以履。履者礼也。"

这是说，物资蓄积后就要制定礼节，将"履"解释为"礼"。"礼"与"履"音近，并且礼必须由人来履行，所以这样解释。但在《易经》的卦辞、爻辞中，则只说"履"是"践履、履行"的意思。

《易经》之所以不过时并与日俱新，是因为它以意象说话。意象是不过时的，不同时代的人有不同的理解。无论"礼"或"践履、履行"，都像踩着老虎的尾巴前进，需要小心、谨慎，并取悦于老虎

这一卦，下卦是兑，上卦为乾。兑象征泽、悦、和；乾全部是阳爻，象征最刚强。兑跟在乾后面，所以用"踩到老虎尾巴"来比拟。不过，兑具备和悦的德行，并没有被老虎咬。这一卦的占断是"意志可以通达"。

依据《系辞传》的解释，周文王推演八卦，是在暴君纣王的统治下的受苦期间，所以卦辞中充满了危机感。这一卦，就有这种感觉。

彖曰：履，柔履刚也。说而应乎乾，是以履虎尾，不咥人，亨。刚中正，履帝位而不疚，光明也。

"说"，同"悦"。

下卦兑，阳爻多，阴爻少，是阴卦，所以柔顺。上卦乾是纯阳的卦，所以刚强。所以，履卦是柔顺踏到刚强的形象。由于柔顺，与刚强者和悦应对，虽然踏到虎尾，却没有被咬伤，意志仍然可以通达。

这一卦的九五，阳爻阳位得正，位居上卦中央，在至尊的位置，所以，即使走上帝位，内心也不会愧疚，因为具备光明的德行。

象曰：上天下泽，履。君子以辨上下，定民志。

这一卦的上卦乾是天，下卦兑是泽。天在上，泽在下，这是宇宙的正理，人也必须这样履行责任。所以，这一卦命名为"履"。君子应当明辨这一上下的分际，使民心安定。

古代阶级分明，公、卿、大夫、士依功绩赐给爵位，农、工、商依身份限制财富，这样，才能使人志向安定，使天下太平。可是，后世的公、卿、大夫、士，无功无德却想得到爵位，农、工、商，企图获得与身份不相称的财富，这当然使天下大乱了。

初九：素履，往无咎。
象曰：素履之往，独行愿也。

"独"，特立独行，不随俗。

初九是阳爻，在最下位，象征有才能，却心甘情愿地处于低的地位。这是踏步前行的第一步，还不会被富贵诱惑，仍然本着自己平素的志向前进，所以不会有过失。

《象传》解释说，无咎是因为特立独行，不受他人影响。

这一爻，说明实践理想、履行责任，应当一本初衷，不同流合污。

灵光一闪 要敢于为理想而坚持初心。

九二：履道坦坦，幽人贞吉。
象曰：幽人贞吉，中不自乱也。

"坦坦"，平坦。"幽人"，指隐士。

九二阳爻，在下卦中位，性格刚健、中庸，但与上九同性相斥，不能相应。因而，这里以心胸坦荡的隐士来比拟。隐士执着、纯正，不求闻达，意志不被世俗扰乱，当然吉祥。

《象传》解释说，之所以吉祥，是因为没有扰乱自己的内心。

这一爻，说明道不同不相为谋，应心胸坦荡，择善固执。

灵光一闪 择善而立，坚持纯正。

第二章 《周易》上下经

六三：眇能视，跛能履，履虎尾，咥人，凶。武人为于大君。
象曰：眇能视，不足以有明也。跛能履，不足以与行也。咥人之凶，位不当也。武人为于大君，志刚也。

六三阴爻阳位不正，离开了下卦的中位。阴爻本性柔弱，而阳位性情刚暴。六三性格柔弱，竟然尾随在刚强的乾的后面，必然非常危险。

《象传》解释说，只有一只眼，能看但看不清楚；跛了一只脚，能走却走不安稳。终于踩到老虎尾巴，以致被咬伤。又像"武人为于大君"，刚愎自用，拥兵自重，心怀不轨，企图叛乱，终于失败了。

这一爻，说明践履应当量力守分，不可逞强，以免适得其反。

灵光一闪 放下，反省，纠偏。

九四：履虎尾，愬愬终吉。
象曰：愬愬终吉，志行也。

"愬愬"，"恐惧"的意思。

九四既不在中位，又阳爻阴位不正，还尾随在老虎九五的后面，当然危险。不过，前一爻六三，柔弱却要逞强，相对地，九四刚强却在柔位，亦即，九四强而有力，但态度柔顺，戒慎恐惧，所以能够避免受到伤害，结果是吉祥的。

《象传》说，结果吉祥是因为意愿得以实现，施展了抱负。

这一爻，强调戒慎恐惧、以柔制刚的法则。

灵光一闪 用柔，可以达到目标。

九五：夬履，贞厉。
象曰：夬履贞厉，位正当也。

"夬"，同"决"，"果决、用强"的意思。

九五阳爻阳位，又在至尊的地位，刚强、果决。下卦兑是和，象征九五的部下和悦服从。部下唯命是听，造成九五独断独行、肆无忌惮的作风。这种作风，即或动机纯正，也仍然危险。这一告诫，意义极为深远。

《象传》说"位正当也"，是指"夬履"的危险，正在于有才能又有地位，以致恃才傲物，过于自负。

这一爻，告诫刚愎自用、一意孤行的危险性。

灵光一闪 得意时即失意始。一呼百应时，危险尾随着来了。

上九：视履考祥，其旋元吉。
象曰：元吉在上，大有庆也。

"考"，"成"的意思。"祥"，包含祸福两面。"旋"，"周旋"，在此当"圆满，没有瑕疵"解。"上"与"终"同。"庆"指"祸福"中的"福"。

上九已是履卦的最后阶段，是祸是福，要看实践的结果而定。如果践履圆满，没有瑕疵，当然大吉大利。

《象传》说，是否大吉大利要看结果，如果结果圆满，则大有福庆。

这一爻，告诫评判成败的标准在于结果如何。

灵光一闪 结果，往往是评判成败的主要标准。

履卦，阐释实践理想、履行责任的原则。

以"履虎尾"象征，充满危机感，不可不戒惧。实践和履职，应持柔顺、和悦、中庸的态度，应小心翼翼。应当坚定平素的志向，不被诱惑，特立独行。要能心胸坦荡，择善固执，甘于寂寞。要量力守分，不可逞强。要戒慎恐惧，把握以柔制刚的法则，防止刚愎自用。

应爻参考：

初九：要敢于为理想而坚持初心。

九二：择善而立，坚持纯正。

六三：放下，反省，纠偏。

九四：用柔，可以达到目标。

九五：得意时即失意始。一呼百应时，危险尾随着来了。

上九：结果，往往是评判成败的主要标准。

泰 ䷊

> 亨通、太平。
>
> 这一卦告诉我们：该走的走了，该来的来了，一切归位就太平，就亨通。

泰，小往大来，吉亨。

《序卦传》说："履而泰，然后安，故受之以泰。泰者通也。"

在理想付诸实践（已经实现）之后，接着是安泰的局面。

这一卦，乾即天下降到下卦，坤即地上升到上卦，好像不应当，但实际上，这是天地相交，地重，由上下降，天轻，由下上升，如此才不会背离而密切交合，形成阴阳沟通的安泰局面。所以，这一卦命名为"泰"。

"小往大来"："小"指"阴"，"大"指"阳"，亦即，上卦坤是纯阴的"小"，下卦乾为纯阳的"大"；"往"是往外，"来"是入内，亦即，坤到了外卦为"小往"，乾来到内卦是"大来"。

又，这一卦是由归妹卦变化而来的。归妹卦的六三前往九四，九四来到六三，就成为泰卦。归妹卦的六三是阴爻，是小，九四是阳爻，是大，所以说"小往大来"。

泰卦是消息卦。

在卦的形象中，以乾卦为阳气最盛的时期，相当于四月。接着由最下方产生阴气，成为姤卦，是五月。然后，随着阴长阳消，遁卦是六月，否卦是七月，观卦是八月，剥卦是九月，到达阴气最盛的坤卦，是十月。到十一月，阳又再生，成为复卦，十二月是临卦，正月是泰卦，二月是大壮卦，三月是夬卦，又循环到四月，重新开始。这十二卦，称作"十二消息卦"或"十二月卦"。泰卦代表正月，相当于天地相交、万物亨通的安泰时期，所以，占断是"吉祥、亨通"。

彖曰：泰，小往大来，吉亨。则是天地交，而万物通也；上下交，而

其志同也。内阳而外阴，内健而外顺，内君子而外小人，君子道长，小人道消也。

泰卦，是阴去阳来，天地相交，万物生长，吉祥、亨通的安泰时期。

以人事比拟，即上下意见沟通而能志同道合。

又，内卦的乾卦是阳，外卦的坤卦是阴，以人比拟，是内刚外柔的君子性格。由纯阴的坤卦变化到泰卦，阳在内卦成长，将阴排斥到外卦，也象征君子的声势伸张，小人的声势消退，必然天下太平。

象曰：天地交泰，后以财成天地之道，辅相天地之宜，以左右民。

"后"，君王，因处于帝位的六五为阴爻，故称"后"。"财"通"裁"，裁断、制定。"宜"，即"义"，"正当"的意思。

这一卦，天地相交，因而安泰。君王应当效法这一自然法则，适当裁断、运用，以辅助天地，达成作育万物的正当目标，指导民众的生活，使其和谐安泰。

初九：拔茅，茹以其汇，征吉。

象曰：拔茅征吉，志在外也。

"茹"，根相连，"相互牵连"的意思。"以"，与。"汇"，类。

泰卦的爻辞，因不合卦名的"泰"字，故大体上都难以理解。

初九阳爻，在最下位，已是阳刚开始升进的形象。但升进必须联合志同道合者共同努力，下卦的三个阳爻，就象征志同道合者。要拔除茅草，不能只拔除一根，必须将根部牵连在一起的同类全部拔起。这一爻以此象征志同道合者间的团结。只有团结一致向外求发展，才能无往不利。

《象传》解释说，之所以征进吉祥，是因为心志向外发展。

这一爻，告诫不可耽于安乐，应团结，继续求发展。

灵光一闪 若盘根错节，须连根拔起。

九二：包荒，用冯河，不遐遗，朋亡，得尚于中行。

象曰：包荒，得尚于中行，以光大也。

"包"，包容。"荒"，污秽。"包荒"与《左传·宣公十五年》中的

"国君含垢"，《道德经》中的"受国之垢"的意思相近。"冯河"，即"暴虎冯河"，指遇到虎就徒手搏击，遇到河就泅水渡过，比喻"作风果敢"。"遐"，远。"中行"，中庸之道。

九二刚爻在柔位，是内心刚毅果断、外表柔和宽大的性格。因而，九二对外能够包容污秽，但有时也用泅水渡过大河的果敢手段；不遗忘疏远的人，但必要的时候，也不惜与亲近的人断交。这种宽容、果断、不忘远、不溺于私情、光明磊落，符合中庸的原则，占断必然是"吉"。

《象传》解释，这是因为不立朋党，大公无私。

这一爻，说明要想保持安泰，应当包容、果断、光明磊落、刚柔并济，把握住中庸的原则。

灵光一闪 不忘远，不溺近；不立朋党，大公无私。

九三：无平不陂，无往不复，艰贞无咎。勿恤其孚，于食有福。
象曰：无往不复，天地际也。

九三已经离开"中"位，到达三个阳爻的最上方，是阳刚的极盛时期。大自然的规律是，盛极必衰，否极泰来，周而复始，循环不已。

此爻告诫：安泰到达极盛后必然遭遇阻塞，现在正是临界点，不平坦、起起伏伏、来来回回、反反复复，都是常态。所以，必须觉悟，这是大自然的常理，应当体认。安泰得来不易，只有坚守纯正、一本初衷，才不会有灾祸。也只有这样，该得到的才会得到，生活才会幸福。

《象传》说，没有只往不返的，这是天地间的自然法则。

这一爻，告诫物极必反，应一本初衷，坚守正道。

灵光一闪 圆满是亏的开始，应小心谨慎，防患于未然。

六四：翩翩不富，以其邻，不戒以孚。
象曰：翩翩不富，皆失实也。不戒以孚，中心愿也。

"翩翩"，鸟轻盈飞翔的形态。"不富"，不富有，保不住财富，在《易经》中专指阴爻，因为阴爻的中间断开了，中间空虚。

六四已经超过泰卦的一半，由上升到极限开始回落了，所以用鸟轻盈地飞翔来比拟轻率冒进不可能保住财富。

不过，六四阴爻阴位得正，又与九二阴阳相应，所以能够得到近邻六五、上六的信任，不必提出要求，六五、上六就能跟随着一起行动。

《象传》解释，"不富"是应当在下方的阴上升到了上方，丧失了实力的缘故。"不戒以孚"是志向相同、衷心乐意的缘故。

这一爻，告诫应居安思危，要团结，不可掉以轻心。

灵光一闪 防止飘飘然，防止轻率冒进。

六五：帝乙归妹，以祉元吉。
象曰：以祉元吉，中以行愿也。

故事 "帝乙归妹"在归妹卦六五的爻辞中也出现过。殷代的天子，以"乙"为名号的很多，这是以其诞生日的干支来命名的。

"归"，"嫁"的意思。"祉"，"福"的意思。

六五在尊位，是泰卦的主体，阴爻得中，柔顺中庸。阴爻的中心空虚，此爻又象征谦虚。这位天子，自己谦虚，又与下方刚健的九二相应，是天子将妹妹下嫁给属下有力量的人物的形象，占断当然是"吉"。

《象传》解释，这是由于六五得中，能够把握中庸的原则，信任刚中有才能的九二，将自己的理想，交由九二去实现。

这一爻，说明在安泰时期，更应当选贤任能。

灵光一闪 大人用能，小民谦虚，吉。

上六：城复于隍，勿用师。自邑告命，贞吝。
象曰：城复于隍，其命乱也。

"隍"，城下的沟。"邑"，指地方的封建国家。

上六已是泰卦的极点，到了盛极而衰的时刻。平坦有了起伏，有往必有返。沟中的土堆积而成的城堡终于崩塌，又使沟恢复成平地。在这种情况下，不可动用武力，如果企图一举挽回颓势，只会加速灭亡。

君主不能下达命令，地方的要求反而纷纷到来，此时只能消极应对，

第二章 《周易》上下经

对君主来说，这难免蒙羞。这是说，不可以用人力勉强与命运抗争，只能查缺补漏，全力防卫。然而，君主纵然坚守正道，仍不免蒙羞。

《象传》解释，这是因为国家的政令已经陷于混乱，所以城堡会崩塌成沟土。亦即，物极必反，由泰而否。

这一爻，告诫泰极而否，颓势已经显现，只可顺势使损害减少到最低限度，不可逞强力图挽救。

灵光一闪 天要下雨，娘要嫁人，顺其自然。

泰卦，阐释的是持盈保泰的原则。

创业固然艰难，守成更加不易。不可满足于既有的成就，唯精诚团结，力求发展，方可不断开创新局面。应该知道物极必反、盛极必衰的道理，居安思危，不轻举妄动。应光明磊落，把握中庸的原则，兼容并蓄，刚柔相济，选贤与能，修明政治，于安定中求进步。当盛极而衰、颓势已经显现时，应知不可抗拒，只能因势利导，使损害减少到最低限度。如果逞强，反而会加速灭亡。

应爻参考：

初九：若盘根错节，须连根拔起。

九二：不忘远，不溺近；不立朋党，大公无私。

九三：圆满是亏的开始，应小心谨慎，防患于未然。

六四：防止飘飘然，防止轻率冒进。

六五：大人用能，小民谦虚，吉。

上六：天要下雨，娘要嫁人，顺其自然。

否 ䷋

> 否定、闭塞。
>
> 这一卦告诉我们：物极必反，触底会反弹。

否之匪人，不利君子贞，大往小来。

泰卦倒转，成为否卦，它们彼此是综卦。泰极而否，否极泰来，它们互为因果。

《序卦传》说："物不可以终通，故受之以否。"物极必反，通畅以后，接着就是闭塞了。

"否"，有"否定"与"闭塞"两种含义。

以"消息"来说，这一卦是七月，亦即阴阳不相交，万物不生长。以人道来说，这是反常的时期。占断对君子的正直不利，君子即或坚守正道，也得不到任何利益。

这是整部《易经》中最反常的一句占断：君子，连正直都对其不利。可见形势之反常、之恶劣。

"大往小来"是以象说理。乾到了上卦，是"大往"；坤来到下卦，是"小来"。

又，否卦是由渐卦变化而来的。渐卦的九三阳爻，升到上卦"四"，六四阴爻，降到下卦"三"，就成为否卦，所以说"大往小来"。总之，阴在内卦成长，将阳驱逐到外卦。以人事比拟，这是小人得势，君子被排斥的状态。

彖曰：否之匪人，不利君子贞。大往小来，则是天地不交，而万物不通也；上下不交，而天下无邦也。内阴而外阳，内柔而外刚，内小人而外君子。小人道长，君子道消也。

这一卦，乾的天在上，坤的地在下，应当吉祥。但实际上，这是天地背离不能相交，阴阳闭塞，万物不能生长的形象。以人事比拟，这是君臣上下意见隔阂，政治混乱，国家有等于无的状态。这一卦，内卦全部是阴爻，外卦全部是阳爻，象征外表刚强，内心却阴柔，性格相当于小人。

阴是小人，阳是君子。小人盘踞在朝廷内，君子就被驱逐于外了。

这一卦，代表阴长阳消的过程，有小人日渐得势、君子日益引退的倾向。

成语"否极泰来"就出自泰卦与否卦。

象曰：天地不交，否；君子以俭德辟难，不可荣以禄。

"俭"，是"约束，压抑在心中不显露"的意思。"辟"，与"避"同。

这一卦是天与地不相交的形象，所以说"否"，"闭塞"的意思。君子在闭塞的状况下，应当收敛自己的才华，不可炫耀，以避免遭小人陷害；不可追求荣誉、富贵，以避免遭小人妒忌。

初六：拔茅，茹以其汇，贞吉亨。
象曰：拔茅贞吉，志在君也。

否卦的爻辞也不容易理解。

这一卦，下卦的三个阴爻就像茅草的根，相互牵连、抱团，并且与上卦是上下闭塞的形象。以人事比拟，就是小人跋扈，营私结党。不过，这是初爻，小人丑恶的真面目还没有显露出来，所以君子应当团结，坚守纯正，这样就可以吉祥、亨通。

《象传》解释，这是因为有心要保护君上。

这一爻，说明在闭塞时期，小人将得势，应精诚团结，防患于未然。

灵光一闪 知道但不点破，这是大智慧。

六二：包承。小人吉，大人否亨。
象曰：大人否亨，不乱群也。

"包承"是"包容、承受"的意思。

六二阴柔，但在中位，阴爻阴位得正，虽然是小人，但还能明辨是非，知道包容君子。不过，现在毕竟是小人得势的闭塞时期，所以占断是对小人有利，而对"大人"亦即君子来说，世道已经闭塞，当然难以出头,只有坦然接受闭塞的命运,才能亨通。

《象传》解释,只有大人不被小人的声势扰乱心志,才能亨通。

这一爻,说明在闭塞时期,君子应当觉悟,懂得适者生存的道理,自保以等待机会。

灵光一闪 从容淡定,知否而亨。

六三:包羞。
象曰:包羞,位不当也。

"包羞"的"包",有人解释为"包容",其实是"完全"的意思。

六三已与上卦的阳爻接近,想阴谋伤害君子,并且丝毫不知道羞愧,所以是"包羞"。

《象传》解释,这是因为位置不适当。六三阴爻阳位不正,又离开了中位,与六二还能包容、顺承君子比较,已经完全是小人了。

这一爻,说明小人已经显露出了阴险的真面目。

灵光一闪 应注意事情的进展与变化。

九四:有命无咎,畴离祉。
象曰:有命无咎,志行也。

"命",天命。"畴",同类。"离"与"离骚"的"离"同,"罹、附"的意思。

九四在六爻中已经过了一半,闭塞时期也过了一半,开始露出了曙光。九四阳刚,具备排除阻力的才能,但在阴位,缺乏刚毅、敢作敢为的精神,因而,想要救世,需要天命,也就是要看命运,要以际遇决定祸福。在这种情况下,只有九四、九五、上九志同道合、齐心协力,才会是福。

《象传》解释,这是因为心志能推行。

这一爻,说明君子要排除小人的势力,必须因应时机,精诚团结。

灵光一闪 三分天意,七分人为;人在做,天在看。

九五:休否,大人吉。其亡其亡,系于苞桑。
象曰:大人之吉,位正当也。

"休"，休息、休止。"苞"，丛木。

九五的"苞桑"与六二、六三的"包"在感觉上相关联，是说桑木的根纠结牵缠在一起。九五阳刚、中正，又在中位，可打消闭塞的气运，重新恢复太平。这是大人物才能做到的事，所以，占断是"大人吉"。

然而，排除闭塞、恢复太平毕竟要面对潜伏着的危险，所以，必须时刻警惕灭亡的危险，这样才能像丛生桑木纠结在一起的根那样，确保安全无虞。

孔子在《系辞传》中，引用这一爻辞说："是故君子安而不忘危，存而不忘亡，治而不忘乱，是以身安而国家可保也。《易》曰：'其亡其亡，系于苞桑。'"

《象传》解释，吉是因为位置中正。

这一爻，说明排除小人势力的时机已经到来，但仍应谨慎从事，警惕小人的反击。

灵光一闪 要一锅端，斩草除根。

上九：倾否，先否后喜。
象曰：否终则倾，何可长也。

上九已经是"否"的终了，物极必反，这是自然法则。

《象传》说，"否"终于到了终极，必然倾覆，又怎么能长久？何况上九阳爻刚毅，足以使闭塞的气运倾覆，所以，占断是"先闭塞而后喜悦"。

这一爻，说明否极必然泰来。

灵光一闪 苦尽甘来是可期的。

否卦，阐释应对否塞的原则。

由安泰到混乱，由通畅到闭塞，小人势长、君子势消的黑暗时期，应对否，应当提高警觉，加强团结，坚定立场，伸张正义。泰极而否，为必然。否极而泰，也为必然。应对非正常时期也有原则：人力难以挽回就坦然接受，先求自保。应避免受到伤害，避免无谓的牺牲。记住：否极必然泰来，黑暗不会长久，应当坚定信心，不动摇。

应爻参考：

初六：知道但不点破，这是大智慧。

六二：从容淡定，知否而亨。

六三：应注意事情的进展与变化。

九四：三分天意，七分人为；人在做，天在看。

九五：要一锅端，斩草除根。

上九：苦尽甘来是可期的。

同人 ☲

> 集结、和同。
>
> 这一卦告诉我们：如何开始很重要。

同人于野，亨。利涉大川，利君子贞。

《序卦传》说："物不可以终否，故受之以同人。"

"同"，会同、和同。突破闭塞的世界，需要人与人之间的和谐。

同人卦的下卦离象征火，上卦乾代表天。火光明，向上升，与天相同，所以是"同人"的形象。

又，六二中正，与九五相应，也是"同人"的形象。

由另一角度看，这一卦只有一个阴爻，其余五个阳爻与这个阴爻结合，也有"同人"的含义。

《礼记·礼运》篇中所说的天下为公的大同世界，正是这一卦的理想境界。

在旷野中集合群众，象征在广阔的范围内，公平无私地与人和同，这是圣人理想中的大同世界。世界上所有的人都和同，当然一切都亨通。外卦乾刚健，不懈地前进，所以用"有利于涉大川"来比拟。内卦离是明，意味着内心光明。六二中正，与九五相应，具有纯洁、正直的德行。

所以，占断是人人调和，意志沟通，能够冒险犯难，符合君子的原则，无往不利。

彖曰：同人，柔得位得中，而应乎乾，曰同人。同人曰，同人于野，亨。利涉大川，乾行也。文明以健，中正而应，君子正也。唯君子为能通天下之志。

这一卦，六二柔顺中正，与上卦刚毅中正的九五相应，所以称作"同人"。众人在旷野中，和谐地聚集，所以亨通。可以涉越大川，是由于上卦乾刚健地前进，能够越过险阻，促成大同。下卦离是火，象征光明，上卦乾刚健，六二与九五中正，相互呼应，这正是君子的正道。唯有君子的作为，才能沟通天下的意志，促成世界大同。

这一卦的要义是"柔得位得中，而应乎乾"。以"柔"随"刚"并守本分，这是最大的智慧，也是胜利之本。

象曰：天与火，同人；君子以类族辨物。

上卦乾是天，下卦离是火。火向上燃烧，光明，与天的性质相同，是"同人"的形象。君子应当效法这一精神，重视大同，不可计较于小异。

初九：同人于门，无咎。
象曰：出门同人，又谁咎也。

初九是同人开始的一爻，在下方的位置，刚毅，与九四同性相斥，不相应。但初九也象征中间没有私情存在，与人交往公正而广泛。

《象传》说，是在门外与人交往。虽然在门外与人交往没有到达卦辞中的"野"那样的大同程度，但已超越在一门之内的狭隘的近亲关系。像这样广泛地交往，当然不会有过失。

这一爻，说明和同首先应打破门户之见。

灵光一闪 不为一己私利的和同才无咎。

六二：同人于宗，吝。
象曰：同人于宗，吝道也。

"宗"，宗族。

六二中正，与九五阴阳相应，通常是吉的象征。但这一卦，是在弘扬天下大同的理想，相应反而成为不利的关系，所以不相宜。只在宗族中和同，虽然不能说错，但也不值得赞扬。

《象传》解释，"同人于宗"太狭隘，是鄙吝之道。

这一爻，说明应进一步打破宗族观念。

灵光一闪 要进一步扩大朋友圈，与别人增加共识。

九三：伏戎于莽，升其高陵，三岁不兴。
象曰：伏戎于莽，敌刚也。三岁不兴，安行也。

"戎"，军队。"莽"，草丛。

这一卦，只有一个阴爻，其他阳爻都要与这个阴爻和同，因而，九三也不例外。但九三阳爻阳位，不在中位，性情暴躁，过于刚强，与上九又同性相斥，就想与下方接近的六二交往。可是，六二与九五关系密切，如果九三夺走六二，九五必定会对九三加以攻击。九五强大，正面作战，九三难有胜算。于是，九三在草丛中设置伏兵，并登高观察形势。九三这样畏首畏尾，恐怕三年也不能出兵，最后只有不了了之。

《象传》解释，九三与上九是刚爻相斥的敌对关系，三年不出兵是想一步一步慢慢来。

这一爻，说明和同是"道义"的结合，足以使"不义"感到畏惧。

灵光一闪 柿子找软的捏。你要变成石头。

九四：乘其墉，弗克攻，吉。
象曰：乘其墉，义弗克也。其吉，则困而反则也。

"墉"，高墙，可隔离家与家。

九四也刚强，不中不正，与九三同样暴躁，又与初九不相应，也想与阴爻六二亲近，却被九三像墙一般隔开，于是，九四就登墙攻击九三。不过，九四阳爻阴位，虽然暴躁，但还有自知之明，能省悟到自己的行为不正当，没有必胜的把握，于是终止了攻击行为。所以，这一爻的占断仍然是吉祥的。

《象传》解释，九四之所以没有进攻，并非力量不及，而是知道进攻不合道义。经过内心的挣扎，终于又回到正道，所以吉祥。

这一爻，说明和同代表正义，必然会使邪恶屈服。

灵光一闪 知不义而耻、而止，吉祥。在错误的道路上止步就是前进。

九五：同人，先号咷而后笑。大师克相遇。
象曰：同人之先，以中直也。大师相遇，言相克也。

"号咷"，哭叫。"大师"，大军。

九五刚健中正，在尊位，又与柔和中正的阴爻六二相应，当然能够和同。但九三与九四，或者埋伏，或者越墙，在中间阻挠，因而九五与六二无法结合。然而，和同是以道义为基础的，不容易被破坏，最后九五与六二仍然能够和同。

所以，这一爻用开始哭泣，最后欢笑来比拟。

不过，六二柔弱，九三、九四刚强，九五必须用大军击败强敌，才能够与六二相遇。

孔子在《系辞传》中解释说：君子立身处世的原则，或者从政，或者隐居，或者缄默，或者议论，二人一条心，就有断铁的锐利；志同道合的言论，就像兰花一般芬芳。

《象传》解释，先哭泣，是由于本身中正，悲愤正义不能得到伸张。大军相遇，是说正义必定能战胜邪恶。

这一爻，说明和同仍须排除障碍，必要时不惜用强，先苦而后能甘。

灵光一闪 感化、同化，晓之以理，动之以情。

上九：同人于郊，无悔。
象曰：同人于郊，志未得也。

上九在这一卦的最外面，里面没有呼应，无人与其和同，所以说在郊外。

虽然"郊"比卦辞中的"野"接近城市，但仍然偏僻，想与人和同，也缺乏对象。不过，卦辞中的"野"，是指广大、公平、无私，而这里的"郊"，则是没有和同的人的意思。像这样孤独，应当不吉祥。然而，上九远离人群，是因为早已觉悟，不愿同流合污，所以不会懊悔。

《象传》说，这是不得志。像这种孤独清高的人物，也许自己不懊悔，但在别人看来，并不能说是真正得志。

故事 《论语·微子》篇中记述，孔子为寻求实现抱负的地方而流浪于天下，途中被正在耕田的隐士嘲笑。这时孔子说："人不可以与禽兽住在一起，采取逃避现实的态度。我不与人在一起，又能跟谁在一起呢？"这与《象传》的解释相同。

这一爻，说明和同应本着积极的态度，但非同流合污。

灵光一闪 坚持志向而不得志，不后悔。

同人卦，阐释和同的原则。

否极终于泰来，这是道。然而，安和利乐的大同世界并不会凭空到来，仍然需要积极地争取。首先应当破除一家、一族的私见，重视大同，不计较小异，本着大公无私的精神，以道义为基础，于异中求同，积极地与人广泛地和同，这样才能实现世界大同的理想。正义必然能使邪恶屈服，但障碍必须果敢地排除。牺牲小我，然后才能完成大我，先苦而后始能甘。与人和同，应当积极。虽然不能与人同流合污，但自命清高、脱离群众的孤僻态度，也不值得赞扬。同人，古往今来，最好的例子、最好的口号就是"打土豪，分田地"。与别人和同，要有共同的目标，而这个目标得值得人们为之奋斗。

应爻参考：

初九：不为一己私利的和同才无咎。

六二：要进一步扩大朋友圈，与别人增加共识。

九三：柿子找软的捏。你要变成石头。

九四：知不义而耻、而止，吉祥。在错误的道路上止步就是前进。

九五：感化、同化，晓之以理，动之以情。

上九：坚持志向而不得志，不后悔。

大有 ䷍

> 大有收获、伟大的事业。
>
> 这一卦告诉我们：大有，不是有钱，不是有利益，而是有礼贤下士的作风，有谦虚的态度，有自我克制的能力。

大有，元亨。

这一卦，与同人卦上下相反，它们彼此是综卦。和同即能大有，大有促进和同，它们交互为用。

《序卦传》说："与人同者，物必归焉，故受之以大有。"虚心地与人和同，万民必然归顺，而后就大有收获。"大有"是大的所有，亦即有伟大事业的意思。

这一卦，离卦的日上升到乾卦的天上，就像太阳普照万物，而且，唯一的阴爻六五在尊位得中，其他五个阳爻都属于六五，也像君王高高在上，拥有天下，具有王者的风范，心怀万民。

又，这一卦下卦乾刚健，上卦离光明，兼备刚健与光明的德行。一个阴爻在尊位，与下卦乾的天相应，象征应天命，得人心，足以领导民众，完成伟大的事业。所以，这一卦的占断是"元"（大善），"亨"（无往不利）。

彖曰：大有，柔得尊位，大中而上下应之，曰大有。其德刚健而文明，应乎天而时行，是以元亨。

大有卦，以六五柔爻得到"五"的尊位，博大中庸，上下又有五个阳爻与其呼应，所以说大有收获。其德行，兼有下卦乾的刚健与上卦离的光明，顺应天的法则，依循四季的时序而行动，所以大善，而且亨通。

象曰：火在天上，大有；君子以遏恶扬善，顺天休命。

"休"，美好。

第二章 《周易》上下经

这一卦，上卦离的日在下卦乾的天上，象征太阳普照万物，大有收获。王者以广大的天下为己所有，必须讲究统治的方法，否则邪恶将乘隙而生。因而，君子必须遏止邪恶，显扬善行，以顺应至善至美的天命。

初九：无交害，匪咎。艰则无咎。
象曰：大有初九，无交害也。

"交"，骄。

过多拥有容易使人骄傲，产生"满招损"的弊害。不过，初九虽然是阳爻，但在最下位，又与九四同是阳爻，不相应，象征有才华还不能出人头地，又缺少有力的援引，尚在起步阶段，不会大有所获，不至于产生骄傲的情绪，不会造成过失。然而，得意就容易忘形。在艰难中要戒惧，才不会发生过失。

《象传》说，初九没有交往的灾害，这是它没有相应的爻。

这一爻，告诫得意容易忘形，不可骄傲。不得意时也要戒惧。

灵光一闪 不能骄傲，不要得意忘形，要夹起尾巴。

九二：大车以载，有攸往，无咎。
象曰：大车以载，积中不败也。

九二阳刚，有才能，在下卦得中，不会过分，又与上卦六五相应，象征得到信任，被委以大任，就像装载在大车中，不论前往何处，都不会毁败，也没有灾祸。

《象传》说，堆积在大车里，很安全。

这一爻，强调中庸的重要性。

灵光一闪 有本事又当位，没事。

九三：公用亨于天子，小人弗克。
象曰：公用亨于天子，小人害也。

"亨"，与"享""烹"通用。

九三阳刚，阳爻阳位得正，在下卦的最上位，相当于公侯，而上卦的六五相当于君王。六五柔和谦虚，礼贤下士。九三也竭尽所能，报效知遇之恩。九三与六五就像公侯朝见君王,君王赐给饮食。公侯得到礼遇。对小人来说,这是无法得到的恩宠。

《象传》说,如果小人得到这种恩宠,上柔下刚,就会造成祸害。

这一爻,说明应礼贤下士,不可宠信小人。

灵光一闪 你有本事,你努力,你又不是小人,这是好事,你会一切顺利,甚至得到晋升。如果你有不轨之心,那就得小心了。

九四:匪其彭,无咎。

象曰:匪其彭,无咎,明辨晢也。

"彭",盛大。如《诗经·齐风·载驱》中的"行人彭彭",《诗经·大雅·大明》中的"驷騵彭彭",都是这个意思。"晢",聪明。

九四阳刚,接近在君位柔和的六五,不免自恃刚强而有僭上的表现。不过,九四阳爻阴位,象征谦逊,还不至于盛气凌人,所以不会发生灾祸。任何事物,盛极必然酝酿危机,必须自我抑制,这样才能避免灾祸。

人人都应当有明辨这一道理的聪明。

《象传》说,之所以没有灾祸,是因为能辨析事理。

这一爻,说明自我抑制的重要性。

灵光一闪 如果有僭上越位的非分之想,即使谦虚也不可以。只要有此想法,谦虚就是伪装的,善就是伪善。要懂得:非分之想不可有。

六五:厥孚交如,威如;吉。

象曰:厥孚交如,信以发志也。威如之吉,易而无备也。

"厥",其。"孚",信。"交如",相交。"威如",威严。

六五阴爻,柔顺谦虚,在中位,中庸而不偏激,又在至尊的君位,与九二刚柔相应。以人事比拟,这是上以诚信待下,下必然以诚信回报。

《象传》说,上下以诚信相交,互相信任,足以激发士气,即"信以发志也"。然而,站在统治者的立场,也不能缺少刚毅的一面,过于柔顺,就难免纪律败坏。因此，必须以威严维持秩序，恩威并济。所谓威严，并非以冷酷的态度使部属经常提心吊胆，而是以平易的态度不使人产生戒惧，自然而然地产生威严，即"易而无备也"。只有这样，才会吉祥。

这一爻，说明应以诚信为本，恩威并济。

灵光一闪 有德有位者谦逊自然吉祥。公生明，德生威。

上九：自天佑之，吉无不利。
象曰：大有上吉，自天佑之。

上九刚健，在最上位，但通常物极必反，这一爻是有危惧感的形象。然而，满而不溢才是君子应有的修养。符合天的道理，必然会得到天的保佑，这样就会吉祥，无往而不利。上九在最高位，就应当谦虚，知道克制自己，这样才能得到天佑。

《系辞传》解释说：履行诚信，谦逊地顺应自然，又能崇尚贤能，所以天才会保佑，吉祥而不会不利。

《象传》说，大有的吉，是上天保佑的。

这一爻，说明应有满而不溢的修养。

灵光一闪 谦逊、崇尚贤能能得天佑。

大有卦，阐释成功后的因应原则。

天下和谐共处就足以领导万民，完成伟大的事业。这一卦，虽然卦名是大有，但却以满而不可以溢的道理谆谆告诫大家。拥有权势与地位又具备领导才能，不可骄傲，不可得意忘形，应知戒慎恐惧。要光明磊落，刚健而不失中正。中正的体现应当是礼贤下士和谦虚，加上能够自我克制。谦逊的形式应当是以诚信沟通上下，以威信确保秩序，顺应自然，以善意与人和同，满而不溢。

应爻参考：

初九：不能骄傲，不要得意忘形，要夹起尾巴。

九二：有本事又当位，没事。

九三：你有本事，你努力，你又不是小人，这是好事，你会一切顺利，甚至得到晋升。如果你有不轨之心，那就得小心了。

九四：如果有僭上越位的非分之想，即使谦虚也不可以。只要有此想法，谦虚就是伪装的，善就是伪善。要懂得：非分之想不可有。

六五：有德有位者谦逊自然吉祥。公生明，德生威。

上九：谦逊、崇尚贤能能得天佑。

谦 ䷞

> 谦逊、谦虚。
> 这一卦告诉我们：把山收藏在平地的下面，剖开平凡见高峻，这才是真正的谦虚、谦逊。

谦，亨。君子有终。

《序卦传》说："有大者不可以盈，故受之以谦。"亦即，有伟大成就的人，不可以自满，必须谦虚。

"谦"是对自己的才能、成就不自负的态度。这一卦，内卦艮象征山、止，外卦坤象征地、顺。内心知道抑止，外表柔顺，这就是谦虚的态度。

这一卦，是艮的山在坤的地下。本来山高地低，但高山将自己贬低到地的下面，这是谦虚的形象。谦虚可以亨通。或许开始不顺利，但由于谦虚，必然得到支持，最后能够成功。

彖曰：谦，亨。天道下济而光明，地道卑而上行。天道亏盈而益谦，地道变盈而流谦，鬼神害盈而福谦，人道恶盈而好谦。谦，尊而光，卑而不可逾，君子之终也。

谦逊，通行无阻。

因为天的法则是阳气下降，救济万物，而且光明，普照天下，地的法则是阴气上升，使阴阳沟通，所以亨通。天的法则，使满盈亏损，使谦虚增益；地的法则，改变满盈，使其流入谦卑；鬼神的法则，加害满盈，降福谦虚；人的法则，厌恶满盈，喜好谦虚。

谦虚受到尊敬，发出光辉，在卑贱时也不违背原则，所以，君子能够有始有终。

《象传》对谦卦的阐释，格调特别高，可见儒家如何尊崇谦虚。而老子的道德，也可以说是专门用来解说谦虚的。墨家的兼爱，也源自这一谦虚的精神。

象曰：地中有山，谦；君子以裒多益寡，称物平施。

"裒"，同"掊"，"减"的意思。

这一卦的卦象，是在上卦坤的地下，有下卦艮的山，在卑下中含有高贵，象征谦虚。君子应当效法这一精神，使多余的减少，使缺少的增多，衡量事物的多寡，使其平均。

初六：谦谦君子，用涉大川，吉。
象曰：谦谦君子，卑以自牧也。

"谦谦"是"谦虚再谦虚"的意思。

初六为阴爻，柔顺，甘心在最下位，这才是君子应有的态度。用这种态度，就是徒步涉过大河那样冒险犯难，也会吉祥。

《象传》说，能做到谦虚再谦虚，是因为能管束自己。

这一爻，强调谦虚并非消极地退让，而是积极地有所作为。

> **灵光一闪** 卑以自牧。放牧自己，管束自己，甘于平凡，长于平凡，然后才能不平凡。

六二：鸣谦，贞吉。
象曰：鸣谦贞吉，中心得也。

"鸣"，共鸣，鸣和。

六二阴爻阴位，在下卦中位，因而柔顺中正，象征谦虚的美德，隐藏在心中，没有形之于外。谦虚得到共鸣，所以纯正吉祥。

《象传》说，这是由于心中认可谦虚的美德而鸣和。

这一爻，说明谦虚必须动机纯正，能引起共鸣。

> **灵光一闪** 你的谦虚应让人家感觉到，而不是看到。这是真心谦虚，也是大智慧。

九三：劳谦君子，有终，吉。
象曰：劳谦君子，万民服也。

"劳谦"，辛劳而且谦逊。

九三是这一卦唯一的阳爻，处于下卦的最上位，相当于负有重大责任的人物。九三阳爻刚毅，阳爻阳位得正，因而上下五个阴爻都信赖九三并以其为重心。

辛劳而且谦逊的君子，可使万民归心，最后必然吉祥。

《系辞传》解释这一爻辞：辛劳而不夸耀，有功而不自满，敦厚达到极致，这是指有功劳还能对人谦卑的人物。这样的人物确实难得。

《象传》说，这样的人，万民悦服。

这一爻，说明谦虚也要有实力，可骄傲而不骄傲才是真正的谦虚。

灵光一闪 以身作则，劳苦，不显摆，还能敬重人、团结人。

六四：无不利，撝谦。
象曰：无不利，撝谦，不违则也。

"撝"，"发挥"的意思。

六四阴爻柔顺，阴爻阴位得正，又在上卦的最下位，象征谦卑。六四的地位比九三高，虽然刚健正直不及九三，但由于发挥谦让的美德，所以不会有不利。

《象传》说，这是因为不违背原则。

这一爻，说明谦虚的效用，无往不利。

灵光一闪 放低身份，谦让别人，无往而不胜。

六五：不富，以其邻，利用侵伐，无不利。
象曰：利用侵伐，征不服也。

"以"，"与"的意思。

六五阴爻，柔顺、谦虚，在"五"的至尊的地位，象征以德服人。就如同本身并不富有，却因为谦虚而得到邻居们的爱戴，这种谦虚的统治者用兵征伐，必然是不得已的做法，所以，不会不利。

《象传》说，用兵是为了征伐不服的人。不能以德使其服从，不得已，只能使用武力。

这一爻，说明谦虚的本质是以德服人，但谦虚也有刚毅的一面。

易经今解：释疑·解惑·见微

> **灵光一闪** 谦让是有必要的。有时一味谦让办不成事，还需要有刚毅和强硬的一面。

上六：鸣谦，利用行师，征邑国。
象曰：鸣谦，志未得也。可用行师，征邑国也。

"邑国"，私有的领地。

上六是谦卦的极点，谦虚的名声已经远播，赢得了四方的共鸣与爱戴，在这种形势下，当然有利于用兵征战。不过，上六阴爻柔弱，又因上位无位，地位不明确，没有力量征伐他国，所以只能在自己的领地内讨伐叛乱。

《象传》说，既没有力量，也没有地位，尽管有谦虚的名声，也仍然不能得志。所以，用兵征战，也只能局限在自己的领地内。

> **故事** 朱子的弟子怀疑谦卦的六五、上六有肯定战争的意思，朱子回答，谦让是兵法的极致，这是以退为进。

老子的"大国对小国谦卑就能得到小国的服从，小国对大国谦卑就能得到大国的包容"及孙子的"始如处女，敌人开户，后如脱兔，敌不及拒"，都说的是谦让在政略、战略上的运用。

这一爻，将谦虚的功效发挥到了政略、战略的运用上。然而，它也强调，谦虚必须以实力为后盾，才能有积极的作为。

> **灵光一闪** 谦虚会得到天下人的拥戴，但只有谦虚得不到天下，必须有实力并用实力。

谦卦，阐释谦虚的原则。

在《易经》的六十四卦中，唯有谦卦，六爻都吉利，可见自古以来，人们对谦虚这一美德的重视。谦虚，并非消极地退让，而是积极地有所作为，重心在"哀多益寡，称物平施"。唯有平等，才有真正的和平。谦虚的动机必须纯正，才能引起共鸣并赢得爱戴。只求耕耘不问收获的态度，居上位而能发挥谦虚的精神，足以骄傲而不骄傲，能够以德服人，才称得上谦虚。而且，谦虚必须有实质的表现，否则就是虚伪。谦虚也必须与实力相结合，才能有所作为。

应爻参考：

初六：卑以自牧。放牧自己，管束自己，甘于平凡，长于平凡，然后才能不平凡。

六二：你的谦虚应让人家感觉到，而不是看到。这是真心谦虚，也是大智慧。

九三：以身作则，劳苦，不显摆，还能敬重人、团结人。

六四：放低身份，谦让别人，无往而不胜。

六五：谦让是有必要的。有时一味谦让办不成事，还需要有刚毅和强硬的一面。

上六：谦虚会得到天下人的拥戴，但只有谦虚得不到天下，必须有实力并用实力。

豫 ䷏

> 喜悦、安乐。
> 这一卦告诉我们：该干吗就干吗！当然，你所干的，得是正当的事。

豫，利建侯行师。

这一卦的形象与谦卦相反，它们彼此是综卦。

谦，使他人也使自己喜悦，有交互作用。

《序卦传》说："有大而能谦必豫，故受之以豫。"富有而且谦虚，当然愉快。

"豫"，"和乐"的意思。

在这一卦中，唯有九四是阳爻，其他阴爻都服从九四，因而得志，心中喜悦。又，下卦坤是顺，上卦震是动，是愉快地追随行动的形象，所以，命名为"豫"。以人事比拟，人人都乐于追随行动，必然可以建立公侯的基业，有利于用兵。

彖曰：豫，刚应而志行，顺以动，豫。豫，顺以动，故天地如之，而况建侯行师乎？天地以顺动，故日月不过，而四时不忒。圣人以顺动，则刑罚清而民服。豫之时义，大矣哉！

豫卦唯一的刚爻九四，有五个阴爻响应，因而得以遂行志向。

豫卦顺应时机行动，正如同天地。天地尚且如此，更何况建立公侯基业或动用武力呢？天地顺应时机行动，所以日月运行不会有错误，四季循环不会有偏差；圣人顺应时机行动，所以赏罚公正，民众悦服。豫卦所显示的时间意义，太伟大了！

得以遂志，顺以动。

象曰：雷出地奋，豫。先王以作乐崇德，殷荐之上帝，以配祖考。

"殷"，盛大。"上帝"，天帝。"考"，亡父。"配"，配祀。

第二章 《周易》上下经

这一卦，上卦震是雷，下卦坤是地，雷在地上爆发，产生雷鸣，使大地振奋，这是阴阳最和乐的现象，所以称作"豫"。古代圣明的君王，效法这一精神创造音乐，就是仿效雷的声音与和乐的意义，用来崇敬盛德，并盛大地献给天帝，一并祭祀祖先的亡魂。

《孝经》中说：周公在冬至这一天，到郊外祭祀始祖后稷。九月在明堂，一并祭祀亡父文王与天帝。祭祀中使用音乐，是为了使人、神喜悦，有将其召唤到地上的效用。

雷出地奋，豫。知道为什么有音乐，有鼓了吧？古代圣明的君王效法这一精神创造音乐，就是仿效雷的声音，用来崇敬盛德，献给天帝并祭祀亡魂。

初六：鸣豫，凶。
象曰：初六鸣豫，志穷凶也。

初六阴爻阳位不正，是小人。但初六与九四阴阳相应，在上层有强大的援助，能够随心所欲，故而得意扬扬，不知不觉地高声唱了起来。这种自鸣得意的做派，结果当然凶险。

《象传》说，因为得意忘形，所以凶险。

"豫"是"和乐"的意思，本应当吉祥，而这一爻辞之所以说凶，是因为初六只顾自己一个人快乐，而不是与大家一起和乐。由此可见，愉快也是有条件的，并不一定都吉祥。

这一爻，强调不可独乐乐，应当众乐乐。

灵光一闪 不能得意忘形，要欢乐就大家一起欢乐。

六二：介于石，不终日，贞吉。
象曰：不终日，贞吉，以中正也。

"介"，狷介，孤高。"于"，如。

欢乐容易使人沉溺，反而陷于忧患。在豫卦中，只有六二居中位，阴爻阴位得正，象征上下各爻都沉溺于欢乐中，唯独六二保持清醒，坚守中正，像石头般坚定不移，在一天中，随时都慎思明辨，能看破吉凶，因纯正而吉祥。《大学》中"安而后能虑，虑而后能得"说的就是这个意思。

《象传》说，"贞吉"是因为正中不阿。

这一爻，强调在安乐中不可沉溺，应保持警觉。

灵光一闪 得此爻怎么办？高兴一下就可以了，然后该干吗还干吗，因为欢乐容易使人沉溺。

六三：盱豫，悔。迟有悔。
象曰：盱豫有悔，位不当也。

"盱"，仰视。

六三阴爻阳位不正，又不在中位，象征不中不正的小人。又，六三接近这一卦的主体，即最强的九四，因而，六三仰视九四的脸色，迎合其心意，自己才得到安乐。然而，这种态度，不久就会有忧悔。所以，必须立即悔改，迟疑就真的有忧悔了。

《象传》说，向上仰视而愉悦，但也有忧悔，是因为位置不当。

这一爻，说明安乐应正当。

灵光一闪 安乐应问心无愧。

九四：由豫，大有得。勿疑。朋盍簪。
象曰：由豫，大有得，志大行也。

"由"，由来。"盍"，与"合"同；"簪"，一种发针，用来束发，故"簪"也解释成"聚"；朋友聚会称作"盍簪"。

九四是这一卦唯一的阳爻。"四"是在大臣的地位。九四与上下各阴爻呼应，成为朋友、志同道合者，还得到了六五君王的信任，成为安和乐利的中心人物，所以大有所得。然而，六五柔弱，大任寄托在九四一人身上，九四必须诚信，不猜疑他人，志同道合者才会前来聚合。

《象传》说，"大有得"是因为心意可以充分实现。

这一爻，说明必须诚信，精诚团结，才有安乐。

灵光一闪 替君王想，替上司想，替核心人物想。不替自己想是最大的想。

六五：贞，疾，恒不死。

象曰：六五贞疾，乘刚也。恒不死，中未亡也。

六五阴爻柔弱，虽然在至尊的地位，但下方有刚强的九四，所以情势危险，像得重病的人。不过，六五在上卦的中位，还没有丧失权威，不至于灭亡。处在这种奄奄一息不死不活的状态下，必须谨慎，坚守中庸的原则，保持纯正，这样才能避免灭亡。

《象传》说，"恒不死"是因为居中的位置还没有失去。

这一爻，强调乐而不可忘忧，中庸、坚守纯正，可避免灭亡。

灵光一闪 不能一坐上正位就颐指气使，应警惕身边人，团结身边人。

上六：冥豫，成有渝，无咎。

象曰：冥豫在上，何可长也。

"冥"，黑暗、愚昧。"渝"，变。

上六阴柔，已达到安乐的极点，乐极生悲，离灾祸已经不远了。不过，上卦震象征动，动就有变的可能。虽然沉溺于安乐，已经到达极点，但只要改变心意，能够悔改，仍然不会有灾祸。

《象传》说，高高在上，沉溺在昏天黑地的安乐中，又怎么能够长久？

这一爻，强调乐极生悲。应有行动，时时求变，才可以保持长久。

灵光一闪 圆满即亏。乐极生悲，改变是出路。

豫卦，阐释和乐的原则。

大有成就，而且谦逊，当然会出现和乐的局面。然而，这一卦除了六三以外，其他爻几乎都不吉祥，虽然卦名是"豫"，却不是描述喜悦和乐的景象，而是谆谆告诫，和乐容易让人沉溺，必须高瞻远瞩，居安思危。和乐是众乐，而非独乐。不可自鸣得意，不可迟疑不决，不可在安乐中迷失自我。必须如顽石般坚贞，坚持中正诚信的原则，精诚团结，因应时机，适时转变。否则，乐极生悲，必然陷于危机，即或不灭亡，也会奄奄一息，难以长久。

应爻参考：

初六：不能得意忘形，要欢乐就大家一起欢乐。

六二：得此爻怎么办？高兴一下就可以了，然后该干吗还干吗，因为欢乐容易使人沉溺。

六三：安乐应问心无愧。

九四：替君王想，替上司想，替核心人物想。不替自己想是最大的想。

六五：不能一坐上正位就颐指气使，应警惕身边人，团结身边人。

上六：圆满即亏。乐极生悲，改变是出路。

随 ䷐

> 随从、随和。
> 这一卦告诉我们：此动而彼悦，是"随"的要义。

随，元亨利贞，无咎。

《序卦传》说："豫必有随，故受之以随。"

安和乐利的社会，必定人人都来追随。

"随"，随从、随和。

这一卦，主要阐释怎样使人追随的原则，同时，也阐释如何舍弃己见，随和众人。

随卦是困卦的九二降到"初"位，也是噬嗑卦的上九降到"五"位的变卦，又是未济卦的九二与初六、上九与六五交换而来的。以上都是刚爻下降，处在柔爻之下的"随从"形象，所以，命名为"随"。

再将上下卦分开来看，下卦震是动，上卦兑是悦，此动而彼悦，就是"随"的意思。

总之，自己虚心随和他人，他人也会来随和自己，能够相互随和，当然任何事都可以成功，所以，其占断说元始、亨通、有利、坚贞，没有灾祸。不过，元始、亨通、有利，是以坚贞为条件的，否则，就不能避免灾祸了。

故事 《左传·襄公九年》记载，穆姜想要嫁人，前去问卜，得到这一卦。卜者说："随卦有'出'的含意，元、亨、利、贞四德齐备，吉祥；可以出嫁。"但穆姜说："这四德我一项也没有，与随卦的条件不相当。"她的这一见地，道出了卜筮的真髓。

彖曰：随，刚来而下柔，动而说，随。大亨贞，无咎，而天下随时，随时之义大矣哉！

"下"，谦卑。"说"，悦。

《易经》六十四卦所要表示的，就是在宇宙不间断的转变中，某一时间的某种现象的横断面，各卦都各代表不同的时间与意义，所以常用"时""义"这两个字。

随从、随和，有时机上的掌握。

象曰：泽中有雷，随。君子以向晦入宴息。

"晦"，日暮。"宴"，与"安"同。

下卦震是雷，上卦兑是泽，所以说"泽中有雷"。雷潜伏在泽的深处，是安息不动的形象。另外，震的方位在东方，象征日出，兑的方位在西方，象征日落；又象征春天与秋天；也都有随着时序转换，进入安息时期的含意。生是安的开始，息是生的转机，宇宙万物，在时间的消长中生生不息，所以说，君子应当效法这一大自然的法则，白天勤奋工作，夜晚就回到家中安息。

初九：官有渝，贞吉。出门交有功。
象曰：官有渝，从正吉也。出门交有功，不失也。

随卦的卦辞主要说明使他人追随的原则，但爻辞则解说如何追随他人。

初九是下卦的主体。凡是一阳二阴的卦，都以阳为主体；二阳一阴的卦，则以阴为主体。下卦震是动，有动才会随。初九追随他人，有时自己的主张就不得不变通，但也不能违背原则。以人事比拟，当出任的官位有变动时不可愤慨，仍然坚守正道才会吉祥。

又说，应当走出门外，与他人交往，扩大接触面，这样才会有利。也就是说，只有破除私见，以群众为依归，随从大众的利益，才会有功效。

《象传》说，走正道才会吉祥，有功绩。

这一爻，说明追随应以群众的利益为依归，变通而不违背原则。

第二章 《周易》上下经

灵光一闪 结果与预想不符，要接受，并要坚持正道与初衷。

六二：系小子，失丈夫。
象曰：系小子，弗兼与也。

"小子"指年轻人，如《论语》中孔子叫弟子们"小子"。"丈夫"，《穀梁传·文公十二年》中有："男子二十而冠，冠而列丈夫。"《说文解字》中解释："身高一丈的男人，称丈夫。""丈夫"指与儿童相对的成年男人。

六二与九五阴阳相应，但距离过远。初九就在六二的下方，因而，六二的阴，有与初九的阳亲近的可能。大凡在追随时，人多半会追随靠近自己的人。六二阴爻柔弱，不能坚守贞节等待正当的配偶九五，追随身旁的初九，以致失去了丈夫。虽然不能说这是凶险的，但很明显，这是恶事，与"小子"发生关系，必然失去"丈夫"。

《象传》说，这是因为难以左右逢源。

这一爻，强调不可贪图近利，不可丧失了本分。

灵光一闪 要进一步理解为什么有时候要舍近求远。"系小子，失丈夫"应该成为警句。

六三：系丈夫，失小子。随有求得，利居贞。
象曰：系丈夫，志舍下也。

"丈夫"指九四，"小子"指初九。在上方的阳爻是丈夫，在下方的阳爻是小子。大体上，阴不能单独存在，六三在上方，没有得到初九的相应，就会依附靠近的阳爻九四。虽然下方有阳爻初九，但六三由于亲近九四，就舍弃了初九。就像没有丈夫的妇人，心中喜爱壮年人，因而失去了年轻的男友。九四阳刚，在握有实权的大臣的位置，所以，六三追随的是可靠的有实力的成年人，这与六二不同，六二追随的是比自己优秀的人。但与六三相应的对象，应当在"上"位，而六三与九四亲近，就难免有意图不良的嫌疑。所以，虽然追随刚强有力的人有利，但动机必须纯正。

《象传》说，这是因为心中舍弃了从下的选择。

这一爻，强调追随的动机应纯正。

> **灵光一闪** 近水楼台先得月，无妨，但必须正派、正当。

九四：随有获，贞凶。有孚在道，以明，何咎。
象曰：随有获，其义凶也。有孚在道，明功也。

九四阳爻刚毅，接近尊位的九五，实力与君位相当，有能力，又在君王近侧，当然可以实现愿望。然而，如果九四的声势凌驾于君王之上，就难免被猜疑，即或忠贞，也有危险。不过，如果心存诚信，不背离正道，了解明哲保身的道理，能够使在上者放心、在下者心服，就不会有任何灾祸了。

《象传》说，这是因为明智才化险为夷。

这一爻，说明追随者应当诚信、守分，而且懂得进退的道理。

> **灵光一闪** 有实力与威望，又接近领导，怎么办？心存诚信，不背离正道，明哲保身。

九五：孚于嘉，吉。
象曰：孚于嘉，吉，位正中也。

"嘉"，善。

九五阳爻，象征善，阳爻阳位得正，在上卦的中位，又与下卦的六二阴阳相应，而且六二也是阴爻阴位得正，在下卦的"中"位，亦即，中正与中正相应，当然可以信赖，非常吉祥了。

《象传》说，吉祥是因为位置中正。

这一爻，强调应当择善而追随。

> **灵光一闪** 此动彼悦，但这悦是善的，是真的，是正当的。

上六：拘系之，乃从维之。王用亨于西山。
象曰：拘系之，上穷也。

"拘"，拘束。"从"，重叠。"维"，束缚。"亨"，与"享"相同，"祭祀"的意思。"西山"，指岐山，在周都西方。

第二章 《周易》上下经

上六阴柔，已经到达追随的极限，向上再也找不到出路，已被九五、九四重重束缚，难以摆脱。关系之所以这样稳固，必然因为诚信，所以，用周王祭祀西山的至诚来象征。诚可以通神，更何况是人。

《象传》说，这是因为到达随和的极致，关系才会如此稳固。

这一爻，强调至诚为团结的根本。

灵光一闪 以心相待，同心最为重要，而不是同嘴。

随卦，阐释追随、随和的原则。

人与人之间，个人利益往往会有冲突，有时必须舍弃个人的私见、私利，随和众意、众利，以维系安和乐利的社会关系。因而，应当以群众的利益为依归，不可固执己见，不可贪图近利，不要有失本分。动机必须纯正，应当以诚信为基础，明辨进退取舍，择善固执。唯有至诚，才能精诚团结，达到安和乐利的目标。

应爻参考：

初九：结果与预想不符，要接受，并要坚持正道与初衷。

六二：要进一步理解为什么有时候要舍近求远。"系小子，失丈夫"应该成为警句。

六三：近水楼台先得月，无妨，但必须正派、正当。

九四：有实力与威望，又接近领导，怎么办？心存诚信，不背离正道，明哲保身。

九五：此动彼悦，但这悦是善的，是真的，是正当的。

上六：以心相待，同心最为重要，而不是同嘴。

蛊 ䷑

> 腐败、革新。
>
> 这一卦告诉我们：经过同人的努力，大家谦逊相待，形成快乐的局面，形势大好，但紧接着腐败就来了，需要革新。

蛊，元亨，利涉大川。先甲三日，后甲三日。

随卦倒转，成为蛊卦，它们彼此是综卦。

为人随和容易同流合污，导致腐败。腐败就需要革新，革新就需要随和众利，随与蛊交互为用。

《序卦传》说："以喜随人者必有事，故受之以蛊。蛊者事也。"

"蛊"指皿中的食物腐败生虫，象征秩序崩溃，由太平盛世陷入混乱，发生事端。

快乐地与人随和，沉溺于安乐，导致腐败，发生事端，必须以壮士断腕的决心将腐败除去，才能治愈，而且要冒险。所以，占断原则上亨通，但这个"有利"像涉过大河般冒险，过得去才有利。

"先甲三日，后甲三日"不容易理解。

一说，它们是适合祭祀的日期。《礼记·曲礼》中说"宗庙内的祭祀，在柔日"。柔日，是十干甲乙丙丁戊己庚辛壬癸中的偶数的日子，甲的前三日与后三日，都是偶数的柔日。《汉书·武帝纪·元鼎五年》的诏书中，引用这一句，即指祭祀的日期。

一说，甲是十干的开始，引申为事件的发端。甲的前三日是辛，"辛"同"新"，是"自新"的意思，甲的后三日为丁，"丁"是"叮咛"的意思。甲的前三日，是说事物盛极而衰，将要崩溃，事前就应当有自新的精神，想到即将发生事端，尽力防患于未然。甲的后三日，是说事端在刚发生时还不严重，应当反复叮咛观察，留意不可重蹈覆辙，及时加以挽救。

总之，改变乐极生悲、盛极必衰的局面，这正是有志气的人施展抱负的大好时机，值得冒险，应当以自新的精神，反复思考，谨慎对待。

第二章　《周易》上下经

彖曰：蛊，刚上而柔下，巽而止，蛊。蛊，元亨而天下治也。利涉大川，往有事也。先甲三日，后甲三日，终则有始，天行也。

蛊卦的上卦是艮，下卦是巽。艮是阳卦，刚健；巽是阴卦，柔顺。上刚下柔，这是上下不能沟通，不久将发生混乱的形象。

以变卦来解释，蛊卦是贲卦的初九刚爻上升到"二"位，六二柔爻下降到"初"位；又是井卦的九五刚爻上升到"上"位，上六阴爻下降到"五"位；也是既济卦的初九与六二、九五与上六相互调换位置；都是刚上升，柔下降。刚升柔降，以致疏远隔阂。

再以上下卦来看，下卦巽是从，上卦艮是止。在下者屈卑顺从，在上者停止不前，这样，必然腐败，因而，命名为"蛊"。

然而，腐败本身，包藏有元始与亨通，演变的结果，天下又会重建秩序。"利涉大川"，是说天下混乱，正是向前迈进有所作为的时机。"先甲三日，后甲三日"，是说混乱终了即太平开始的时刻，这是天运行的法则。

硬的更硬，并且不想改变，软的更软，还想顺从，这样，必定隔阂，事情向坏的方向发展。如果以人事比拟，这就是腐败的开端。

象曰：山下有风，蛊。君子以振民育德。

上卦艮是山，下卦巽是风，风向山吹。草木果实散乱，这是开始败坏的形象。

故事《左传·僖公十五年》记载，秦伐晋时，卜徒父占筮，得到蛊卦。他解释说：蛊的内卦是风，外卦是山。一年到此，成为秋天，我们可以拾取落下的果实了。

当事物败坏时，不能坐着等待，必须有所作为。所以，君子应当效法这一精神，振奋民众，培育道德。

初六：干父之蛊，有子，考无咎，厉终吉。
象曰：干父之蛊，意承考也。

"干",树干,转为"中坚"的意思。"蛊"指前人败坏的事业,所以各爻都说到了父母。"有子",是指有才干的儿子。"考",原意是"老",指"亡父",也指"活着的父亲",如《书经·康诰》中有"大伤考心"。

初六是蛊卦的开始,败坏还不严重,容易挽救,因而,初六已兢兢业业,开始挽救前人败坏的事业。这是儿子挽救父亲败坏的事业的形象。有这样能干的儿子,就可以重振家业,使父亲没有灾祸。然而,挽救败坏的事业,必然困难重重,所以必须奋发勤勉,最后才能吉祥。

《象传》说,这是儿子能够继承父亲的意志。

这一爻,说明挽救败坏的事业,必然要在艰苦中奋斗。

灵光一闪 拯救祖业,艰难、危险。

九二:干母之蛊,不可贞。
象曰:干母之蛊,得中道也。

九二阳刚,在下卦的中位,象征有才干的儿子。九二与六五相应,六五是阴,以"母亲"比拟,这是儿子为母亲善后的形象。然而,刚强的儿子为柔弱母亲的失败善后,如果过分认真,谴责母亲,就会伤害亲情。下卦巽是顺、入,因而,应当缓和地劝告,使母亲采纳自己的意见,不可因坚持正义而严词谴责。

《象传》说,要以中庸的原则来应变。

这一爻,说明要挽救败坏的事业,谴责过去无益,应以中庸的原则致力于挽救将来。

灵光一闪 向前看,变通中有原则。

九三:干父之蛊,小有悔,无大咎。
象曰:干父之蛊,终无咎也。

九三阳爻阳位,过于刚强,又离开了中位。以这种刚强的性格为父亲的失败善后,难免急躁,矫枉过正,因而多少会懊悔。不过,九三在下卦巽中,有顺从的美德,而且阳爻阳位得正,所以,对父亲柔顺,动机纯正,就不会发生大的过失。

《象传》说，即使矫枉过正，最终也不会有咎害。

这一爻，说明挽救败坏的事业，不可刚强过度。

灵光一闪 事严人宽，是原则，是智慧。

六四：裕父之蛊，往见吝。
象曰：裕父之蛊，往未得也。

"裕"，"宽容"的意思。

六四柔爻柔位，过于柔弱，不足以担当大事。以这种柔弱的性格为父亲的失败善后，就会过于宽容，不能追根究底、彻底整顿，以致愈陷愈深，自取羞辱。

《象传》说，过于宽容，虽有心向前，却一无所获。

这一爻，说明挽救败坏的事业必须彻底，不可过于宽容。

灵光一闪 事严人宽，要宽得有度。

六五：干父之蛊，用誉。
象曰：干父用誉；承以德也。

六五阴爻柔顺，在上卦至尊的中位，下方又有相应的阳爻九二，象征后面有刚毅的儿子为后盾，可继承父亲的事业，当会使声誉日隆。

《象传》说，继承美德可光宗耀祖。

这一爻，说明挽救败坏的事业，必须用贤能。

灵光一闪 挽救败坏，需要贤能。

上九：不事王侯，高尚其事。
象曰：不事王侯，志可则也。

前面的爻辞都用"蛊"这个字，只有这一爻的爻辞没有"蛊"字，而以"事"字替代，因为"蛊"就是"事"。

上九阳爻刚毅，但在"上位无位"的位置，又在这一卦的最外面，象征淡泊，置身于事外。亦即上九是刚毅的隐士，将浮世看成过眼烟云，性情孤高，以自己的方式生存，不为王侯做事。

《象传》说，这是上九有自己的志向、自己的原则。"不事王侯，高尚其事"在《后汉书·逸民传》的序中被引用，成为后世赞美隐士的话。

这一爻，说明应有隐士般高尚的气节，坚持自己的原则。

灵光一闪 世间最好的反对原则，可能是划清界限，不事王侯，而不是说东说西。

蛊卦，阐释振疲起衰的原则。

盛极而衰，乐极生悲，由于耽于安乐，终于由太平盛世演变成乱世。所以，蛊。然而，面对乱世，有志之士不可坐以待毙，而应该有所作为，何况这也正是英雄豪杰施展抱负、值得冒险的大好时机。要挽救已经败坏的事业，必须在艰苦中奋斗。谴责过去无益，应着眼于将来。应把握中庸的原则，不可采取过于刚强的手段，以免引起反抗。但也不可宽容妥协，必须彻底革新。振疲起衰，必须有得力的助手，用贤能，并且应有隐士般高尚的气节，坚持自己的原则。有"成功不必在我"的胸襟，才能挽狂澜于既倒，重开太平盛世。

应爻参考：

初六：拯救祖业，艰难、危险。

九二：向前看，变通中有原则。

九三：事严人宽，是原则，是智慧。

六四：事严人宽，要宽得有度。

六五：挽救败坏，需要贤能。

上九：世间最好的反对原则，可能是划清界限，不事王侯，而不是说东说西。

临 ䷒

> 临下、进逼、迫临。
>
> 这一卦告诉我们：领导动手，群众则无处动手。所以，领导只能动口。

临，元、亨、利、贞。至于八月有凶。

《序卦传》说："有事而后可大，故受之以临。临者大也。"因为发生事端，然后才可能有大的发展，所以不能等待，应积极参与。

"临"，本义是由上往下看。但看人看事，不仅是由上而下，应当一切都由自己向对方推进，以威势逼迫，故"临"有"监督、领导、统治"的意思。

这一卦是消息卦，代表十二月，阳渐渐成长，由下向上逼迫阴，有"进逼"的意思，被命名为"临"。"临"字本身并没有"大"的含义，但卦形是阳成长变大，所以《序卦传》说"大"。

将上下卦分开来看，下卦兑是悦，上卦坤是顺，愉悦而且顺从，就保证可以亨通。

又，九二阳刚，在下卦居中，与上卦的六五阴阳相应，有前进的可能。

因而，这一卦"元、亨、利、贞"四德俱备，只要坚守正道就有利。不过，阴阳相互消长，到了八月，阴盛阳衰，可能有凶险。时机稍纵即逝，必须把握。

临，上临下。但也有下观上的意思。有事必临，有临必大。对这一卦来说，时机的意义很重要。

彖曰：临，刚浸而长。说而顺，刚中而应，大亨以正，天之道也。至于八月有凶，消不久也。

阳渐渐成长，逼迫阴，所以称作"临"。下卦兑是悦，上卦坤是顺。九二阳爻刚毅，在中位，又与六五阴阳相应，所以强大、亨通，而且正当，与天的法则一致。

以上是指阳的成长期。但阴阳相互消长，阳不会永远强大，不久，阳消退的时期就会到来，所以说，到八月就会有凶险。

关于"八月"的解释：

一说，阳气开始于十一月的复卦，经十二月的临卦、正月的泰卦、二月的大壮卦、三月的夬卦、四月的乾卦，到达极盛时期。然后，由五月的姤卦，阴开始生成，阳逐渐消退，到六月的遁卦，已明显地阴长阳消。遁卦与临卦，阴阳爻恰好相反，成旁通卦、错卦，象征性格相反。由十一月到六月，恰好是八个月，所以说"八月"。

一说，由十二月临卦的阳气明显成长，到四月乾卦的阳极盛，然后，到五月的姤卦，阴气开始发生，经六月的遁卦、七月的否卦，到八月的观卦，观卦与临卦的上下卦恰好完全相反，成综卦，已经阴盛于阳。阴象征小人，小人这时得势，所以说"八月"有凶险。

象曰：泽上有地，临。君子以教思无穷，容保民无疆。

上卦坤是地，下卦兑是泽，地在泽的上面，居高临下。君子应当效法这一精神，接近、监督民众，教导、启发其思考于无穷，容纳、保护民众于无限。

初九：咸临，贞吉。
象曰：咸临贞吉，志行正也。

"咸"，感。"咸临"，以感召来领导。

这一卦，是阳盛逼阴的时期，初九与六四阴阳相应，有相互感召的关系，所以，初九不是以威势而是以人格，使六四感动、服从。初九阳爻刚毅，阳爻阳位得正，具备这种德行，因而纯正吉祥。

《象传》说，这是意志行为纯正的缘故。

这一爻，说明领导应以人格感召人。

灵光一闪 感召沟通，恩威统治，吉。

九二：咸临，吉无不利。
象曰：咸临，吉无不利，未顺命也。

第二章 《周易》上下经

九二与六五阴阳相应，所以，能够以人格使六五感动。六五阴爻柔顺，九二阳爻刚毅，在下卦中位，升进不会有障碍，所以，其占断是吉祥的，没有不利。

《象传》说，九二阳爻阴位不正，但吉祥没有不利，因为九二逼近上方集结的四个阴爻，不会心甘情愿地服从，所以，九二要以刚毅中庸的德行来感召他们，使他们听命。因而，刚毅是必要的。

这一爻，说明领导应德威并济，刚毅是必要的。

灵光一闪 成长时遇到阴柔的上级，要用德行感化他们，用刚毅影响他们。

六三：甘临，无攸利。既忧之，无咎。
象曰：甘临，位不当也。既忧之，咎不长也。

六三在下卦的最上方，是在居高临下的地位。

然而，六三阴爻柔弱，又是下卦兑的主体（"兑"有"悦"的含义），因而，六三是以甜言蜜语及和悦的态度为饵领导众人，当然不利。不过，如果六三能觉悟到自己这种态度的危险性，因而戒慎，就可避免发生灾祸。

《象传》说，这是六三不中不正、地位不当的缘故。

这一爻，说明领导不可以诱骗为手段。

灵光一闪 行事要言而有信。

六四：至临，无咎。
象曰：至临无咎，位当也。

"至"，到达、行使的意思。

六四阴爻阴位，地位正当，而且与下方的初九阴阳相应。本身正当，又能任用贤能的初九，这是监临最高、最优的态度，所以没有灾祸。

《象传》说，这是由于六四位置适当。

这一爻，说明就位领导，应能用贤。

灵光一闪 如果地位正当又能知人善任，当然没有灾祸。

六五：知临，大君之宜，吉。
象曰：大君之宜，行中之谓也。

"知"，即"智"。

六五在至尊的君位，阴爻柔顺，又在中位，与下方的九二阳爻，阴阳相应，象征本身不必行动，完全委任下方的贤能，是以智慧监临下属行事。

对伟大的君王来说，这是最适宜的统治态度，因而吉祥。

《象传》说，六五与九二都在中位，实行中庸之道，情投意合，所以适宜。

这一爻，说明领导要以智慧运营组织。

灵光一闪 领导动口，群众动手。

上六：敦临，吉无咎。
象曰：敦临之吉，志在内也。

"敦"，即"厚"。

上六在这一卦的最上位，居高临下，但已经是终点，到达了领导的极致地位。

物极必反，通常到达极致并不吉祥，但在这一卦，上六阴爻柔顺，对下方升进而来的两个阳爻，能够以柔顺的态度，敦厚相待，这对在上位的领导者来说，吉祥，没有灾祸。

《象传》说，上六与初九、九二这两个阳爻本来不相应，但在这一卦中，只有这两个阳爻，因而，不得不用"内卦"的这两个阳爻。

这一爻，强调领导应当敦厚，不可刻薄。

灵光一闪 正午过后的阳光要柔和。

临卦，阐释领导的原则。

天下有事，有志之士不能坐待，应当积极参与，有所作为。但挽救危亡，必须团结民众，运用组织的力量，因此，统御、领导的才能就变得非常重要。时机稍纵即逝，监临必须及时。领导应以高尚的人格感召人，以威信维持纪律，恩威并济，不可以诱骗为手段。应当运用智慧，心系民众，有知人之明，选拔贤能，严于律己，宽以待人。

应爻参考：

初九：感召沟通，恩威统治，吉。

九二：成长时遇到阴柔的上级，要用德行感化他们，用刚毅影响他们。

六三：行事要言而有信。

六四：如果地位正当又能知人善任，当然没有灾祸。

六五：领导动口，群众动手。

上六：正午过后的阳光要柔和。

观 ䷓

> 观看、仰观、展示。
>
> 这一卦告诉我们：为苍生，可无冠而去，也可挂冠而去。自观观心，观人推门。要观国之光，识国之君。

观，盥而不荐，有孚颙若。

这一卦，形象与临卦完全相反，它们彼此是综卦。

"临"是由上往下看，"观"是由下往上看。它们都是在看，所以临与观交互为用。

《序卦传》说："物大然后可观，故受之以观。"

"观"是"展示"与"仰观"的意思。"盥"，在祭祀前洗手。"不"，还没有。"荐"，将祭品奉献上。"颙"，严正、温恭。"若"，与"然"同。"颙若"是"尊敬、仰慕"的意思。

这一卦是说，要将道义展示于众人，而展示之后，众人必然仰视自己。九五在尊位，被四个阴爻仰视；九五也将中正的德行展示于天下。所以，这一卦命名为"观"。

这一卦的卦辞以祭祀比拟，说在祭祀之前洗手的时候就要像尚未举行的奉献祭品仪式一样虔诚、严正，这样才能在人的心目中建立信仰，被人恭敬地仰慕。

这一卦是消息卦之一，代表八月，是阴长阳消的时期，但卦辞并不由这一点发挥，因为《易经》的一贯立场是抑阴助阳。

彖曰：大观在上，顺而巽，中正以观天下。观，盥而不荐，有孚颙若，下观而化也。观天之神道，而四时不忒，圣人以神道设教，而天下服矣。

九五在尊位，以伟大的德行，在上位被万民瞻仰。内卦坤是顺，外卦巽是从，四个阴爻，柔顺地服从。九五在外卦的中位，阳爻阳位得正，所以，是以"中正"的德行展示于天下。

盥洗，还没有奉献祭品就被仰慕，是说在下者看到盛德，就被感化了。仰观天的神秘法则，四时循环，不会有偏差，因而，圣人效法天的神秘法则，设立教化，顺应自然，则天下就在不知不觉中信服了。

象曰：风行地上，观。先王以省方，观民设教。

观卦的上卦巽是风，下卦坤是地。

风在地面上吹，遍及万物。古时圣明的君王，效法这一精神，巡视各方，观察民情风俗，分别设立适当的教化。

有德者，如风行地上。

初六：童观，小人无咎，君子吝。
象曰：初六童观，小人道也。

"观"在此作"看"解。这个看，是"九五在做，万民在看"的意思。"小人"指庶民。

卦辞是以九五为重心的，所以是展示。各爻所说的，则是观看九五。初六阴爻柔弱，在最下位，仰观九五，距离遥远，因而，象征没有才识，不能高瞻远瞩，是儿童的观点，这当然幼稚。

庶民无知，这是必然的，所以说没有过失。但对身负教化责任的人来说，无知则是耻辱的事情。

《象传》说，像小孩那样观看，是小人的作风。

这一爻，说明观察不可幼稚，应高瞻远瞩。

灵光一闪 你的幼稚，可能牵累别人。

六二：窥观，利女贞。
象曰：窥观女贞，亦可丑也。

"窥"，"窥视"的意思。"窥"是由洞中偷看，"窥观"是由门缝中偷看。

六二阴爻，在内卦，柔弱黑暗，观看光辉的九五，眼花缭乱，看不清楚，好像是由门缝中偷看。在古代，妇女足不出户，这是当然的道理。

《象传》说，对堂堂的男子汉来说，这种由门缝中偷看，不光明磊落的态度，就太丑陋了。

这一爻，说明观察不可偏狭。

灵光一闪 看人做事面面观、八面观。

六三：观我生，进退。
象曰：观我生，进退，未失道也。

这一爻辞，可以解释成观察自己的生存途径，以决定进退；也可以解释成观察自己的生存、进退途径。总之，是"生存在于进退"的意思。

六三在下卦的最上方，处于可进可退的位置，不必观察高高在上的九五，应当通过观察自己的内心来决定进退。应当择善固执，不可趋炎附势，不可失去了自己的原则。

《象传》说，这样做没有偏离正道。

这一爻，说明观察应有主见，不可盲从。

灵光一闪 观心而从。应当择善固执，不可趋炎附势。

六四：观国之光，利用宾于王。
象曰：观国之光，尚宾也。

"宾"即"仕"。古代有德行的人前往朝廷，天子以宾客的礼仪招待，所以说"宾"。

六四最接近九五。九五象征阳刚、中正、德高望重的君王，所以六四可观看到君王德行的光辉。但为什么说"观国之光"？因为由一国的风俗民情，就足以观察到其君王的德行如何。今天所说的"观光"，就出自此处。

六四阴爻，又在上卦巽的最下方，性格柔顺，适合辅佐君王，因而，出仕朝廷吉祥。

故事 春秋时，陈国的敬仲生下来的时候，占卜得到这一爻。《左传·庄公二十二年》记载：虽然敬仲逃亡他国，但三百年后，他的子孙田氏，终掌握了齐国的政权。

《象传》说，知识分子看到一个国家的风俗民情，就知道该国是否尊重贤士，并决定是否去辅佐该国的君王。

这一爻，说明应观察民情，了解民间疾苦。

灵光一闪 为苍生，可以无冠而去，也可挂冠而去。

九五：观我生，君子无咎。
象曰：观我生，观民也。

九五阳爻，在至尊的中位，下面有四个阴爻仰观，成为这一卦的主体，象征是一位有德行的君王。君子经常反省、观察自己的日常作为，坚守中正，当然就不会有灾祸。

《象传》说，统治者只要观察民情风俗，就知道自己的作为是否正当。

这一爻，说明应当观察自己的作为，检讨、反省自己。

灵光一闪 在上者，是镜子，反照民风，反照国光。民风是在上者，国光也是在上者。

上九：观其生，君子无咎。
象曰：观其生，志未平也。

上九阳爻，在尊位"五"位的上方，象征高尚的隐士。虽然在上者超然于世俗，但仍然被天下人观察，如果刚毅无欲，符合君子应有的德行，就没有灾祸。

《象传》说，在上者时刻被观察，政治理想永远不能满足，不可自满，不可掉以轻心。

这一爻，说明在上者时刻都被注目，不可掉以轻心。

灵光一闪 月有圆缺，日有阴晴，怎么办？

观卦，阐释观与瞻的道理。

观民情，观疾苦。在上者的一举一动都成为注意的焦点，无时无刻不被注视，因而，不可掉以轻心，不能轻率行动，必须诚信、严正，以道义展示于天下，这样才能得到民众的信任与尊敬。在下者，要观察自己的言行作为，不断反省、检讨自己。不可无知，不可偏狭，不可自满，应有主见，坚持原则，不断追求更高的目标。

应爻参考：

初六：你的幼稚，可能牵累别人。

六二：看人做事面面观、八面观。

六三：观心而从。应当择善固执，不可趋炎附势。

六四：为苍生，可以无冠而去，也可挂冠而去。

九五：在上者，是镜子，反照民风，反照国光。民风是在上者，国光也是在上者。

上九：月有圆缺，日有阴晴，怎么办？

噬嗑

> 咬合、刑罚。
>
> 这一卦告诉我们：解决矛盾，解决阻梗，需要用刑罚时就用刑罚。无论用柔、用刚，都要从速，防微杜渐。

噬嗑，亨。利用狱。

《序卦传》说："可观而后有所合，故受之以噬嗑。嗑者合也。"能够使人人仰慕，才能巩固领导中心，产生向心力，促成团结。

"噬"，咬；"嗑"，上颚与下颚合拢；"噬嗑"，上下颚咬合，即"将吃的东西咬碎"的意思。

这一卦的卦象与颐卦相似。颐卦是张大口，上下颚相对，中间是空的的形象。噬嗑卦，则在上下颚中间，加了一个阳爻，成为咬合咀嚼的形象，所以命名为"噬嗑"。

这一卦的占断，是"亨通"。

凡事不能亨通，必然中间有障碍。这一卦，将中间的障碍咬碎，当然就亨通了。这一含意，象征用刑罚。用刑罚，就是要铲除构成障碍的不良分子。

这一卦，下卦震是雷，上卦离是明。这是以雷霆万钧的威势、足以明察秋毫的光明，象征用刑罚必须具备的条件。《论语·子路》中说：刑罚不能中肯，民众将手足不知所措。

用刑罚必须公正。这一卦的主体六五，柔爻刚位，在外卦的中位，象征刚柔兼备，具备威吓、明察、适中的条件，所以，有利于执行刑罚。

彖曰：颐中有物，曰噬嗑，噬嗑而亨。刚柔分，动而明，雷电合而章。柔得中而上行，虽不当位，利用狱也。

这一卦，是口中咬着物的形象，所以称作"噬嗑"。由于咬合嚼碎了，所以亨通。这一卦，阴阳各有三爻，各占一半，象征刚柔相济。下卦震是动，上卦离是明，象征有行动力，而且能明察是非。加以下卦震是雷，上卦离是火，雷电交鸣，产生震撼力与光明，象征刑罚的威吓力与明察是非的能力。

由卦变来看，噬嗑卦是由益卦变化而来的。益卦的六四柔爻上升，到达"五"的中央位置，同时，原来在"五"位的刚爻，下降到"四"的位置，就成为噬嗑卦。虽然噬嗑卦的六五，阴爻阳位不正，位置不当，但是，其在上卦得中，对执行刑罚来说，仍然适当，所以有利。

"刚柔分，动而明，雷电合而章。"此卦的《象传》写得最好！该干吗就干吗，动作要明确，以雷电之势使之磨合，漂亮的文章就出来了！

象曰：雷电，噬嗑。先王以明罚敕法。

这一卦，上卦震是雷，下卦离是电，雷电交合，所以称作"噬嗑"。雷具备威吓力，电产生光明。古代的帝王效法这一精神，使刑罚明显，法律端正。

这一卦，强调的是力度与速度。

初九：屦校灭趾，无咎。
象曰：屦校灭趾，不行也。

"屦"，履；"校"，栅；"屦校"，穿在脚上的刑具。"灭"，"伤害"的意思。

"初"与"上"，多指没有地位的人。在这一卦中，"初"与"上"指受刑的人；"二"到"五"指有爵位的人，亦即施刑的人。《礼记·曲礼》中说："刑不上大夫。"古代的刑罚，只以庶民为对象。

初九相当于用刑罚的开始。罪行不严重，所用刑罚也轻，只罚戴脚镣，伤到脚趾。受刑罚为什么说"无咎"？《系辞传》解释说，小的惩罚，使人戒惧，不敢犯大恶，对小人物来说，这就是福。亦即，恶行及早被制止，以免扩大，就可以避免灾祸。

《象传》说，"不行也"，是指不再犯法。

这一爻，说明对小罪要加以惩罚，以免酿成大恶。

灵光一闪 因为防微杜渐，所以无咎。

☷☳ 六二：噬肤灭鼻，无咎。
象曰：噬肤灭鼻，乘刚也。

"肤"，指柔软的肉。例如：将柔软的肉盛在鼎中作为祭品，称作"肤鼎"。"灭"，"浸没"的意思。

六二阴爻阴位得正，在下卦中位，因而裁判公正，所用刑罚适切，处置罪犯，就像咬柔软的肉那样容易。刑罚像咬柔软的肉，鼻子没入肉中那样深，也不会有错。

《象传》说，"乘刚也"，是指在六二的下方是刚强的初九，犯错如果不给予相当重的惩罚，将收不到惩戒的效果。

这一爻，说明重罚的作用。

灵光一闪 从重从快是要义。

☷☳ 六三：噬腊肉，遇毒；小吝，无咎。
象曰：遇毒，位不当也。

"腊肉"，将小动物连骨头风干，变成坚硬的肉干；相当于今天的腊肉。"毒"，"味浓"的意思。

六三阴爻柔弱，不在中位，又阴爻阳位不正，象征优柔寡断，裁判不能公正恰当地顺利进行，就像咬坚硬又味道浓烈的干肉一样，不易下咽，会有小的挫折。但咬碎以后，就能排除障碍，最后不会有过失。

《象传》说，"位不当"，指六三阴爻居阳位。

这一爻，说明用刑罚会有挫折，须排除障碍。

灵光一闪 需要啃硬骨头的时候，就啃硬骨头。

☷☳ 九四：噬干胏，得金矢，利艰贞，吉。
象曰：利艰贞吉，未光也。

"胏"，有骨头的肉。"干胏"比"腊肉"还要坚硬的肉。

九四接近君位，相当于断狱的大臣。卦已经过了一半，罪恶扩大了，必须施以严刑。当然，所遭遇到的反抗也强烈了。所以，用咬"干胏"来比拟。在这种困难的情况下，必须像金属一般刚强，像箭一般正直，坚守正道，最后才会吉祥。

九四阳爻刚毅，又在象征明的离卦中，刚而且明，难免过于果断，所以，必须警惕，不可轻率。九四阳爻在阴位，容易动感情，因而，被告诫要固守正道。

在这一卦中，这是最好的一爻，但却以"艰贞"为条件，并不完全顺利。

《象传》说："未光也。"亦即，还不够光明，还有困难要克服。

这一爻，强调用刑罚的困难。必须冷静果断，坚守正道，不可轻率。

> **灵光一闪** 大有大的难！在高位、贵位者，付出更多。

六五： 噬干肉，得黄金，贞厉，无咎。
象曰： 贞厉无咎，得当也。

"干肉"，比较柔软的肉，容易咬。

六五阴爻柔顺，位于外卦至尊的中位，是以君权用刑罚，又能适中，自然容易使人信服，所以用"噬干肉"比拟。又，"黄"是土的颜色，土在五行的中央，黄色代表中央，以象征中庸。"金"象征刚强，指九四，亦即裁决能够适中，又有刚毅的九四辅佐。不过，刑罚毕竟是不得已的手段，所以，必须坚守正道，而且谨慎用刑，才不会发生过错。

《象传》说，这是由于运用得当，所以才会"无咎"。

这一爻，说明用刑罚为不得已的手段，必须刚柔并济，中而且正。

> **灵光一闪** 得居正位且中庸，办了事才无咎。

上九： 何校灭耳，凶。
象曰： 何校灭耳，聪不明也。

"何"，同"荷"，"负荷"的意思。"灭"，伤亡。"聪"，听觉敏锐。

上九已达到刑罚的极限，罪大恶极，正如《系辞传》所说，"累积的恶行，已经不可掩饰；罪状的重大，已经不可能消解"。所以说，颈上戴枷锁，磨伤了耳朵，占断是凶险。

《象传》说，这是由于平时不听忠告，终于犯了大错。

这一爻，告诫犯罪到了泛滥的程度，必然凶险。

灵光一闪 不磨耳就杀头了。

噬嗑卦，阐释刑罚的原则。

法治是政治的根本。为排除障碍，保护善良，建立并维持秩序，往往不得不采取刑罚手段。罪恶必须及早加以阻止，防止蔓延。应当重罚，"小惩大戒"。用刑罚为不得已的手段，难免使人犹豫，然而又不能不用，所以必须中庸、正直、明察是非、果断。刚柔并济，坚持原则，公正执法。

应爻参考：

初九：因为防微杜渐，所以无咎。

六二：从重从快是要义。

六三：需要啃硬骨头的时候，就啃硬骨头。

九四：大有大的难！在高位、贵位者，付出更多。

六五：得居正位且中庸，办了事才无咎。

上九：不磨耳就杀头了。

贲 ䷕

> 装饰、修饰、掩饰。
>
> 这一卦告诉我们：要避免文过饰非。过分地掩饰和装饰是要坏事的。它会剥落，最终真相大白，并且不可收拾。

贲，亨。小利有攸往。

"贲"，贝壳的光泽，"饰"的意思。

这一卦，与噬嗑卦形象上下相反，它们彼此是综卦。恶要罚，善要饰，扬善罚恶，交互为用。

《序卦传》说："物不可以苟合而已，故受之以贲。贲者饰也。"

物的聚合，必然有秩序与模式；人的团聚，也需要有礼仪制度。这一卦，内卦离是明，外卦艮是止，以文明的制度，使每个人都止于一定的分际，这就是人类集体生活所必需的装饰，所以，称作"贲"。

由卦变来看，这一卦是损卦的六三与九二交换，或既济卦的上六与九五交换，都是柔爻下降，装饰原来的刚爻，而刚爻则上升，装饰原来的柔爻，因而，命名为"贲"。

另外，损卦的六三与九二交换后，使内卦变成离，亦即光明，因而亨通。又，既济卦的九五与上六交换，使外卦变成艮，亦即止。外面有所阻止，所以不可"大往"，唯"小往"才有利。"贲"本来不过是装饰一下，虽然美化了，但毕竟附属于实质，所以，不能担当大任，不可过分重视。

彖曰：贲亨，柔来而文刚，故亨。分刚上而文柔，故小利有攸往。（刚柔交错，）天文也；文明以止，人文也。观乎天文，以察时变；观乎人文，以化成天下。

贲卦之所以亨通，是由卦变而来的。损卦的六三柔爻下降，文饰原来的刚爻，所以亨通。既济卦又将九五刚爻割爱，上升文饰原来的柔爻，所以，小利时可以前往。这样将刚与柔交互文饰，犹如日月星辰的交互运行，成为天的文饰。

这一卦，内卦离是明，外卦艮是止，以文明使人人止于应有的分际，这是人的文饰。观察天的文饰，以明察四季时序的变化；同样地，观察人的伦常秩序，以教化天下，达成移风易俗的目的。

象曰：山下有火，贲。君子以明庶政，无敢折狱。

这一卦，上卦艮是山，下卦离是火，山下有火，火势被山阻挡，不能蔓延。君子应当效法这一精神，即使能够明察政务中许多琐碎的小事，也不轻率地去裁决诉讼。

内卦离是明，所以说明察庶政。外卦艮是止，所以说不敢折狱。

初九：贲其趾，舍车而徒。
象曰：舍车而徒，义弗乘也。

"趾"，脚趾，人体的最低部分。

初九阳刚，下卦离是明，所以，刚毅贤明，甘心在最下位，一心美化自己的行为，择善固执。这是装饰脚趾的形象。脚趾用来行走，行走与行为相通。像这样贫贱不移、洁身自爱的人，就是送给他不应当有的华丽的车，他也不会坐，而宁愿舍弃车，徒步行走。

《象传》说，理当不坐车，意思是脚都打扮好了，就是为了走路。

这一爻，说明文饰应恰当。

灵光一闪 弃车，徒步。趾不高，车不乘者，吉。

六二：贲其须。
象曰：贲其须，与上兴也。

"须"，胡须在口边的称"髭"，在两颊的称"髯"，在颐亦即下颚的称"须"。

贲卦三爻以上的部分，与颐卦的口相似，六二紧接在下面，所以相当于下颚的"须"。

《象传》说，六二阴柔中正，与上方阳刚得正的九三接近，双方在上卦又都无应，因而异性相吸，关系密切，一起行动，得以兴盛，就像须装饰下颚，与下颚一起行动。亦即，在没有应援时，应当追随接近的有实力的人物。

这一爻，说明文饰应取法乎上。

灵光一闪 稻草与螃蟹捆绑在一起卖，稻草正确。

九三：贲如濡如，永贞吉。
象曰：永贞之吉，终莫之陵也。

"濡如"，打湿般的光泽。"陵"，与"凌"同。

九三阳刚，在两个阴爻中间，被装饰得光泽柔润。然而，六二、六四都不是与九三相应的正当匹配，虽然九三令人陶醉，六二、六四却不能被诱惑，以免沉溺不能自拔。所以，永远坚守正道，才能吉祥。

《象传》说，这样才始终不会被人凌辱。

这一爻，说明不可被文饰迷惑住了。

灵光一闪 有意做给旁人看是最傻的，因为旁人不傻。

六四：贲如皤如，白马翰如，匪寇婚媾。
象曰：六四，当位疑也。匪寇婚媾，终无尤也。

"皤如"，本来指老人的白发，在此当作"不加修饰的白色"解。"翰如"，"像鸟飞一般快速"的意思。

六四与初九本来是正当地相应，相互装饰，可是，九三隔在中间，形成障碍，以致应当得到的装饰，却落了空。因而，六四为了与正当的配偶相聚，骑马像飞一般奔驰前往。由于自己是未加装饰的白色，所以马看着也像是白色的。但九三阳刚得正，所以阻挡六四，并非要强暴六四，不过是想求婚而已。

《象传》说，六四因为九三的位置接近，所以怀疑九三。可是九三并非逞强，只是求婚而已。六四阴爻阴位得正，因而即使拒绝九三，最后也不会有怨尤。亦即在达成不了愿望，一时遭遇挫折时，只要坚持初衷，最后仍然不会有怨尤。

这一爻，说明文饰重实效，不在一时的得失。

> **灵光一闪** 放他一马，再看看。

六五：贲于丘园，束帛戋戋，吝，终吉。
象曰：六五之吉，有喜也。

"束帛"，指五匹一束的绢。"戋戋"，"轻少"的意思；如水少是"浅"，贝少是"贱"。

六五柔顺，在外卦得中，是这一卦的主爻。大凡装饰，内在的实质重于外在的形式。六五在中央，象征重视内在的实质。六五阴爻，代表女性，本性吝啬，以六五君王的地位，赠送的礼物却不过是微薄的一束绢，这当然寒酸。虽然六五被讥笑为人吝啬，但最后仍然会吉祥喜悦。

《象传》说，"有喜"，这喜来自位置好。

这一爻，强调文饰要重实质。

> **灵光一闪** 实事求是。水少是"浅"，贝少是"贱"。

上九：白贲，无咎。
象曰：白贲无咎，上得志也。

上九已是贲卦的极点，一切装饰，都由极端又返回一片空白的本来面目。

人类的装饰是礼法，当礼法达到极致时，又会恢复到朴素的状态，所以说"白贲"。如果上九领悟到装饰的空虚而恢复本来面目，就会无咎。

上位无位，已是局外人的立场。上九到达这一位置，领悟了一切，放弃虚饰，悠然自得。

《象传》说，这是因为"得志"，满意了。

这一爻，再次强调一切文饰都是空虚的，应当返璞归真。

> **灵光一闪** 墙刮得厚了会剥落，不如不刮。

贲卦，阐释礼仪的原则。

为建立与维持秩序，刑罚是不得已的手段。因而，制定文明的礼仪，规范个人的分际，成为不可少的文饰。然而，一切人为的文饰都应当恰如其分，重内在的实质、实际的效用而不是外在的形式。应当高尚，而不流于粗俗。应当尚实，而不迷恋虚无。应当简朴，而不陷入烦琐。一切文饰都空虚，惟重实质，有内在的朴实，才是文饰的极致。

应爻参考：

初九：弃车，徒步。趾不高，车不乘者，吉。

六二：稻草与螃蟹捆绑在一起卖，稻草正确。

九三：有意做给旁人看是最傻的，因为旁人不傻。

六四：放他一马，再看看。

六五：实事求是。水少是"浅"，贝少是"贱"。

上九：墙刮得厚了会剥落，不如不刮。

剥 ䷖

> 剥落、侵蚀。
>
> 这一卦告诉我们：剥落是因为装饰过分，形式主义不会长久。

剥，不利有攸往。

《序卦传》说："致饰然后亨则尽矣，故受之以剥。剥者剥也。"

"剥"，剥落、侵蚀。

一味注重文饰，到达极点，就完全形式化，成为虚饰，实质一无所存，难免就要剥落下来。

剥卦是消息卦之一，代表九月。这一卦，阴由下面成长，一连五个，残余的一个阳，也到了尽头，要保不住了。

这一卦，阴盛阳衰，亦即，小人得势，君子困顿。

内卦坤是顺，外卦艮是止，顺从而不行动。因大势所趋，只能顺从，谨慎隐忍，采取积极的行动是不利的。

彖曰：剥，剥也，柔变刚也。不利有攸往，小人长也。顺而止之，观象也。君子尚消息盈虚，天行也。

剥是剥落，是柔爻前进，要使刚爻变成阴爻的形象。不利于前往，是因为小人的阴爻在生长。君子不宜行动，应当顺应时势，停止行动，这是由内外卦的形象就可以了解到的。君子应当领悟，一切事物都必然有消长盈虚，这是宇宙运行的自然法则。

象曰：山附于地，剥。上以厚下，安宅。

这一卦，上卦艮是山，下卦坤是地，山附着于地。山本来高耸在地上，因为土剥落，才附着于地，所以象征剥落。在上者，只有领悟了这一道理，以敦厚对待在下者，本身的地位才能安守，因为世界上的一切事物，只有下层基础深厚，上层才可泰然，才不会剥落。

初六：剥床以足，蔑贞凶。
象曰：剥床以足，以灭下也。

阴剥落阳，是由下方开始的。初六正当剥落的开始时刻，床已经剥落到脚，邪恶蔑视正直，所以凶险。

《象传》说，这是床下的土已经被侵蚀灭损的缘故。

这一爻，说明剥落是渐进的。

> **灵光一闪** 正不压邪，或"正"下沉，都凶险。

六二：剥床以辨，蔑贞凶。
象曰：剥床以辨，未有与也。

"辨"，床板下方，床脚上方的部位。

剥落由下而上，已到床身的下方，邪恶更进一步侵蚀正直，愈加凶险。

《象传》说，由于阴的党徒还不多，所以其势力还不太强。

这一爻，说明小人的势力愈来愈强。

> **灵光一闪** 阴长阳消，越来越凶险。

六三：剥之，无咎。
象曰：剥之无咎，失上下也。

"失"，"断绝"的意思。

墙倒时，你不参与推，无咎。

在这一卦中，相应的只有六三与上九。剥卦由"初"到"五"都是阴爻，狼狈为奸，要剥落阳。然而，只有六三不同流合污，离开狐群狗党中，与上九的阳爻相应，支持君子的行动，所以无咎。

《象传》说，六三与上下的阴爻断绝关系，结交上九的君子，因而无咎。

这一爻，说明要洁身自好。

> **灵光一闪** 洁身自好，关键时刻尤其需要。

六四：剥床以肤，凶。
象曰：剥床以肤，切近灾也。

床脚、床身都已经剥落，现在到达了床的表面，已经与人的皮肤连接，必然凶险。

《象传》说，到了六四，灾祸已经切近上九本身了。

这一爻，说明小人的凶险已经临身，没有闲暇讨论是邪是正了。

灵光一闪 切肤之险，切肤之痛，十分凶险。

六五：贯鱼，以宫人宠，无不利。
象曰：以宫人宠，终无尤也。

"贯鱼"，贯穿在一起的鱼。"以"，与"率"相同。"宫人"，指后宫的嫔妃。

六五在五个阴爻的最上方，又在尊位，所以是皇后，而其他阴爻是嫔妃。皇后六五率领后宫的嫔妃，像一串鱼似的，依名分次序，承受君王上九的宠爱，不会发生争风吃醋的不利现象。

这是比喻，如果小人的头目能够率领同伙从善，就会无咎。

故事 古时，满月夜由皇后侍寝。御妻、世妇、嫔、夫人，满月前，依身份由低的开始进御；满月后，依身份由高的开始进御。

《象传》说，没有怨尤是因为依名分次序行事。

这一爻，说明剥落的时刻，不可救药，唯有期待小人改过从善。

灵光一闪 错了就错了，改过自新。

上九：硕果不食，君子得舆，小人剥庐。
象曰：君子得舆，民所载也。小人剥庐，终不可用也。

"硕"，大。"庐"，房屋。

这一卦的卦形像房屋，一阳爻在上，是屋顶，其他各爻是墙。

到了上九，阳已经被剥落殆尽，只剩下一个上九，硕果仅存。不过，一旦上九变成阴，并非所有的阳就完全消失了，而是立即会由最下方的初爻又产生一阳，成为复卦。即或纯阴的坤卦，阳也没有完全消失，只不过还没有显露而已。

总之，上九已是剥落的极点，混乱至极的时刻，民众渴望恢复太平，正期待有德有能的领袖出现。因而，当有德有能的君子出现在"上"的位置时，另外五个阴爻的小民就会兴奋，就会迫不及待地拥戴追随，就像得到了可以乘坐的车一样。

如果阴险的小人出现在上位，就成为极端剥落，就像家的屋顶也被剥落了一样，仅存的硕果也保不住了。

《象传》说，如果是君子，就会受到民众的拥戴，在政治上发挥作用；如果是小人，就会连安身的场所也失去了，就没有指望。

这一爻，说明在剥落的时刻，成败同时存在。有君子有望，无君子无望。

灵光一闪 危机，危中有机会。

剥卦，阐释应对剥落与沉沦的原则。

当一味注重形式，虚伪到极点时，就会进入不可救药的黑暗时期。这一阳消阴长的演变过程，人力无法改变。历史上许多大帝国的沦亡，都因形式主义过度，达到凶险的程度。虽然也有人不同流合污，但难期他们发生作用，唯有期待小人反省或出现有德有能的领袖人物，而这种情形出现的希望实际上极为渺茫。大势已去，君子只有顺应时势，谨慎隐忍，以求自保了。

应爻参考：

初六：正不压邪，或"正"下沉，都凶险。

六二：阴长阳消，越来越凶险。

六三：洁身自好，关键时刻尤其需要。

六四：切肤之险，切肤之痛，十分凶险。

六五：错了就错了，改过自新。

上九：危机，危中有机会。

第二章 《周易》上下经

复 ䷗

> 复归、复来。
>
> 这一卦告诉我们：要因应时序、时势，坚信有去必有来。

复，亨。出入无疾，朋来无咎。反复其道，七日来复，利有攸往。

复卦震下坤上，与剥卦是综卦。一剥一复，相互为用。

《序卦传》说："物不可以终尽，剥穷上反下，故受之以复。"

由卦形就可以了解，剥卦的上九剥落，成为纯阴、代表十月的坤卦。这时，阳又在下方酝酿，到了十一月的冬至，一个阳爻在"初"位出现，成为复卦。阴阳这样去而复返，使万物生生不息，所以亨通。

把上下卦分开来看，内卦震是动，外卦坤是顺，阳在下方活动，就自然而然地上升，所以说，出入没有妨碍，志同道合的朋友来，也没有灾难。

再由消息卦来看，一阴开始发生在五月的姤卦，逐步上升，经过全部变成阴的十月的坤卦，到一阳复来的十一月的复卦，前后经过七个爻，将一爻看作一日，所以说，一阴发生到一阳复来，历经七日。亦即，凶必定返回吉，危必定转为安，这是自然的法则。由这一卦开始，阳刚又开始生长，所以有利于积极的行动。

七日，有趣！好像是上天界定的一个日子。

彖曰：复亨，刚反，动而以顺行，是以出入无疾，朋来无咎。反复其道，七日来复，天行也。利有攸往，刚长也。复其见天地之心乎？

复卦之所以亨通，是由于阳刚返回，再度生气蓬勃。又，内卦震是动，外卦坤是顺，阳动，顺自然往上行，所以，出入没有妨碍，朋友来也无咎。

阴阳反复，是宇宙的自然法则。经过七个阶段，阳会返回来，这是阴阳消长的循环。之所以有利于前往，是因为阳刚在生长。由复卦就可以看

153

出天地生生不息的意志。

> **故事** 儒家将"天地之心"解释为天地有生生不息之心；道家则以老子"致虚极，守静笃，万物并作，吾以复观"的哲理来解释天地之心，认为"有"的根本是"虚"，"动"的根本是"静"，但虚与有、静与动并非相对的，而是超越虚与有、静与动的绝对的虚与静。宇宙万象变化万千，一切的有，必定由虚开始，一切的动，必定由静发生，然后，又必定回归于虚与静，这是宇宙的自然法则。唯有返回虚与静，才能看到天地的心，因而，天地的心，是虚无、宁静，是一无所有。老子主张自然，主张人性的本来面目就是最完美的。因而，在修养方面，老子也主张消除心知作用，使心空虚无知，屏除欲念，宁静沉默，返回到原来虚无、宁静、一无所有的自然状态。

这一卦，说明万般皆无，自是始。

象曰：雷在地中，复。先王以至日闭关，商旅不行，后不省方。

这一卦，上卦坤是地，下卦震是雷，是雷在地下的形象。

阴阳相互激发才能产生雷。而这时，阳刚初起，力量不足以激发雷，还在培养时期，雷在地下，所以安静不动。因而，古代的君王，在阳开始再生的冬至这一天，将关闭关域，不使贾商通行。君王也不巡视四方。因为宇宙运行，在这时很安静，所以人的行动，也要保持安静。

古代国家大事，甚至君王的起居，都要因应季节而决定。否则，人与天的行动不相配合，就会引起天灾。《礼记·月令》对配合每月天象的行事，都一一有详细的规定，在十一月，君主就要斋戒，隐蔽不出，以等待阴阳稳定。

初九：不远复，无祗悔，元吉。
象曰：不远之复，以修身也。

"祗"，与"适"相同，"往、至"的意思。

初九是一阳复来这一卦的主爻，在卦的开始，象征事物在刚开始时，即使有过失,也不会严重,能够改善,所以说,不要走远才返回。

《系辞传》引用这一爻辞说:颜回几乎没有过失。有不善,从来不会不知道。知道,从来不曾重犯。这样当然大吉大利,不会后悔。

《象传》说,不要走远才返回,是"及早改过以修身"的意思。

这一爻,说明恢复必须及时。

灵光一闪 悔之要早。

六二:休复,吉。
象曰:休复之吉,以下仁也。

"休","美、善、喜、庆"的意思,如休咎、休戚等。

六二柔顺中正,为初九的近邻,阴阳互喜,所以吉祥。

《象传》说,向下符合仁德的初九返回善的美德。

这一爻,是说要停止,回头是岸。

灵光一闪 休,即止,是一种美德,值得欢庆。

六三:频复,厉无咎。
象曰:频复之厉,义无咎也。

六三阴柔,不中不正,又在内卦震亦即动的极点,所以,把持不住,频频犯错,又频频改过。屡屡犯错,当然危险,但每次又都知道改过,所以没有咎害。

《象传》说,从道义上说应当无咎。

这一爻,说明恢复时有反复,妥善处理就能远离咎害。

灵光一闪 定力与毅力,可以挽救一切。

六四:中行独复。
象曰:中行独复,以从道也。

"行",道路;"中行",与"中途"相同。

六四被包围在群阴中,但得正,又只有其单独与初九相应,象征六四与一群为非作歹的伙伴在前进的中途,独自返回。

《象传》说，这是为了顺从正道。

这一爻辞没有吉或凶的断语。在复卦，阳刚还非常微弱，还不是能够有所作为的时机，所以吉凶还难以判断。

故事 汉代的董仲舒说："仁人正其义，不谋其利；明其道，不计其功。"当在道义上不得不有所为时，吉凶就应当置之度外了。

这一爻，说明在恢复时期，吉凶未定，必须坚持原则，为所当为。

灵光一闪 回头是岸。

六五：敦复，无悔。
象曰：敦复无悔，中以自考也。

"敦"，即"厚"的意思。"考"有"成"与"校"的含义。

六五在外卦坤的顺中得中，因而，中庸柔顺，又在尊位，当此反复的时刻，象征笃守原则，返回正道的人，当然不会后悔。

《象传》说，这是因为六五能以中庸的原则考察自己，使自己完备。

这一爻，说明恢复必须择善固执。

灵光一闪 坚守正道，没有贵贱与上下之分。

上六：迷复，凶，有灾眚。用行师，终有大败，以其国君，凶。至于十年，不克征。
象曰：迷复之凶，反君道也。

上六阴柔不正，在复卦的极点，象征到最后还不能迷途知返，这样必然凶险，天灾人祸会相继而来。如果这时有军事行动，会大败，并累及国君，十年之内，征伐不能取得胜利。

《象传》说，这是因为违反了身为国君的道理。

这一爻，说明大势已经到恢复时期却依然执迷不悟，必然凶险。

灵光一闪 知否很重要。

复卦，阐述恢复的原则。

物极必反，当剥落至极时，必然否极泰来，转危为安。恢复，是一个有所作为的过程。必须根绝过去的错误，重新回到善道。应当在腐败刚开始，过失尚未严重时，及时反省改善，否则，责重难返。不可一错再错，以致事倍功半，甚至前功尽弃。在恢复时期，正义尚未形成力量，成败未定，吉凶难以预料，仁人志士应当特立独行，择善固执，坚持原则，不同流合污，不计个人利害，为所当为，尽其在我。天道循环，在大势所趋时如果执迷不悟，必然凶险。判断、坚守、择善而固而又从善如流，这些都很重要。

应爻参考：

初九：悔之要早。

六二：休，即止，是一种美德，值得欢庆。

六三：定力与毅力，可以挽救一切。

六四：回头是岸。

六五：坚守正道，没有贵贱与上下之分。

上六：知否很重要。

无妄 ䷘

> 不虚伪、望外。
> 这一卦告诉我们：不虚伪就有望外的福，是喜出望外。

无妄，元、亨、利、贞。其匪正有眚，不利有攸往。

《序卦传》说："复则不妄矣，故受之以无妄。"

"妄"与"诚"相反，"虚伪"的意思。无妄，即不虚伪，亦即依照道理，自然应当如此。《史记·春申君列传》中将"无妄"写作"无望"，是"不希望如此但却如此，成为意外"的意思。

这一卦，指有望外的福。也有"依道理必然如此"的意思。

由卦变来看，讼卦的九二与初六交换，成为无妄卦。讼卦的九二本来不正，但降到初位得正了，因为这一变动，由虚变实，自然而且合理，所以，称作"无妄"。

又，内卦震是动，外卦乾是健。这一卦的九五刚健中正，又与内卦中正的六二相应，这样动而健的形象，非常吉祥，所以伟大、亨通、祥和、坚贞四德俱备，当有望外的福。

然而，如果动机不纯正，就会有弊害，前进就会不利。

彖曰：无妄，刚自外来，而为主于内。动而健，刚中而应，大亨以正，天之命也。其匪正有眚，不利有攸往。无妄之往，何之矣？天命不佑，行矣哉？

无妄卦，是讼卦的九二爻由外卦来到内卦的初位，成为无妄卦内卦的主爻。下卦震是动，上卦乾是健，象征行动刚健。九五刚爻得中，又与六二相应，所以大为亨通，而且中正，天的使命正是如此。稍有不正，即有弊害，就不能称作"无妄"，不利于前进。违背无妄的原则，还能往何处去？这是违背天命，将得不到天的保佑，还能行动吗？

象曰：天下雷行，物与无妄。先王以茂对时，育万物。

这一卦，上卦乾是天，下卦震是雷。在天的下面有雷在动，这是阴阳相合，创生万物，并赋予万物合乎自然且各不相同的本性，毫无虚妄可言。因而，古代的帝王效法这一精神，配合季节时序，顺应万物的性质，自然而然地养育万物。

如果不作假，实事求是，就元、亨、利、贞全有。

初九：无妄，往吉。
象曰：无妄之往，得志也。

初九阳刚，是内卦的主爻。讼卦原来不正的九二爻降到"初"位得正，成为无妄卦的主爻，因而，刚毅、无妄，前进当然吉祥。

《象传》说，可以得志。

这一爻，说明不虚伪地行动，必然有利。

灵光一闪　德配位，并主动前往，可得志。

六二：不耕获，不菑畲，则利有攸往。
象曰：不耕获，未富也。

"菑"，开垦后一年的田，已经不生草了。"畲"，开垦后两年的田，土质已渐渐柔和了。开垦后三年的田称作"新田"，已经是能够收获的熟田了。

六二柔顺中正，因应天时，顺应天理，个人没有分外的欲望，之所以悠然自得，是因为不强求什么。

"望"与"妄"通用。六二这种没有过分欲望的态度，就是无妄。所以，不要期望不耕耘就有收获，不要期望刚开垦的田地就能丰收。如果期望过分，就是妄。听其自然，但求耕耘，不问收获，才称得上无妄。

《象传》说，耕耘并非期望富有。

这一爻，说明无妄就是不存非分的期望。

灵光一闪　享受过程才是无妄。

六三：无妄之灾，或系之牛，行人之得，邑人之灾。

象曰：行人得牛，邑人灾也。

这一卦的六爻都是"无妄"，但无妄并不一定就有好结果。

六三阴爻阳位不正，因而，会有不明不白的难以想象的无妄的灾害。在村中拴着的牛，半夜被走路的人顺手牵走了，住在附近村里的人，往往被怀疑是偷牛的贼，蒙受不白之冤。

《象传》说，行人得到了牛，村里人却受到怀疑，遭了灾。

这一爻，说明不虚伪并不一定能得到善报。

灵光一闪 老实，有时会吃老实的亏。

九四：可贞，无咎。

象曰：可贞无咎，固有之也。

九四阳刚，是上卦乾亦即健的一部分，所以刚健。九四在下卦没有相应的爻，表示没有私交。这样刚健无私，就是无妄。九四固守无妄的正道，所以无咎。

《象传》说，这种固守正道的德行，是九四原来就有的。

这一爻，说明刚健无私就是不虚伪。

灵光一闪 无私，容易走上正道。

九五：无妄之疾，勿药有喜。

象曰：无妄之药，不可试也。

九五在上卦乾的中央，刚健中正，在尊位，又与下卦中正的六二相应，在无妄卦中，是最好的一爻。具备这样的德行，不会虚伪，正像健康的身体，不会生病，不必服药，而且会有喜庆之事。否则，没有病服药，就成为虚伪，成为妄。

《象传》说，无妄不需要造作，正如无病不可以服药一样。

这一爻，说明不造作就是不虚伪。

灵光一闪 不造作，喜。

上九：无妄，行有眚，无攸利。
象曰：无妄之行，穷之灾也。

上九绝不是虚伪的妄，然而，上九位于无妄卦的极点，却遭遇穷困，不可向前。如果逞强，就会成为妄，就会有害无利。

《象传》所说的"穷"，是"穷途末路"的意思。

这一爻，说明不逞强就是不虚伪。

灵光一闪 抱着金砖无路可走，也是"穷途末路"。

无妄卦，阐释不虚伪的道理。

当一切都恢复正常时，就会回到真实、不虚伪的无妄时期。不虚伪，是天理、人道必然应当如此。不虚伪，当然有利。然而，不虚伪不能保证一定有善报，也可能有恶报。立身处世，必须刚正无私，不造作，不逞强，不存非分的期望，不计较得失，当为则为，尽其在我，这样才能够心安理得。人的一生，说到底，是活一个心安理得。

应爻参考：

初九：德配位，并主动前往，可得志。

六二：享受过程才是无妄。

六三：老实，有时会吃老实的亏。

九四：无私，容易走上正道。

九五：不造作，喜。

上九：抱着金砖无路可走，也是"穷途末路"。

大畜 ䷙

> 大阻止、大蓄积。
> 这一卦告诉我们：不断积蓄，就成大畜。

大畜，利贞，不家食吉，利涉大川。

大畜卦与无妄卦是综卦，卦形上下相反。不虚伪必然积善，积善必然不虚伪，它们相互为用。

《序卦传》说："有无妄然后可畜，故受之以大畜。"

"畜"，有"蓄积"与"停止"两种意义。

内卦乾是纯阳的卦；外卦艮阴多阳少，但也是阳卦。阳是大，所以说"大畜"。而且，乾是健，艮是止，刚健前进的乾卦，被艮卦阻止。所阻止的对象大，用于阻止的力量也大。因为成为大的阻止，所以，称作"大畜"。

另外，内外卦都具备阳刚的德行，道德蓄积得也多，这也是"大畜"的意思。

由卦变来看，大畜卦是由需卦的上六与九五交换而成的。亦即，大畜卦的六五本来在"上"位，但礼贤下士，将贤者抬举到自己的上方。如果不是坚守正道，就难以这样做，所以说"利贞"。

"不家食"，是说不在家里吃自己耕种的粮食，而去朝廷做官吏接受俸禄。六五是招贤纳士的明君，所以，到朝廷中去任官吉祥。亦即，这正是大有所为的时期。

六五又与内卦的九二相应，内卦乾是天，因而，六五应天行道，任何艰险都能克服，所以，用"利涉大川"，即有利于冒险涉过大河来比喻。

彖曰：大畜，刚健笃实辉光，日新其德，刚上而尚贤。能止健，大正也。不家食吉，养贤也。利涉大川，应乎天也。

这一卦，下卦乾刚健，上卦艮停止，即在应当停止的时刻停止，所以

第二章 《周易》上下经

笃实。

由于具备刚健笃实的美德，所以有光辉，而且又日新其德，故"大畜"。需卦阳刚的九五上升到"上"位，成为大畜卦，象征大畜卦的六五尊重贤者。又，外卦艮是止，内卦乾是健，能够使刚健停止，就需要有坚持至大的正理的定力，所以说"利贞"。

不坐食在家中，吉祥，因为六五的君王崇尚贤能。有利于冒险涉过大河，因为六五与下卦的九二相应，下卦乾是天，顺应天理，当然可以克服艰险。

象曰：天在山中，大畜。君子以多识前言往行，以畜其德。

下卦乾是天，包藏在上卦艮的山中，所以，象征大有蓄积。君子应当效法这一精神，扩大自己的知识领域，多体认前贤的言论与行为，使自己的道德学问，大有蓄积。

要停止的时候就停止，这是智慧。

初九：有厉利已。
象曰：有厉利已，不犯灾也。

"已"，"止"的意思。

内卦乾是健，三个阳爻，都勇往直前，但被外卦艮阻止。相对地，内卦的三个阳爻，是被阻止者，外卦的三个爻，是阻止者。又，初九与六四相应，亦即，初九被六四阻止，以致前进有危险，停止才会有利。

《象传》说，不要去冒险。

这一爻，说明要蓄积力量，凡事适可而止。

灵光一闪 知己知彼很重要。

九二：舆说輹。
象曰：舆说輹，中无尤也。

"輹"是捆缚车身与车轴的革绳。"说"，与"脱"音义相同。

九二被相应的六五阻止，但九二在内卦得中，不偏激，能见机行事，自动停止不前，就像脱去革绳，轴与车分离，车不能前进。

《象传》说，因为九二得中，能够及时停止，所以不会有怨尤。

这一爻，说明蓄积时应当机警，在应当停止时即断然停止。

灵光一闪 停止，从表面上看是坏事，其实有时是好事。

九三：良马逐，利艰贞。日闲舆卫，利有攸往。
象曰：利有攸往，上合志也。

"舆"与"卫"，依《左传·昭公七年》所说，是区分为十级的身份中最低级的，"舆"是车夫，"卫"是卫士。

九三阳刚，在下卦乾亦即健的极点，在上卦应当与九三相应的上九也阳刚，而且上九在艮卦亦即止的极点，象征极端被阻塞、难以通行。

然而，九三与上九都是阳爻，都不会停止，都向前急进，就像上九在急进，九三骑着良马，在追逐上九。可是，九三过于刚健，过分冒进，就有陷入危险的可能，所以，九三必须能够警觉到艰险，坚守正道，这样才会有利。这就像在追逐敌人之前，要先训练驾车的车夫和护卫的战士，并且使自己的车确实坚固耐用，再前往追逐，才会有利一样。

《象传》说，九三与上九都阳刚积极，不停地前进，意志相同，所以，上九没有全力阻止九三。

这一爻，说明在蓄积期间，前进必须谨慎，应有可以随时停止的万全的准备。

灵光一闪 前进，要明白前进所具备的要素。

六四：童牛之牿，元吉。
象曰：六四元吉，有喜也。

"童牛"，还没有长角的小牛。"牿"，装在牛角上的横木，以防牛触伤人。

六四要阻止初九，初九在最下位，力量弱，正像短角的小牛，又装有防止触伤人的横木，所以六四毫不费力，就将初九阻止住了。

暗示：在恶行形成气势之前，能很容易地将其阻止住。

《礼记·学记》中说：还没有发生，就要预先禁止。因为能防恶于未然，所以大吉。

《象传》说，六四有喜庆的事，即能轻松地防患于未然。

这一爻，说明最有效的阻止，是止于未然。

灵光一闪 阻止在萌芽状态中，吉。

六五：豮豕之牙，吉。

象曰：六五之吉，有庆也。

"豮豕"，去势的猪。

六五要阻止九二，但九二力量比初九强，所以用猪的牙比喻。这时六五已经不容易阻止九二了。然而，六五柔顺中庸，在尊位，对有利牙的猪，并不正面阻止，而是找机会将猪去势，使其性情变得温柔，这样，猪就是有利牙也不可怕了。亦即，只有用釜底抽薪的办法，才能根本解决问题。在政治运用上也是如此。不过，这一爻只说吉，而不说大吉，因为等恶行已经形成，再去正本清源，毕竟不及防患于未然。

《象传》说，六五的吉，是因为"有庆"，暗示六五处于尊位。

这一爻，说明有效的阻止应当是正本清源。

灵光一闪 去势、降温，是阻止的有效方式。

上九：何天之衢，亨。

象曰：何天之衢，道大行也。

"何"，同"荷"。"衢"，通往四方的路，即十字路。

上九已经到了阻止的极点，不能再阻止刚健的下卦，不如让其自由通过，就像浮在空中，负荷着苍天，使其畅通无阻。

《象传》说，能像在天空一般畅通，使人各尽所能，各取所需，用这种方法，必然可以大行于天下。

这一爻，说明最有效的阻止是不阻止，反而去疏通。

灵光一闪 最高形式的阻止是不阻止。道路如高天，智士如流云。

大畜卦，阐释大的蓄积必须有大的阻止的原则。

进入真实无妄的境界，必然蓄积庞大的力量，蓬勃发展，形成大好形势，可以大有所为。但物极必反，既富且强，往往知进而不知退，容易过度自信、轻举妄动，造成不可收拾的严重损害。因而，要在应当停止时断然停止，必要时还应加以阻止。然而，要在突飞猛进中加以阻止，必然有相当大的危险，必须坚持正当，有万全的准备。有效的阻止方法是防止于未然，正本清源，釜底抽薪。而最有效的阻止方法则是止而不止，反而去疏导使其畅通。

应爻参考：

初九：知己知彼很重要。

九二：停止，从表面上看是坏事，其实有时是好事。

九三：前进，要明白前进所具备的要素。

六四：阻止在萌芽状态中，吉。

六五：去势、降温，是阻止的有效方式。

上九：最高形式的阻止是不阻止。道路如高天，智士如流云。

颐 ䷚

> 养、口。
> 这一卦告诉我们：救济天下，要有冒险的胆量和万全的策略。

颐，贞吉。观颐，自求口实。

应该清楚自己是怎样养活自己的。从一个人养活自己的手段可以去看一个人的能力。

《序卦传》说："物蓄然后可养，故受之以颐。颐者养也。"

颐卦的形状像张开的口，上下牙齿相对，食物由口进入体内，供给营养，所以，"颐"有"养"的含义。将这一卦上下分开来看，上卦艮是止，下卦震是动。吃东西时，大多上颚不动，下颚在动，所以，"颐"也有"口"的含义。

这一卦的卦辞是倒装句。观察一个人平生养育的是什么，以及他自己填满口腹养活自己的作为如何，就可以了解，必须正当，才能吉祥。

彖曰：颐贞吉，养正则吉也。观颐，观其所养也；自求口实，观其自养也。天地养万物，圣人养贤，以及万民；颐之时大矣哉！

颐卦，正当才会吉祥，是说养人养己都必须正当才能吉祥。"观颐"，是指观察他养育的是什么人。"自求口实"，是说观察他如何养活自己。天地养育万物，圣人养育贤能，并扩大普及到万民。由此可见，养育因时制宜的道理太伟大了！

象曰：山下有雷，颐。君子以慎言语，节饮食。

这一卦，上卦艮是山，下卦震是雷。春雷在山下震动时，山上的草木萌芽生长，所以，"颐"象征养育。君子应当效法这一精神，谨慎言语以修养德行，节制饮食以营养身体。

初九：舍尔灵龟，观我朵颐，凶。
象曰：观我朵颐，亦不足贵也。

"尔"，指初九。"龟"，在古代用来占卜。龟能多日不吃不喝，所以称"灵龟"。"我"，指六四。"朵"，原意是树枝下垂。"朵颐"是下颚下垂，张口想吃东西的形象。

初九阳刚，在最下位，是社会下阶层刚毅的人。但初九与六四的小人相应，以致产生贪欲，蠢蠢欲动，将自己如同灵龟般的智慧舍弃，呆呆地张着口，观望他人手中的食物。

《象传》说，只羡慕他人的富贵而不知道运用自己的智慧并不足以富贵，所以凶险。

这一爻，说明临渊羡鱼，不如退而结网。

灵光一闪 跟随不正当的上司，自己要守住本分。

六二：颠颐，拂经，于丘颐，征凶。
象曰：六二征凶，行失类也。

"拂"，违。"经"，常。"拂经"，违反常理。"丘"，高地，指"上"位。

六二阴柔，象征女人不能单独生活，必须依附男人。于是，六二求养于初九。然而，六二寻求在下方的初九供养违背常理，因而，又想寻求上九供养。但上九的地位太高，而且与六二不相应，没有供养的义务，以至于六二前往有凶险。

《象传》说，初九、上九都不与六二相应，并非同类，所以，前往也不会有结果。

这一爻，说明求养必须依循常理，不可违背原则。

灵光一闪 供养，不能俯赖于下面的人。

六三：拂颐，贞凶，十年勿用，无攸利。
象曰：十年勿用，道大悖也。

六三阴柔，不中不正，而且在下卦震亦即动的最高位置，象征不正当的行动已经到达极点，为达到目的，不惜采用任何手段，违反了养的道理。由于养的手段不正当，所以养的目的即或正当也会有凶险，以致在十年的漫长时间里，得不到供养，没有任何利益。

《象传》说，十年得不到供养是因为完全违背了道理。

这一爻，说明求养必须采取正当的手段。

灵光一闪 如果养的手段不正当，即或养的目的正当，也会有凶险。

六四：颠颐吉，虎视眈眈，其欲逐逐，无咎。
象曰：颠颐之吉，上施光也。

"眈眈"，虎往下注视。"逐逐"，贪得无厌。

六四阴柔，虽然在上卦处于养人的地位，却连自己都不能养，只好颠倒向下求养于初九。不过，六四与六二不同，六四与初九都得正，而且相应，以柔顺正当的六四就养于刚正的初九，反而理所当然，所以是吉祥的。

然而，柔弱的在上者求养于刚强的在下者，就有被在下者轻视要挟的可能。因此，必须像虎眈眈而视，威而不猛，而且，要求必须愈来愈严格，才能确保无咎。

《象传》说，六四反过来向初九求养，是为了施予广大的民众，为养天下而委屈自己，当然无咎。

这一爻，说明求养只要光明正大，不妨取之于民，用之于民。

灵光一闪 在上者求养于在下者，要严格，不过分，才能确保无咎。

六五：拂经，居贞吉，不可涉大川。
象曰：居贞之吉，顺以从上也。

六五阴柔不正，虽然在君位，却不能养天下，只好求助于阳刚的上九。六五这样做，违反常理。不过，这是为了要养天下而采取的不得已的措施，动机纯正，只要坚持正道，就会吉祥。

《象传》说，柔顺地依从上九，信任对方，坐待成功，就会吉祥。由于自己没有力量，不可以冒险行动。

这一爻，说明求养只要动机纯正，就可以权宜行事。

灵光一闪 取之于民，用之于民，无咎。

上九： 由颐，厉吉，利涉大川。
象曰： 由颐厉吉，大有庆也。

在君位的六五依赖上九以养民，所以说，万民是由上九所养。不过，上九是没有地位的位置，由于君主的信任，地位竟然凌驾于君主之上，就不能不戒慎恐惧，才会吉祥。然而，上九刚毅，又在最上位，能够排除一切困难，毫无忌惮地救济万民。

《象传》说，这是因为君主信任贤能的人，所以大有吉庆。

这一爻，说明供养是善行，值得冒险。

灵光一闪 如果行善天下，即使位置不正，也会大有吉庆。

颐卦，阐释养的原则。

当物资蓄积富足之后，就可以养育天下了。养育应靠自己，不可依赖他人。不可只羡慕他人，而应当运用智慧，使天下得到供养。养育必须依循常理，采取正当的手段，不可违背原则。然而，当不得已时，只要光明正大，不妨取之于民，用之于民。但应威而不猛，公正严格。只要动机纯正，就可以权宜行事。总之，供养是正当的行为，在任何艰险的情况下，都值得全力以赴。但是怎样供养自己、供养别人、供养天下，太重要了！手段要正当，动机要正当。

应爻参考：

初九：跟随不正当的上司，自己要守住本分。

六二：供养，不能俯赖于下面的人。

六三：如果养的手段不正当，即或养的目的正当，也会有凶险。

六四：在上者求养于在下者，要严格，不过分，才能确保无咎。

六五：取之于民，用之于民，无咎。

上九：如果行善天下，即使位置不正，也会大有吉庆。

大过 ䷛

> 大的过度、非常行动。
>
> 这一卦告诉我们：要经过一段非常时期。情况不好但中坚还在，就应有魄力进行大跨越。

大过，栋桡，利有攸往，亨。

"栋"，屋梁上的脊木。"桡"，弯曲。

大过卦与颐卦是错卦，阴阳爻完全相反。非常行动，需要非常给养，所以，养与过交互为用。

《序卦传》说："不养则不可动，故受之以大过。"亦即，供养过度，也不会有妨害。

阳大阴小，由卦形来看，这一卦有四个阳爻，阳过度旺盛，是大得过度，所以，称作"大过"。

将这一卦形当作一根木材来看，它中间坚实，两端软弱。把这种木材作为栋梁，它不能承受屋顶的重压，以致中央向下弯曲。这一卦用来象征人的地位高，却不胜重任；也有"内刚外柔"的意思。

这一卦，阳爻过度旺盛，但其中的九二、九五在内外卦都得中。内卦巽是顺，外卦兑是悦，因而，中庸、顺从、使人喜悦，能够得到帮助，所以前进有利，而且亨通。不过，必须具备以上所说的德行，否则，房屋就会倒塌了。

彖曰：大过，大者过也。栋桡，本末弱也。刚过而中，巽而说行，利有攸往，乃亨。大过之时大矣哉！

"大过"，是说阳是"大"，"大"有"过度"的意思。栋梁弯曲，是因为木材的根本与末端软弱，不胜负荷。

这一卦，阳刚过度，但其中九二、九五都得中，上卦是顺，下卦是悦，顺从而且和悦，所以前往有利，得以亨通。

栋梁弯曲所象征的并不一定都是恶劣的。凡事在不得不过度时，必然处于非常状况。例如，古代的尧帝将帝位让给平民舜，殷汤王、周武王的革命，都是极其过度的行为，但也都是不得不如此的非常手段。然而，置身于非常过度的时刻，必须有非常过度的才能，才能担当非常过度的重任。所以说，大过卦所象征的因时制宜的意义，太伟大了。

象曰：泽灭木，大过。君子以独立不惧，遯世无闷。

"灭"，"没"的意思。

这一卦，上卦兑是泽，下卦巽是木。水应当浮木，却将木淹没，所以它是"大过"不寻常的象征。君子应当效法这一精神，行一般人所不能行的非常过度的行为，不顾世人的非难，特立独行，而无所畏惧，即或不得已而埋名遁世，也不会烦恼。

初六：藉用白茅，无咎。
象曰：藉用白茅，柔在下也。

古时席地而坐，不用桌子凳子。祭祀时在地上铺上清洁的白色茅草，再将盛放供品的容器直接放在草上，表示恭敬，所以无咎。

《象传》说，初六阴柔，又在下卦巽亦即顺的最下方，所以，极端柔顺。虽然在盛大过度的时刻，仍然戒慎恐惧，就像在祭祀时，于祭器下再铺上柔软的白茅般郑重。

这一爻，说明在非常时期行动应当非常慎重。

灵光一闪 盛大过度的时刻，须戒慎恐惧。

九二：枯杨生稊，老夫得其女妻，无不利。
象曰：老夫女妻，过以相与也。

"稊"，老根长出新芽。"女妻"，少女般（指年轻）的妻子。

九二是这一卦四个阳爻中最下方的一个，正当阳刚盛大过度的开始。九二在上卦无应，与下面的初六接近，阴阳相吸，有亲近的可能。但九二是盛大过度的阳，与初六结合，就像已经枯了的杨柳，由下方的阴性得到生气，重新长出新芽。老人讨得年轻的妻子可以生子，所以，没有不利。

第二章　《周易》上下经

《象传》说，这是过度的"相与"，亦即过度有缘分的结合。意思是说，不可过度刚强，应当刚柔相济。也有"不可单独行动，应当寻求适当的伙伴才会有利"的含意。

这一爻，说明非常时期，不能拘泥于常规，应当集结力量，采取非常手段。

灵光一闪 非常时期，团结一切可以团结的人。

九三：栋桡，凶。
象曰：栋桡之凶，不可以有辅也。

"栋"，房顶中央的梁。三爻、四爻在卦的中央，所以用"栋"比喻。

九三刚爻刚位，过度刚强，就像栋梁下弯，不久就有倒塌的危险。虽然九三与上六相应，但由于九三刚强，过度自信，所以结果凶险。

《象传》说，上六虽然有心辅助，却也帮不上忙，因而凶险。

这一爻，说明非常行动，必然危机四伏，不可过度自信，导致失去一切助力。

灵光一闪 非常时期，失去辅助会凶险。

九四：栋隆，吉；有它吝。
象曰：栋隆之吉，不桡乎下也。

九四阳刚，但在阴位。虽然大过卦阳刚盛大过度，但九四却刚柔兼备，就像栋梁高高隆起，能负担重荷，所以吉祥。不过，九四与初六相应，阴柔的初六前来辅助时，就会使本来刚柔均衡的九四变得过于柔和，以致因他人的牵连而蒙受羞辱。

《象传》说，木向下弯曲，所以吉祥，这是指"不要被下卦的初六牵连"的意思。

这一爻，说明在非常时期行动时固然需要一切助力，但不可被邪恶牵累。

灵光一闪 事急不能马行田。

173

九五：枯杨生华，老妇得其士夫，无咎无誉。
象曰：枯杨生华，何可久也。老妇士夫，亦可丑也。

"士"，与九二的"老"相对，指年轻的丈夫。"丑"，"愧"的意思。

九五在一连四个阳爻的最上方，位于阳刚盛大过度的极点，在下卦又无应，以至于与上方的阴爻亲近。但上六是这一卦的终极，已经衰老，过度阳刚的九五与已经衰老的上六结合，就像枯萎的杨树开花，老妇嫁给壮男，即或无咎，也不光荣。

《象传》说，枯萎的杨树开花，哪里能够长久。老妻少夫，也不光荣。

这一爻，说明非常行动，手段仍应该正当。

> **灵光一闪** 迫不得已的结合，不赞誉。

上六：过涉灭顶，凶，无咎。
象曰：过涉之凶，不可咎也。

上六已经是这一卦的终极，又是阴爻，软弱无力，却又极度过分地要积极有所作为，由于缺少自知之明，当然凶险，就像渡河不知深浅，盲目涉过，以致灭顶。不过，结果虽然凶险，但杀身成仁，依然是壮举，就难以责怪了。

《象传》说，"不可咎"，是说无可指责，上六位正、行正。

这一爻，说明非常行动，往往是明知不可为而不得不为之。遭到灭顶之灾，这也是无奈的。

> **灵光一闪** 正常的正义的不可为而为之，不可咎。

大过卦，阐释非常行动的原则。

当大有蓄积，能够培养实力，到达壮大的时刻，就可以采取非常行动以实现理想了。但非常行动，必然危险。因而，应当非常慎重，刚柔相济，使人乐于顺从，这样才能得到一切助力。不可拘泥于常理，应当采取非常手段，但也不可过度自信。应集结一切力量，但也不可包容邪恶，以免被其牵累。虽然是非常行动，但手段仍应该正当，这样才能赢得荣誉。不过，非常行动，往往是明知不可为而不得不为之，即使失败了，也无可奈何。

第二章 《周易》上下经

应爻参考：

初六：盛大过度的时刻，须戒慎恐惧。

九二：非常时期，团结一切可以团结的人。

九三：非常时期，失去辅助会凶险。

九四：事急不能马行田。

九五：迫不得已的结合，不赞誉。

上六：正常的正义的不可为而为之，不可咎。

坎 ䷜

> 陷阱、重重艰难。
>
> 这一卦告诉我们：垫底的是你，从上面过的也是你。当你把坑垫满，你就从上面过了！最佳方法：学流水。

习坎，有孚，维心亨，行有尚。

《序卦传》说："物不可以终过，故受之以坎。坎者陷也。"

"习"，鸟重复地学习飞行，有"重"的含义。"坎"，陷阱。"习坎"，"重重险难"的意思。

这一卦，上下卦都是坎卦，一阳陷在二阴中，而且两个重叠，象征险难重重。

卦辞通常都直接说出卦名，但这一卦加了一个"习"字，因为除了乾、坤两卦外，在上下卦相同的纯卦中，这是最先出现的一卦，所以特别写明，它是上下重复的卦，以引起注意。

坎卦上下是阴爻，中间是阳爻，阴虚阳实，象征心中实在，所以说诚信。亦即，因诚信而能豁然贯通。这一卦，虽然是险难重重的形象，但是，也唯有在重重险难中，方能显示出人性的光辉。这种超越重重险难，意志坚定而不退缩的刚毅行为，是崇高的。

《孟子·尽心上》中说"人的德行、智能、学术、知识，经常存在于患难中"，正是这个意思。

彖曰：习坎，重险也。水流而不盈，行险而不失其信。维心亨，乃以刚中也。行有尚，往有功也。天险不可升也，地险山川丘陵也，王公设险以守其国，险之时用大矣哉。

坎卦的形象，与古字的"水"相似，所以说，当水流时，前面有凹陷，必定先流满，然后才溢出。《孟子·尽心上》说：流水的性质，不流满坑穴，不会再往前流。水就是这样的，不论前方有多少障阻，它绝不违背这一本性，坚定地信守。所以，卦辞说"有孚"，以启示无论经过多少险难，都不可以丧失诚信。"维心亨"，是说九二、九五都阳刚得中，具备刚毅中庸的德行，不论前面有什么险难，心中都能够豁然贯通。"行有尚"，是说九二与九五以刚中的德行前进，必然会成功。天高得不能升上去，地是以山河丘陵为险阻，王公效法天地，人为地设置险阻，以巩固国防。由此可见，险难因时制宜的效用太伟大了！

象曰：水洊至，习坎。君子以常德行，习教事。

"洊至"，一再地到来。

坎卦代表水，并且由两个"水"重叠而成，所以说，水一再到来，不分昼夜，滚滚而流。君子应当效法这一精神，片刻不停顿，不断地进修自己的德行学业，熟习教化他人的方法，以做到《孟子·尽心上》中所说的"穷则独善其身，达则兼济天下"。

初六：习坎，入于坎窞，凶。
象曰：习坎入坎，失道凶也。

"窞"，陷中的陷。

初六柔弱，在坎卦重重险难的最下方，是陷入陷中的陷，亦即陷的最底层，无法脱身，所以凶险。

《象传》说，到这种地步，已经失去脱险的方法，凶险到了极点。

这一爻，告诫不可深陷于险中，以致不能自拔。

灵光一闪 要抗争，不能跌入最底层。

九二：坎有险，求小得。
象曰：求小得，未出中也。

九二也在险难中，前方又有险阻，不过，九二阳刚得中，虽然不能完全克服险难，但所求不大时，仍然可以达到目的。

《象传》说，这是还在危险中，没有脱离危险的缘故。

这一爻，告诫在险难中，不可操之过急，应逐步设法脱险。

灵光一闪 在险难中不可异想天开，应实事求是地想办法。

六三：来之坎坎，险且枕，入于坎窞，勿用。
象曰：来之坎坎，终无功也。

"坎坎"，前临的是险，后倚的有险。

六三阴柔，不正不中，而且夹在上下两个坎卦的中间，进退皆险。处境既险，而倚赖奸险之人，就是入于险地，已经陷入危险的深处，任何行动都不会有用。

《象传》说，深陷险中，最终不会成功。

这一爻，告诫在重重险难中不可妄动，应先求自保以待变。

灵光一闪 深陷泥沼，不要动，尤其不要妄动。

六四：樽酒簋贰，用缶，纳约自牖，终无咎。
象曰：樽酒簋贰，刚柔际也。

"樽"，酒器。"簋"，装谷物的竹盘。"缶"，没有纹饰的朴素的瓦器。"贰"，即二。"约"，俭约。"际"，两墙相合的界线，含有"相合相亲"的意思。

这一爻辞最难解，甚至句读都困难。

六四接近尊位的九五，本来君臣之间的分际非常严格，但在险难时刻，刚强的君与柔顺的臣，就不能不省去一切繁文缛节，而以诚意代替了，就像一樽酒、一盘饭，再用朴素的瓦器陪衬，不经由正门，由窗户将简单的食物送给君王。正门是正当出入的场所，窗户使光明进入，亦即，不经由正规的程序，以见微知著的方法启发君王的明智，这样，才能度过险难，最终没有灾祸。

《象传》说，这是刚与柔能够坦诚地来往，合作无间的缘故。

这一爻，说明在险难中，应不拘泥于常规。

灵光一闪 在艰难中，能脱险的办法就是好办法。

九五：坎不盈，祇既平，无咎。
象曰：坎不盈，中未大也。

"祇"，敬慎。

这一爻辞也不易解。

九五在上卦坎的中央，水还在流入，没有满出，还不能脱险。但九五阳刚中正，而且在尊位，无论德行与地位，都是以拯救天下的艰难为己任。而且，九五已在接近坎卦结束的位置，相当于流入坎中的水已到达平面，不久即可溢出，亦即不久即可脱险，所以无咎。

《象传》说，九五虽然得中，但还不够大。

这一爻，说明虽然有希望脱险，但也应把握最有利的时机。

灵光一闪 有希望脱险不等于可以脱险，需要精准地把握时机。

上六：系用徽纆，寘于丛棘，三岁不得，凶。
象曰：上六失道，凶三岁也。

"系"，缚。"徽"，三股拧成的绳。"纆"，两股拧成的绳。"寘"，与"置"相同。

上六阴柔，在坎卦的终极，就像用绳索重重束缚，放置在荆棘丛中，三年都不能走出，所以凶险。

《象传》说，这是上六违背了道理。

这一爻告诫，在险难中轻举妄动，愈陷愈深，就无法自拔了。

灵光一闪 在险难中，稍有不慎，就前功尽弃。

坎卦，阐释突破艰险的原则。

物极必反，如果盛大过度，就会面临险难。但在险难中也发扬人性的光辉，坚定刚毅地突破重重险难，这就是诚信的最高表现，最崇高的行为。首先应当明察，不可陷入险难，至少不深陷。既已陷入，就不可操之过急，期望过高，应步步为营，逐渐脱险。陷入已深，更不可轻举妄动，应先求自保以待变。在险难中，不可拘泥于常理，应当运用智慧，以求突破。即或已有希望脱险，也应当谨慎，把握最有利的时机。如果轻举妄动，就会愈陷愈深，终致无法自拔。

应爻参考：

初六：要抗争，不能跌入最底层。

九二：在险难中不可异想天开，应实事求是地想办法。

六三：深陷泥沼，不要动，尤其不要妄动。

六四：在艰难中，能脱险的办法就是好办法。

九五：有希望脱险不等于可以脱险，需要精准地把握时机。

上六：在险难中，稍有不慎，就前功尽弃。

离 ☲

> 附着、上升的太阳。
> 这一卦告诉我们：天地间的物体，必得附着在某种物体上，才得以存在。离是附着的意思。再好的附着，其本质也是分离的。

离，利贞亨。畜牝牛，吉。

离，离下离上，离卦也是纯卦。同时，它与坎卦是阴阳爻完全相反的错卦。遇险必须攀附，攀附才能脱险，离坎交互为用。

《序卦传》说："陷必有所丽，故受之以离。离者丽也。"

离是"丽"，"附着"的意思，这与"离"字通常的意义似乎相反。但附着的两物，必然是分离的，所以它也有"附、偶、合"的意思。

离卦，是中间的一个阴爻附着于两个阳爻的形象，因而命名为"离"。

离卦又象征火。火的内部空虚，外表光明，正相当于中间阴虚、外方阳实的卦形。而且火又必定附着在燃烧的物体上，离卦又代表太阳，有"明"的意思。这些都是由火引申而来的。天地间的物体，必得附着在某种物体上，才得以存在，但附着的对象，必须正当。人依附的对象，如夫妻、朋友、工作、理想等，也无不如此。所以说，坚守正当才有利，才能亨通。母牛是非常温顺的动物，比喻柔顺的德行。亦即，附着必须坚守正道，才能有利，亨通；必须具备柔顺的德行，才能吉祥。

有人附着了权贵，不守正道，最终成为被人唾骂的小人。

彖曰：离，丽也；日月丽乎天，百谷草木丽乎土，重明以丽乎正，乃化成天下。柔丽乎中正，故亨。是以畜牝牛吉也。

"丽"指并排的两头鹿，有"相互依附"的含意；"丽"又与"离"同音，所以离与丽，是"附着"的意思。日月附着在天上，各种谷物草木附着于土，万物都有附着的对象，但必须正当。这一卦，是两个离卦重叠。离卦代表光明。所以，这一卦代表双重的光明。六二得正，又上下光明，是光明又附着于正当的形象，所以，能够教化天下，达成移风易俗的目的。六二与六五又都以柔爻附着在中位，六二在正位，柔顺中正，因而亨通，就像畜养柔顺的牝牛一般吉祥。

象曰：明两作，离。大人以继明照于四方。

这一卦，由两个代表光明的离卦组成，象征无限光明。伟大的人物应当效法这一精神，以连续不断的光明，照耀四方。

初九：履错然，敬之无咎。
象曰：履错之敬，以辟咎也。

"履错然"，足迹错杂状。"辟"，与"避"同。

初九阳刚积极，在离卦的开始，象征聪明又急于上进。然而，在开始的时刻，方向未定，横冲直撞，脚步错乱，就有陷入危险的可能。

《象传》说，必须谨慎，不妄动，才能避免灾难。

这一爻，说明依附应先认清对象。

灵光一闪 依附得选对象，近朱者赤，近墨者黑。

六二：黄离，元吉。
象曰：黄离元吉，得中道也。

"黄"是土色的。土在五行的中央，所以是中色。

六二在内卦的中位，因而附着于中色。六二阴爻阴位得正，具备中正的德行，当然大吉。这与坤卦六五的"黄裳元吉"意思相似。

《象传》说，行为中正才吉祥，

这一爻，说明依附应本着中正的原则。

灵光一闪 跟着大人成君子。

九三：日昃之离，不鼓缶而歌，则大耋之嗟，凶。
象曰：日昃之离，何可久也。

"昃"，指日西倾。离，"明"的意思。"耋"，七八十岁的老人。

九三阳爻阳位正当，在上下两个明的中间，前一个太阳已夕阳西垂，后一个太阳正旭日东升，升沉生死，本是自然的常理。所以，人当风烛残年，就应当敲着酒坛高歌，欢度余年，乐天知命。否则，就是自怨自艾，徒然悲伤了，这样当然凶险。

《象传》说，夕阳西垂，其光明不可能长久。

这一爻，说明生死是自然的常理，应当乐天知命。

灵光一闪 前一个太阳西垂，后一个太阳东升，升沉生死乃常理。

九四：突如其来如，焚如，死如，弃如。
象曰：突如其来如，无所容也。

"如"，与"然"同。

九四正在上下两个离亦即太阳的连接处，处于前面的太阳已经西沉，后面的太阳正在升起的微妙时刻。九四阳刚，可以说，它是后一个太阳的主体，因而，它强烈地压迫着阴柔的六五，使六五有突如其来的感受，象征前一位明君崩逝，由后一位明君继承，正是有权势的奸臣威胁君位的时刻。像这样的奸雄，必然会被焚，被杀，被唾弃，死无容身之地。

《象传》说，奸雄无处可容。

这一爻，说明依附不可乘人之危、采取胁迫的手段。

灵光一闪 乘人之危将自取灭亡。

六五：出涕沱若，戚嗟若，吉。
象曰：六五之吉，离王公也。

"沱若"，即滂沱，流泪。

六五柔弱不正，在君位，被上下的阳刚逼迫，以致流泪，悲伤，叹息。幸而六五在外卦得中，以柔而中的性格，虽然处境危险，日夜忧惧，但也正因为如此，时刻警觉，反而能化险为夷，所以吉祥。

《象传》说，六五之所以吉祥，是因为附着在王公的尊贵地位，奸险的小人难免有所顾忌。

这一爻，说明依附应当警惕运用柔而中的原则。

灵光一闪 坚守中正的原则，可反败为胜。

上九：王用出征，有嘉折首，获匪其丑，无咎。
象曰：王用出征，以正邦也。

"丑"是"类"的意思。

上九已是这一卦光明的极点，位置高，能够明察到全国的每一角落，而且阳刚果断，所以，可以用兵诛杀恶人。不过，不是滥杀，杀的只是首脑，而捕捉到的同党附从，则不深究，所以无咎。

《象传》说，这是整饬国家的必要手段，所以不会受到责备。

这一爻，说明邪恶应当断然地铲除，但只杀首恶，不究附从。

灵光一闪 首恶必诛，附属从轻。兴邦治国讲宽严。

离卦，阐释依附的原则。

在险难中必然会攀附他人，找到依托才能安全。但寻求依附，首先应认清目标，必须谨慎选择。应把握中正的原则，不可投机取巧。应觉悟升沉生死是自然常理，乐天知命，这样才不会因得不到依附而苦恼。依附不可乘人之危，采取胁迫的手段，否则会招祸。依附强者，应柔顺中庸，时刻警觉，这样才能化险为夷。附着的目的在于团结起来，因而，对于破坏分子，应当断然地铲除掉。但也要宽大，只铲除首恶，附从者则不予深究。

应爻参考：

初九：依附得选对象，近朱者赤，近墨者黑。

六二：跟着大人成君子。

九三：前一个太阳西垂，后一个太阳东升，升沉生死乃常理。

九四：乘人之危将自取灭亡。

六五：坚守中正的原则，可反败为胜。

上九：首恶必诛，附属从轻。兴邦治国讲宽严。

《周易》下经

咸 ䷞

> 感应、夫妇之道。
>
> 这一卦告诉我们：无心之感，才是真实的有所感。你、我、他都一样，所以"咸"也有"皆"的意思。

咸，亨，利贞，取女吉。

《序卦传》说："有天地，然后有万物；有万物，然后有男女；有男女，然后有夫妇；有夫妇，然后有父子；有父子，然后有君臣；有君臣，然后有上下；有上下，然后礼仪有所错。"

《易经》上经，以创造宇宙万物的天地开始；下经，则从人伦发端的男女关系说起。

"咸"是"感"的意思，那为什么不直接说"感"？因为"感"字去掉"心"，成为"咸"，以象征无心的感应。无心的感应是异性间自然、必然的现象。"咸"又有"皆"的意思，因为万物皆有感应。因而这一卦以"皆"与"感"的含意，命名为"咸"。

这一卦，下卦艮是少男，上卦兑是少女，象征少男谦虚地追求少女。

又，艮是止，兑是悦，表示爱情不能三心二意，应当坚定不移地追求，以诚意使对方喜悦、感动。

男女相互感应，进而心生爱慕，这是自然、必然的现象，因而亨通。但动机必须纯正，婚姻才会吉祥。

彖曰：咸，感也。柔上而刚下，二气感应以相与，止而说，男下女。是以亨利贞。取女吉也。天地感而万物化生，圣人感人心而天下和平。观其所感，而天地万物之情可见矣！

《彖传》说，"咸"是"感"的意思。上卦兑阳多阴少，是阴卦，下卦艮阳少阴多，是阳卦，所以说，上柔而下刚。以卦的性格说，下卦艮是止，上卦兑是悦；以卦的象征说，下卦是少男，上卦是少女。这一卦的性格与象征，都有"阴阳相互感应而相爱"的意思，所以亨通，坚贞有利，娶妇吉祥。

素不相识的少年男女，能够相互感应，一见钟情，结为终身夫妇，这完全是自然、必然的现象。同样地，天与地相互感应，因而变化生成万物；圣人以至诚感应万民，因而使天下和平。观察这一感应的法则，就可以发现天地万物的真情了！

象曰：山上有泽，咸。君子以虚受人。

咸卦的形象，下卦艮是山，上卦兑是泽。上方泽中的水向下渗透，下方山上的土吸收水分而滋润，因而，相互感应而沟通。君子应当效法这一精神，像山一般，虚心接纳他人。虚心，丝毫不存成见，才能广泛地与他人感应沟通。

|故事| 东晋的高僧慧远说："《易》是以感应为主体的。"《世说新语》说《易经》中含有佛教的深意，指的就是这一卦。

老子的哲学，最重视一个"虚"字，认为在能够看到的"有"的世界的深处，还有一层更高的"无"的境界，"无"比"有"更重要。所以，应当虚心，不可嚣张。

初六：咸其拇。
象曰：咸其拇，志在外也。

这一卦的爻辞与《象传》都难以理解，各爻都是以人体感应的部位来比喻的。

"拇"，大脚趾。最初的感应，来自大脚趾。

初六在咸卦的最下方，象征人体最下方的大脚趾。初六与外卦的九四相应，想去追求。虽然大脚趾已有感应，但仍然微弱，不足以使全身移动，想前进还不能前进，因而吉凶未定。不过，这一卦所说的感应，大体上是指无心的、自然的感应，应当静待发展，不可采取主动措施。

《象传》说，感应到大脚趾，是因为有向外行动的意愿。

这一爻，说明感应已经开始，但还不到积极行动的程度。

灵光一闪 从心动到行动还有距离，需要等待。

六二：咸其腓，凶，居吉。
象曰：虽凶，居吉，顺不害也。

"腓"是腿肚。当人走动时，腿肚先动，脚才跟着动。

初六是大脚趾，在上方的六二就相当于腿肚。当感应在腿肚时，如果腿肚要动，脚就会跟着动，这样就是妄动，妄动就有危险。幸而六二阴柔得正，又在下卦的中位，中正，但缺乏主动的能力，不会妄动，所以才会安全。

《象传》说，顺从柔顺的本性，就不会有害。虽然六二与九五相应，但不可强求，应等待九五来求。

这一爻，说明虽然发生感应，但不可妄动，不可强求。

灵光一闪 心动以至于想行动了，但还是要等一等。

九三：咸其股，执其随，往吝。
象曰：咸其股，亦不处也。志在随人，所执下也。

九三在相当于腿肚的六二的上方，相当于大腿。大腿随着脚行动，也没有主动的能力。当下方的脚趾与腿肚要行动时，大腿也不能不动。不过，九三阳刚，有主见，又在内卦艮的顶点，性格是止，因而，能够静待发展而不妄动。如果跟随初六、六二阴柔的小人妄动，就会被羞辱。亦即，不可盲目跟随别人，应当有自己的主见，这样才不会蒙羞。

《象传》说，感应在大腿也不可妄动，应当静候。如果一心跟随别人，所执着的就未免过于低劣了。

这一爻，说明应有主见，不可盲从。

灵光一闪 好像可以行动了，这时还要等一等，要有自己的主见。

九四：贞吉悔亡，憧憧往来，朋从尔思。
象曰：贞吉悔亡，未感害也。憧憧往来，未光大也。

九四在九三的上方、九五的下方，一连三个阳爻的正中间，相当于心脏。心脏是人最敏感的部位。

这一爻，也是咸卦的主体。但爻辞中为什么没有说心脏？因为人心本来就不可捉摸。

九四阳爻阴位不正，因而，当心感应而有所反应时，就必须坚持纯正，这样才会吉祥，并无怨无悔。如果心神不定，走来走去，犹豫不决，就不能得到多数人的赞成，而只能得到少数几个朋友的迎合。

《象传》说，之所以坚持纯正吉祥，没有忧悔，是因为这样感应到的不会是私欲。之所以走来走去，心神不定，是因为心地不够光明正大。

孔子在《系辞传》中，又从这句话引申说：天下在想什么，虑什么？天下都回到同一地方，而走不同的路；目的一致，而思虑却有百种。天下在想什么，虑什么？太阳去了月亮来，月亮去了太阳来，日月相互推移，就产生光明。冬天去了夏天来，夏天去了冬天来，寒暑相互推移，就成为一年。过去的事情已经退缩，未来的事情正在伸长，缩与伸相互感应，就产生了利益。

也就是说，不可以存私心。只要除去私心，就可以与万物感应沟通。天地间无穷的往来，完全出自无心的感应。

这一爻，说明消除私心，心地正大光明，就不会有任何犹豫。

灵光一闪 想行动，但还犹豫。之所以犹豫，是因为没有想到正道，没有想到天下。

九五：咸其脢，无悔。
象曰：咸其脢，志末也。

"脢"是背脊肉。

九五在九四（心脏）的上方、上九（颚、颊、口）的下方，相当于背脊肉。背脊肉在心脏的后方，当手、脚、口等都遵照心的命令行动时，唯独背脊肉不加理会，而且又在背后，看不到外物，不会被引诱。所以，当感应在背脊肉时，反应最迟钝，甚至没有反应。持这种孤僻不被外物所动的态度，当然就不能与外在广大的世界感应沟通，但也不会与外界发生纠葛，所以不会后悔。

《象传》说，以这种对外物完全无动于衷的态度处世，虽然安全，但也不能感动他人，志向就太小了。

这一爻，说明孤僻就无法与外物感应、沟通。

灵光一闪 冷漠无感虽安全，但不行动就不值得赞扬。

上六：咸其辅、颊、舌。
象曰：咸其辅、颊、舌，滕口说也。

"辅"是"唇齿相辅"的"辅"，亦即颚。"滕"与"腾"的意思近似。腾是马奔腾，滕是水沸腾。

颚、颊、舌在人体的最上部，又在上卦兑中，依《说卦传》的解释，兑象征悦言、口舌，而颚、颊、舌，都是用来说话的。

上六已经是咸卦的终极，又是上卦兑的终了。以动人的言语取悦于人，使其感动，其实缺乏诚意，这是小人的行为。上六是阴爻，代表小人。上六频频用口舌去诱骗他人，这不是君子应有的态度。

《象传》说，这是在玩弄口舌。

这一爻，说明应当以至诚感应，不可玩弄口舌。

灵光一闪 甜言蜜语信口开河，这不是真感应。

咸卦，借男女关系阐释感应的法则。

男女自然地无心地相互感应，彼此爱慕，以谦虚的态度追求，以坚定的诚意感动，使对方喜悦接纳，建立感情，结为夫妇，这完全是自然、必然的结果。这一过程，适用于一切人际关系，而且天地间的一切交往，莫不由这一无心的感应而发端。感应是自然而然地产生的，不可鲁莽，不可妄动，不可强求，应听其自然，静待发展。应有主见，坚持原则，不可盲从。动机必须纯正，应当排除私心，不可心胸狭窄、怀有成见。心地光明正大，就能冷静判断，不会犹豫不决，否则就会把持不定，无以感动他人，也无法虚怀若谷，更无法接纳他人。如果孤僻冷漠，封闭自己，无法与广大外界沟通，不能建立和谐的人际关系，就不能有所作为。至于花言巧语、取悦诱骗，更是小人的作为。感应要顺其自然，不强求，但又要虚怀若谷，切忌花言巧语。

应爻参考：

初六：从心动到行动还有距离，需要等待。

六二：心动以至于想行动了，但还是要等一等。

九三：好像可以行动了，这时还要等一等，要有自己的主见。

九四：想行动，但还犹豫。之所以犹豫，是因为没有想到正道，没有想到天下。

九五：冷漠无感虽安全，但不行动就不值得赞扬。

上六：甜言蜜语信口开河，这不是真感应。

恒 ䷟

> 恒久、恒常。
>
> 这一卦告诉我们：要别人有感应，自己就要卑微。但要长久相与，自己就要尊威。彼此什么都合适，才能恒久。

恒，亨，无咎，利贞，利有攸往。

将咸卦倒过来就成为恒卦，它们彼此是综卦。感应是短暂的，恒久即长远，暂与久相互为用。

《序卦传》说："夫妇之道，不可以不久也，故受之以恒。恒者久也。""恒"是"恒常、永久"的意思。

下卦巽象征长女，上卦震象征长男。咸卦是男在女的下方，女尊男卑，象征男女、阴阳相互感应的道理。这一卦，女在男的下方，男尊女卑，象征夫妇的常理，所以，命名为"恒"。

占得这一卦，只要有恒，坚持自己的意志，就能够亨通。但动机必须纯正且持续，才能无往不利。

彖曰：恒，久也。刚上而柔下，雷风相与，巽而动，刚柔皆应，恒。恒亨无咎，利贞；久于其道也，天地之道，恒久而不已也。利有攸往，终则有始也。日月得天，而能久照，四时变化，而能久成，圣人久于其道，而天下化成；观其所恒，而天地万物之情可见矣！

"恒"是"久"的意思。上卦震是阳卦，下卦巽是阴卦，所以说，刚上而柔下。亦即，男尊女卑是夫妇的常理。又，上卦震是雷，下卦巽是风，雷与风相互助长，雷乘风而行，风因雷而强。另外，下卦巽是顺，上卦震是动，是顺从自然法则而行动。以上都是天地的常理。这一卦，"初"位与"四"位、"二"位与"五"位、"三"位与"上"位都刚柔相应，这也是常理，都象征恒久。

有恒必然有成，所以，亨通，不会有灾难。但必须以坚持纯正为前提才会有利。这是说，坚持的必须是正道，就像天地的道理，因纯正而恒久，而持续不已，所以无往不利，就像日月依循自然法则而能长久普照万物，世界依循自然法则而能永久变化，生成万物，圣人永久坚持正道而能教化天下，建立秩序。只要观察这一恒久的道理，就可以发现天地万物的真情了！

因纯正而恒久，持续不已，所以说无往不利。

象曰：雷风，恒。君子以立不易方。

上卦震是雷，下卦巽是风，雷与风经常不停地活动，相互助长，象征恒久。君子应当效法这一精神，日常行动虽然可以临机应变，但自立立人的大原则必须坚持，不能改变方正的准则。

初六：浚恒，贞凶。无攸利。
象曰：浚恒之凶，始求深也。

"浚"是"深"的意思。

初六与九四相应，阴阳相应是常理。下卦巽是入，所以，初六必定会深入地追求。但九四是上卦中唯一的阳爻，亦即上卦的主体，而且上卦震是动，所以，刚强的九四一心力争上游，不理会初六。何况初六在最下方，中间又有九二、九三两个阳爻阻挡，在这种情势下，虽然初六与九四相应，但如果不顾一切，强求深入，即或动机纯正，也有凶险，前进不会有利。也就是说，即使是正确的事情，也不能强迫他人接受。过度要求他人，就会有凶险。

《象传》说，这是因为初六在开始的位置，一开始就要深求，所以有凶险。

这一爻，说明即使是正确的事情，也不可强迫他人接受。

灵光一闪 即使你是正确的，人家不接受，你强迫他接受，也有凶险。

九二：悔亡。
象曰：九二悔亡，能久中也。

第二章 《周易》上下经

九二阳爻阴位不正，本来会后悔，但九二在下卦的中位，态度中庸，所以就不会后悔了。

《象传》说，这是能够坚持中庸原则的缘故。

这一爻，强调中庸原则的重要性。

灵光一闪 如果忍让，态度中庸，很多时候就不会后悔。

九三：不恒其德，或承之羞，贞吝。
象曰：不恒其德，无所容也。

九三阳爻阳位得正，但过于刚强，而且离开了中位，又与上六相应，以至于不满现状，一心想上进，不安于位，不能坚守固有的德行，这样一来，也许会蒙羞。即或动机纯正，也难免会蒙羞。

故事 《论语·子路》篇中，孔子也说："不恒其德，或承之羞。"当是由此处引用的。

《象传》说，这是没有恒心，以致不被人容纳。

这一爻，说明自立立人的大原则不可违背。

灵光一闪 不安于位，也许会蒙羞。不安于位又不守其德，应该是灾难了。

九四：田无禽。
象曰：久非其位，安得禽也。

九四阳爻阴位不正，所以，狩猎不会有任何收获。

《象传》说，长久地地位不正，又怎么会有所收获呢？

这一爻，强调正义的重要性。

灵光一闪 地位不正，不会有所获。

六五：恒其德，贞，妇人吉，夫子凶。
象曰：妇人贞吉，从一而终也。夫子制义，从妇凶也。

193

六五阴爻柔顺，在中位，又与下卦居中的九二阳爻相应，象征坚守柔顺服从的德行，永久不变。不过，柔顺服从是妻子的正道，坚持这一纯正的德行，会吉祥，但对丈夫来说，却不是应有的德行，因而有凶险。

《象传》说，妻子永久坚守顺从的德行是吉祥的，因为妻子应当一生都顺从一个丈夫。但身为丈夫的人，衡量事理，应当以正当与否为依据，长久听从妻子的话，就会有凶险。

这一爻，说明立场不同，所应坚持的德行也不同。

灵光一闪 柔顺服从的德行，对于女人而言，吉祥，而对于男人而言，未必。

上六：振恒，凶。
象曰：振恒在上，大无功也。

上六已经到达这一卦的极点，又是上卦最上方的一爻，象征动摇了恒心，有凶险。上卦震是动，因而经常动荡不安，动摇了恒心。这一爻又阴柔，难以坚持，所以有凶险。

《象传》说，在上位，就应当具备恒久的德行。经常动荡不安，缺乏恒心，就不能成就大事。

这一爻，说明经常动荡不安不能成就大事。

灵光一闪 在上位，忌变来变去。

恒卦，阐释恒久的道理。

有恒为成功之本。恒久亦即坚持，但坚持也要有一定的分际。必须坚持的，是自立立人的正当的大原则，但在运用上，依然须把握中庸的原则，能够通权达变。即使是正义的事情，也不可强迫他人接受，而应当相互感应、沟通。当柔则柔，当刚则刚，不同的立场与本分，所应坚持的也不同。极端坚持，反而违背常理，以致动荡不安。以上不但是夫妇之道，也是为人处世的大道理。能坚守原则又能通权达变是成功的不二法则。

应爻参考：

初六：即使你是正确的，人家不接受，你强迫他接受，也有凶险。

九二：如果忍让，态度中庸，很多时候就不会后悔。

九三：不安于位，也许蒙羞。不安于位又不守其德，应该是灾难了。

九四：地位不正，不会有所获。

六五：柔顺服从的德行，对于女人而言，吉祥，而对于男人而言，未必。

上六：在上位，忌变来变去。

遁 ䷠

> 退避、隐遁。
> 这一卦告诉我们：物不可以久居。退休、遁去、消亡，均由此产生。

遁，亨，小利贞。

《序卦传》说："物不可以久居其所，故受之以遁。遁者退也。"

"遁"是"逃亡、退避"的意思。

这一卦的形象是，阴由下方成长，阳退避，所以，命名为"遁"。它也是消息卦之一，代表六月。

这一卦，九五阳刚在君位，与下方的六二阴阳相应，象征虽然君子有救世之心，但是下方有两个小人的阴爻在生长，君子不得不退避。不过，九五以高洁的操守居于君位，仍然有影响力，可以亨通。对小人来说，虽然势力伸张，如果坚守纯正，不迫害孤高的君子，也会有利。

彖曰：遁亨，遁而亨也。刚当位而应，与时行也。小利贞，浸而长也。遁之时义大矣哉！

退避而能亨通，是说在应当退避的时刻就退避。九五阳爻阳位，又在上卦的中位，中正，地位适当，又与下卦中正的六二相应，这时九五不只是退避，还有把握时机采取行动的可能性。小人有渐渐成长的趋势，但必须坚守纯正才有利。小人渐进，是君子决定进退最困难的时刻，因而，遁卦所启示的时间意义就太伟大了！

象曰：天下有山，遁。君子以远小人，不恶而严。

这一卦，上卦乾是天，下卦艮是山。山不论多高，都不能接近天，山高而天退，所以，这一卦命名为"遁"。君子应当效法这一精神，远离小人。但也不是憎恶小人，而是严于律己，以使小人不能接近。

初六：遁尾，厉，勿用有攸往。
象曰：遁尾之厉，不往何灾也。

初六是遁卦的末尾。先逃的已逃往上方，迟疑的落在最后。在小人得势的时刻，落后当然危险，但不可因此就采取积极的行动。

《象传》说，落后有危险，但不积极向前，而是隐忍以待时机来临，又哪里会有灾祸呢？

这一爻，说明小人得势时，应退则退。君子应等待时机，不妄动。

灵光一闪 好些事急不得。等待时机，不可妄动。

六二：执之用黄牛之革，莫之胜说。
象曰：执用黄牛，固志也。

"说"，在此当"脱"解释。

六二阴爻阴位得正，在下卦中位，又与九五阴阳相应，象征中正，洁身自爱，柔顺地追随九五，意志坚定，就像被黄牛的皮革捆缚，不会解脱。黄是中色，牛性情柔顺，也象征六二的中正及对九五的柔顺。

《象传》说，用黄牛的皮革捆缚，是象征意志坚固。

这一爻，说明应坚定中正的意志。

灵光一闪 很多时候要坚定，不变初心太重要了。

九三：系遁。有疾厉。畜臣妾吉。
象曰：系遁之厉，有疾惫也。畜臣妾吉，不可大事也。

"系"是"系累、牵制"的意思。

九三阳爻阳位，刚强得正，但被下方的两个阴爻拖累，在应当隐遁时却迟疑不决，就像得了厉害的疾病。在这种情况下，蓄养奴婢吉利，因为奴婢只做身边杂事，随时可以遣走，没有权势，不会成为累赘。

《象传》说，被拖累以致迟疑不决的危险，就像生病已经疲惫不堪一样。蓄养奴婢吉利，是说她们不可以做大事。

这一爻，说明不可被拖累，应断然退避。

灵光一闪 人生的轻车简从，安全且潇洒。

九四：好遁君子吉，小人否。
象曰：君子好遁，小人否也。

九四阳爻，又是上卦乾的一部分，性格刚健，虽然与初六的小人相应，但在应当隐遁时却能摆脱所好，断然隐去，所以称作"好遁"。君子能够做到这一地步，当然吉祥。然而，小人就做不到了。

《象传》说，小人不会好好地主动退让。

这一爻，说明不宜眷恋，应当断然退避。

灵光一闪 当退即退，不可恋栈。

九五：嘉遁，贞吉。
象曰：嘉遁贞吉，以正志也。

"嘉"是"美"的意思。

九五阳刚中正，虽然与下卦的六二相应，但六二也柔顺中正，不会成为累赘，所以能够随时无牵挂地隐遁，称作"嘉遁"。但以"五"的位置与"上"位比较，仍然不能完全摆脱世俗的牵累，因而，必须坚持纯正，才会吉祥。

《象传》说，之所以吉祥，是由于端正了志向。

这一爻，说明摆脱不了世俗的牵累就应刚毅、中正地隐于世俗中。

灵光一闪 能随时无牵挂地隐遁是人生的完胜。

上九：肥遁，无不利。
象曰：肥遁，无不利；无所疑也。

"肥"是"有余裕"的意思。"上"位通常有"达到极点、过度、穷途末路"的意思。但以等级来说，"上"位已经超出"五"的君位，象征摆脱世俗，无位却崇高的隐士地位，所以称作"肥遁"。

上九达到这一超越世俗、置身事外的地位，又刚健，下面没有相应的拖累，进退都没有牵挂，所以，能够悠然自得，安度隐遁的生活，没有任何的不利与疑虑。

第二章 《周易》上下经

故事 赞美隐士常用"嘉遁""肥遁"。《南史·阮孝绪传》记载,有名的占卜家张有道为隐士阮孝绪占卜,得到了遁卦的上九爻。

《象传》说,上九无牵无挂,没有什么可疑虑的。

这一爻,说明无牵无挂最洒脱。

灵光一闪 无位却崇高,是人生的最优雅与最高境界。

遁卦,阐释退避的道理。

极端恒久必然又动荡,再演变成小人势长、君子退缩的局面。退避也是正当的选择,并非消极地逃避,而是隐忍以等待积极行动最有利的时机。面临这一艰难抉择时,应当觉悟,满招损是必然的,积极对抗只会徒然造成伤害。因而,除了坚定信念,坚持刚毅中正的态度,不同流合污外,还必须隐忍,应退则退,不妄动。急流勇退时应断然抛弃一切,不迟疑,不眷恋,或隐没于世俗之中,或超脱于世俗之外,以等待时机。

应爻参考：

初六：好些事急不得。等待时机,不可妄动。

六二：很多时候要坚定,不变初心太重要了。

九三：人生的轻车简从,安全且潇洒。

九四：当退即退,不可恋栈。

九五：能随时无牵挂地隐遁是人生的完胜。

上九：无位却崇高,是人生的最优雅与最高境界。

大壮 ䷡

> 壮大、隆盛。
>
> 这一卦告诉我们：大者壮，大者盛，大者正。很多人不服"大者正"，"大"时自然"正"。

大壮，利贞。

遁卦倒过来，就成为大壮卦，它们相互是综卦。逃避是消极手段，壮大则能积极有所作为，两者相互为用。

《序卦传》说："物不可以终遁，故受之以大壮。"

这一卦也是消息卦，代表二月。这一卦连续四个阳爻，表示已经成长壮大。"大"代表阳，"壮"表示盛，阳隆盛，所以命名为"大壮"。阳象征君子。君子壮大了，当然亨通，无往不利。然而，声势隆盛壮大，就必须严守纯正。否则，就有陷于横暴的可能。所以说，必须坚守纯正才会有利。

彖曰：大壮，大者壮也。刚以动，故壮。大壮利贞，大者正也。正大而天地之情可见矣！

大壮，说的是阳壮盛。由上下卦来看，下卦乾为纯阳，最刚健，上卦震为动，刚健又有所行动，所以壮盛。壮盛须坚贞才有利，是说不但要大，而且必须正。唯有以正大的态度才能发现天地间的真情，因为天地的法则就是正大。

象曰：雷在天上，大壮。君子以非礼弗履。

这一卦，上卦震是雷，下卦乾是天。雷在天上轰轰响，声势强大，因而，命名为"大壮"。君子应当效法这一精神，从事轰轰烈烈的强大事业。但君子的强大不在于胜过他人，而在于克制自己。而克制自己，就必须按礼仪办事。

第二章 《周易》上下经

故事《道德经》说:"自胜者强。"《论语·颜渊》篇中,孔子说:"克己复礼为仁。"孔子又进一步阐释:"非礼勿视,非礼勿听,非礼勿言,非礼勿动。"可以说,它们是这一卦的批注。

初九:壮于趾。征凶,有孚。
象曰:壮于趾,其孚穷也。

"趾",人体最下方的脚趾,用来走动向前。"壮于趾",脚趾强壮,象征旺盛的前进意图。"征"是"往"的意思。"孚"是"信""必"的意思。

虽然脚趾有前进的旺盛企图,但还不足以带动全身,因而,前进有凶险,而且必然如此。又,虽然初九阳爻阳位得正,但与九四阳阳不能相应,初九在上方没有援引,所以,前进有凶险。

《象传》说,脚趾强壮,必然穷困。

这一爻,说明壮大了也应当量力而行,不可妄动。

灵光一闪 刚刚壮大时要收敛。

九二:贞吉。
象曰:九二贞吉,以中也。

九二阳爻阴位不正,但在下卦的中位,虽然位置不当,却有中庸的德行。在壮大时,往往容易过分,必须具备中庸的德行,坚持纯正,能够克制,才会吉祥。

《象传》说,九二之所以吉祥,是因为处中位,行中道。

这一爻,说明在壮大时,应当中庸,有节制。

灵光一闪 在壮大时不要太高兴,要保持些许惊恐。

九三:小人用壮。君子用罔,贞厉。羝羊触藩,羸其角。
象曰:小人用壮,君子罔也。

"罔",亡,假借为"无"的意思。在《诗经》《书经》中,常将"罔"当作"无"用。"羝羊",即公羊。"藩",篱。"羸",与"累"同义,"挂住无法摆脱"的意思。

九三阳爻阳位得正，但这一卦已经一连三个阳爻，九三又离开了中位，刚强过度了。小人会利用这种过度刚强的气势欺凌他人，但君子不会这样做。因为用强这种作风，即使纯正，也有危险，就像公羊去抵触藩篱，角被挂住，无法摆脱。

《象传》说，小人会利用强势，但君子不会。

这一爻，说明不可逞强任性。

灵光一闪 羊角有力就去抵藩篱，那是任性，必被挂住。

九四：贞吉悔亡，藩决不羸，壮于大舆之輹。
象曰：藩决不羸，尚往也。

"輹"，将车轴绑在车身上的皮革。

九四已经超过这一卦的一半。连续四个阳爻重叠，象征非常壮大。但九四阳爻阴位不正，继续下去，就会后悔。不过，正因为阳爻阴位，并非极端刚强，所以只要坚持纯正就仍然吉祥，可不后悔。又因为前方都是柔爻，所以，会像公羊将藩篱抵散了，角不被挂住；又像坚固地绑住重车车轴的皮革，不会断落。

《象传》说，在这种情形下，可以继续前进。

这一爻，说明壮大之后，更要坚持纯正的原则。

灵光一闪 壮大之后，不分裂，又有所约束，可以前进。

六五：丧羊于易，无悔。
象曰：丧羊于易，位不当也。

"易"，即场，即田畔。

这一卦之所以用羊来象征，是因为将大壮卦每两爻合并成一爻就成为兑卦。兑卦外柔内刚，是羊的象征。

六五阴爻在中位，柔弱中庸，已不再壮大，所以，用象征大壮卦的羊在田畔丢失了来比喻。这时，六五已经不再积极地前进，但也不会有什么可后悔的。

《象传》说，羊之所以在田畔丢失了，是因为六五阴爻阳位，位置不当。

这一爻，又进入物极必反的状态。隆盛壮大的趋势开始衰退，不可能再积极地前进了。

灵光一闪 大壮到了"丧羊于易"的局面，说明已经开始衰落了。

上六：羝羊触藩，不能退，不能遂，无攸利，艰则吉。
象曰：不能退，不能遂，不详也。艰则吉，咎不长也。

"详"，即"祥"。

"上位"已是大壮卦的终极。有公羊抵触藩篱，角被挂住，不能后退，而上六为阴爻，力气不足，又不能破藩篱而达到目的，并且像这样逞强冒进也不会有任何利益。所幸上六是柔爻，能够以柔弱与命运对抗。只要及时觉悟立场的艰难，能够忍耐以等待时机，结果就还是吉祥的。

《象传》说，既不能后退又不能前进达到目的，这是不祥的征兆。及时觉悟立场的艰难，忍耐等待时机会吉祥，是说这样灾难就不会长久。

这一爻，说明既不能进又不能退，就应当及时觉悟。艰难的阶段已经到来，应力求自保以等待时机。

灵光一闪 既不能后退又不能前进时，须忍耐以等待时机。

大壮卦，阐释应对壮大的原则。

有衰退就必然有壮大，又变成阴退阳盛的壮大时期。壮大了容易自负，容易流于横暴，所以，大了必须正，应当坚守正道；大了必须中，应当把持中庸的原则，外柔内刚，能够节制自己。壮大了也应当量力而为，不可以妄动。壮大了，不可以恃强任性，更应当坚持正义。壮大了，同样不可能恒久持续，当显露衰退的迹象时，就不可再有积极的行动。当已经步入衰退时，应当及时觉悟，艰难的时刻已经到来，应力求自保以等待时机。壮大了容易自负，容易流于横暴。所以，大了以后必须正，应当坚守正道，把握中庸的原则。

应爻参考：

初九：刚刚壮大时要收敛。

九二：在壮大时不要太高兴，要保持些许惊恐。

九三：羊角有力就去抵藩篱，那是任性，必被挂住。

九四：壮大之后，不分裂，又有所约束，可以前进。

六五：大壮到了"丧羊于易"的局面，说明已经开始衰落了。

上六：既不能后退又不能前进时，须忍耐以等待时机。

晋 ䷢

> 晋升、前进。
>
> 这一卦告诉我们：不能坐大，大了之后必须前进到上一格去。在原地坐大不挪地很恐怖，会害人害己。

晋，康侯用锡马蕃庶，昼日三接。

《序卦传》说："物不可以终壮，故受之以晋。晋者进也。"

"晋"，前进，是诸侯前进到天子面前接受褒奖的形象。"康侯"，使人联想到周武王的弟弟康叔。他在周建国后，被封在卫。《书经》中的《康诰》，就是当时周公写给康叔的训诫。不过，这一卦的卦辞是周文王写的，写在周建国以前，故这里的康侯不可能指康叔。因而，历代的注释，都将"康侯"当作普通名词，解释成"使国家安康的侯爵"。"锡"，赐。"蕃庶"，繁多。"接"，应接。

上卦离象征太阳，能使万物依附；下卦坤象征地，性格柔顺。这一卦是太阳普照大地，万物柔顺依附的形象。以人事来说，这一卦象征诸侯恭顺地依附天子。

将自己国家治理得安康的诸侯晋见天子，报告地方的政情，得到褒奖，被赏赐许多马。在一天中，天子接见了三次，给予极大的礼遇。意思是说，忠于职守的人能被赏识，得到晋升，飞黄腾达。

彖曰：晋，进也。明出地上，顺而丽乎大明，柔进而上行。是以康侯用锡马蕃庶，昼日三接也。

卦名"晋"，是"进"的意思。

以卦象来说，上卦离是太阳、光明，下卦坤是大地，象征光明的太阳升到地面以上；以卦的性格来说，上卦离能使万物依附，下卦坤是柔顺，象征万物柔顺地依附伟大的太阳；以卦变来说，观卦的六四柔爻晋升，与九五的刚爻交换位置，成为晋卦；用人事比喻，治理国家安康的侯爵晋见天子，得到许多马的赏赐，受到一天中被接见三次的荣宠。

象曰：明出地上，晋。君子以自昭明德。

"昭"是"显明"的意思。

上卦离是太阳，下卦坤是大地，太阳出现在大地上，普照万物，所以卦名称作"晋"。君子应当效法这一精神，使自己本来具有的光明德行，愈加显明。

> **故事**《大学》中说："大学之道，在明明德。"《左传·桓公二年》中也说："君人者，将昭德塞违，以临照百官。"

初六：晋如，摧如，贞吉。罔孚，裕无咎。
象曰：晋如，摧如，独行正也。裕无咎，未受命也。

"摧"，摧毁、挫败。"如"，助词，与"然"相同。"罔"，"无"的意思。"孚"，"信"的意思。

这一卦的卦名是"晋"，各爻当然都要前进。但初六是阴爻，在最下位，力量弱，虽然与九四相应，可九四阳爻阴位不正，并不能给予援手，如果前进，就会受挫。不过，初六只要坚守纯正，仍然吉祥。即或不能取信于人，只要心地坦然，客观面对现实，也就不会有灾难了。

《象传》说，前进会受挫，但自己走的是正道，只要心地坦然，就不会有灾难，因为初六还没得到任用，没有责任，能够无忧无虑，悠然自得。

这一爻，说明前进时，动机必须纯正。只要动机纯正，即或失败，也能坦然面对。

> **灵光一闪** 有能力并不一定会得到晋升，所对应的领导很重要。即使领导不给力，你也要前进。只要动机纯正，就没有灾难。

六二：晋如，愁如，贞吉。受兹介福，于其王母。
象曰：受兹介福，以中正也。

第二章 《周易》上下经

"介","大"的意思。"王母",指祖母。中国最古老的字书《尔雅·释亲》中说:父亲的母亲为王母。

六二阴爻阴位,在下卦中位,中而且正,当然会升进。但它与六五阴阴不能相应,在上方缺乏援引,因而,前途有困难,不能不忧愁。不过,尽管六二孤立无援,但只要坚守纯正,仍然吉祥,就像能从祖母那里得到很大的福气那样。

祖母指六五。古时有祭祀先妣,亦即祭祀祖母的祈福礼仪。六五阴爻在尊位,相当于祖母。

《象传》说,这是六二在中位,又阴爻得正的缘故。

这一爻,说明不能前进时也不必忧虑,只要中正,必然有成功之日。

灵光一闪 阴阴不能相应,又缺乏援引,当然不爽。但其实不必忧虑,只要中正,就必有成功之日。

六三:众允,悔亡。
象曰:众允之,志上行也。

"允"是"信"的意思。

六三阴爻阳位不正,又不在中位,当然会后悔。可是,下方的两个阴爻志同道合,也要前进,六三得到众人的信赖与支持,导致后悔的因素就不存在了。

《象传》说,众人信赖,是由于都愿意向上升进。

这一爻,说明前进须以获得群众的信赖为前提。

灵光一闪 晋升需要众人拥戴。

九四:晋如鼫鼠,贞厉。
象曰:鼫鼠贞厉,位不当也。

"鼫鼠",即硕鼠,偷吃并损害作物的野鼠。《诗经·魏风·硕鼠》中说:"硕鼠硕鼠,无食我黍。"

九四阳爻阴位,离开了中位,不中不正,却晋升到了高位,由于缺乏道德,地位高了反而更加贪婪,就像田间的野鼠。所以说,像野鼠般贪婪的人，晋升到高位，即或行为正当，其前途也有危险。

《象传》说，这是由于九四不中不正，地位不当。

这一爻，说明不可贪得无厌。

> **灵光一闪** 不中不正，晋升是坟墓。

六五：悔亡，失得勿恤，往吉无不利。
象曰：失得勿恤，往有庆也。

"恤"是"忧"的意思。

六五阴爻阳位不正，本应当后悔，但六五是象征光明的上卦离的主爻，下卦坤是顺，因而，它是以光明磊落的态度高居君位而下属又服从它的形象，所以导致后悔的因素就不存在了。所以，六五不必为得失而担忧，前进很吉祥，没有不利。

《象传》说，不要担心得失，前往会是吉庆的。

这一爻，说明只要光明磊落，不计较得失，前进必然有利。

> **灵光一闪** 为人光明磊落，又有下属的支持，前进会是吉庆的。

上九：晋其角，维用伐邑。厉吉无咎，贞吝。
象曰：维用伐邑，道未光也。

"邑"，自己封地上的村镇。

上九已经升进到极点，又是刚强的阳爻，所以，用动物的角象征。钻进角尖中，本来已经没有回旋的余地，由于本身还有力量讨伐叛乱的村镇，所以虽然危险，但结果仍然是吉祥的。不过，自己领地上的村镇应当平时善加治理，不使其发生叛乱。现在竟然发生了叛乱，不得不加以讨伐，虽然这是正当的处置措施，但仍不免蒙羞。

《象传》解说，这是因为采取的措施不够光明正大。

这一爻，说明前进必须妥善策划，谨慎实施，等到发生偏差了再来改正，即或不失败，也是耻辱事件。

> **灵光一闪** 管理不光明正大，必乱。戡乱是迫不得已，虽无咎，但不免蒙受耻辱。

晋卦，阐释进取的原则。

壮大了，当然就可以前进求发展，就像太阳上升，普照大地，为万民谋幸福。但在前进求发展时，动机必须纯正，即或失败，也能于心无愧。而且不必忧虑一时的得失，只要把握中正的原则，必然成功。求前进，必须以得到群众的信赖与支持为前提。不可存侥幸的心理，贪得无厌。必须妥善策划，谨慎实行。如果发生了偏差再去改正，即或不失败，也是耻辱事件。壮大了就应挪地方，不挡道。至于晋升，本着中正随天命的原则，最好。上方施以援手，下方众人支持，是最好的升迁。

应爻参考：

初六：有能力并不一定会得到晋升，所对应的领导很重要。即使领导不给力，你也要前进。只要动机纯正，就没有灾难。

六二：阴阴不能相应，又缺乏援引，当然不爽。但其实不必忧虑，只要中正，就必有成功之日。

六三：晋升需要众人拥戴。

九四：不中不正，晋升是坟墓。

六五：为人光明磊落，又有下属的支持，前进会是吉庆的。

上九：管理不光明正大，必乱。戡乱是迫不得已，虽无咎，但不免蒙受耻辱。

明夷 ䷣

> 光明负伤、韬光养晦时期。
> 这一卦告诉我们：光明病了，受伤了！

明夷，利艰贞。

明夷卦，与晋卦相互是综卦。前进须冒险，难免负伤，负伤则能促使反省，有利于前进，故晋卦与明夷卦相互为用。

《序卦传》说："进必有所伤，故受之以明夷。夷者伤也。"

"夷"，与"痍"意义相同，"伤痍、创伤"的意思。

这一卦，上卦坤是地，下卦离是太阳。太阳沉没于地下，象征光明受到了伤害，所以，命名为"明夷"。

虽然这一卦的主爻六五在上卦的中位，但阴爻柔弱，又被包围在上下的阴爻中，象征贤者因明德而受到创伤，处境非常艰难。只有觉悟到了处境的艰难，忍耐，坚守正道，韬光养晦以自保，才会有利。

彖曰：明入地中，明夷。内文明而外柔顺，以蒙大难，文王以之。利艰贞，晦其明也，内难而能正其志，箕子以之。

这一卦，上卦坤是地，下卦离是太阳，太阳进入地中，是光明受到了创伤的形象。以卦的性格来说，内卦离是文明，外卦坤是柔顺，以这种内心明智、外表柔顺的性格，就可以承受大难。

周文王蒙受被君纣囚禁羑里的大难时，就隐藏内在的明智，外表柔顺，最后得以安全脱险。在艰难中坚守正道有利，是说应当收敛光芒，在国家蒙受大难时，能够坚持光明正大的意志。箕子就是如此，当侄儿纣王暴虐无道，他明知其无可救药时，自己就装疯避祸。

文王、箕子指六五，纣王指上六。

象曰：明入地中，明夷。君子以莅众，用晦而明。

第二章 《周易》上下经

这一卦，上卦坤是地，下卦离是明，光明进入地中，因而受到了创伤。太阳普照万物，若光芒过度强烈，则万物会逃避。当万物均得不到遮蔽时，反而会受到伤害，这就与宽容的德行相违背。君子应当领悟这一意义，当面对群众时，要隐藏智慧，以平易的态度接近群众，这样才会被接纳，从而真正了解群众的需要。这就是利用昏暗，反而看得明显的道理。

故事《道德经》中说："其政察察，其民缺缺。"政治上的措施也是如此，如果明察秋毫，巨细无遗，表面上看好像很严密，但实际上，却因法令过度烦琐苛细而使民性变得硗薄。古代帝王戴的冠，前面有珠帘，遮住视线，两边有棉球，塞住耳朵，就是警示帝王，不可过于耳聪目明。

初九：明夷于飞，垂其翼。君子于行，三日不食，有攸往，主人有言。

象曰：君子于行，义不食也。

这一卦，说明道德受到创伤，邪恶残害正义。

初九就像鸟于飞行中负伤，翼下垂。但初九在这一卦的开始，飞得高，距离远，负伤不重，还能飞离险境。君子舍弃一切逃亡，难免穷困，会三天没有吃的，就算有投奔的地方，也会被讥笑为不识时务，听到各种闲言闲语。

《象传》说，君子外出，由于对方不正当，所以不接受其食物。

一说，这是指伯夷不吃周朝的谷粮。君子坚持自己的理想，不能被社会接纳，彷徨没有归宿，即或出任官吏，君主也会说，你的理想与现实不合，遭到非难。为了坚持正义，唯有不接受君主的俸禄。

故事《左传·昭公五年》中说，鲁国的叔孙豹出生时，卜楚丘替他占筮，得到这一卦。叔孙豹病倒时，恶人果然三天不给他食物，最后他被饿死了。

这一爻，说明在正义被残害的苦难时期，唯有退避，韬光养晦以自保。

灵光一闪 在苦难时期，应正心正行，心无旁骛。

六二：明夷，夷于左股，用拯马壮，吉。
象曰：六二之吉，顺以则也。

负伤在左大腿，幸好右腿还可以行动，如果得到强壮的马，就可以得救，迅速逃离险地，结果仍然吉祥。

六二比初九更进一步，负伤也较重，初九还可以飞，六二已经行动困难了。不过，如果迅速挽救危局，就仍然会吉祥。

《象传》说，六二之所以吉祥，是因为阴爻阴位，又在中位，柔顺中正，能够遵循法则。

一说，这是指周文王拯救殷纣王的遗民。

这一爻，说明邪恶的残害已经逼身，应当迅速逃离，躲避灾难。

灵光一闪 黑暗步步进逼，三十六计走为上。

九三：明夷于南狩，得其大首，不可疾贞。
象曰：南狩之志，乃大得也。

九三刚爻刚位，至刚，又是下卦明的最上爻，最明智。但九三笼罩在完全阴暗的上卦下面，与其相应的上六又昏庸，开始时九三不得不将明智隐藏起来，百般忍耐。可是，九三不能长久如此，可以往南方征讨。

古代认为南上北下，南方是光明的方位。亦即，向上攻击，开创光明，就能俘虏罪魁恶首。罪魁恶首指的是上六。然而，这是革命的非常行动，必须慎重，不能操之过急。

一说，这是指周文王被暴君纣王囚禁在羑里，因隐忍而得以脱险，终于发动了革命。

《象传》说，往南方狩猎，才能够大展抱负。

这一爻，说明在遭受严重创伤时，只有采取非常行动才能够挽救危局，但采取非常行动时应当慎重。

灵光一闪 在遭受严重创伤时，心向光明，在适当的时候奋力一搏，革命了！

六四：入于左腹。获明夷之心，于出门庭。

象曰：入于左腹，获心意也。

这一爻的含意不容易理解。这是说，要进入昏主的心腹之中，才能获知伤害光明的昏主的心意。这样接近昏主，不会有危险，留在家中，反而会招祸。所以，要入虎穴，到朝廷中去避祸，亦即大隐隐于市。

一说，这是指殷纣王的兄长微子看到纣王残暴，屡谏不听，知道纣王的心意已经不可挽回，就离开宫廷，逃往周国避难，得以延续殷代的后裔。

《象传》说，打入敌人内部是为了搞清敌情敌意。

这一爻，说明最危险的场所也最安全。

> **灵光一闪** 大藏藏于民，大隐隐于市。

六五：箕子之明夷，利贞。

象曰：箕子之贞，明不可息也。

> **故事**《史记·宋世家》中记载，纣王暴虐，箕子劝谏，纣王不听。有人劝箕子逃亡。箕子说："为人臣下，劝谏不听就离去，岂不是暴露君王的罪行，自己讨好于民？我不忍这样做。"于是，箕子就披头散发，假装疯狂，沦为奴隶，故意伤害自己以避祸。

"箕子之明夷"，就是"将自己的明德伤害以守正"的意思。

这一卦，上卦坤全部是阴爻，六五又在最中央，是最黑暗的时刻，而且，又最接近昏暗的上六。但六五却能够不失其坚贞，就像箕子，在最暴虐、黑暗的时刻，依然能够明辨是非，坚持正义。

《象传》说，箕子的固守正义，说明光明不可泯灭。

这一爻，说明愈在黑暗的时刻，愈应当坚持正义、明辨是非。

> **灵光一闪** 坚持正义，要为善天下就不必计较形式。

上六：不明晦，初登于天，后入于地。

象曰：初登于天，照四国也。后入于地，失则也。

上六是纯阴的上卦的最后一爻，亦即，昏暗已达极点。在这一位置，开始像登上天堂，最后却是堕入地狱了，这是由于不光明，必然黑暗。

《象传》说，开始像登上天一般高的地位，光芒四射，照耀各国，最后却坠落到地下，是因为违背了正义的原则，终致灭亡了。

这一爻，指纣王暴虐，开始时威震四方，最后却灭亡了，以强调违背正义的原则必然失败。

灵光一闪 多行不义必自毙。

明夷卦，阐释"用晦而明"的法则。

当邪恶猖狂地残害正义、光明遭到创伤的时刻，正义的力量难以抵抗邪恶的力量，抵抗只会加重伤亡，甚至覆灭，唯有内明外柔，韬光养晦，才能承受大难。当此苦难时期，君子应当觉悟立场的艰难，收敛光芒，艰苦隐忍，逃避险地，先求自保。隐忍逃避，是为了避免受到伤害，以争取时间，团结力量，谋求挽救之方，伺机而动。可以采取非常手段，但不可操之过急，必须谨慎。最危险的场所，往往也是最安全的所在，最艰难的时刻，往往也是奋发有为的大好契机，应当明辨是非，坚持纯正。邪恶不会长久，正义必然伸张，违背正义的原则，最后必然灭亡。

应爻参考：

初九：在苦难时期，应正心正行，心无旁骛。

六二：黑暗步步进逼，三十六计走为上。

九三：在遭受严重创伤时，心向光明。在适当的时候奋力一搏，革命了！

六四：大藏藏于民，大隐隐于市。

六五：坚持正义，要为善天下就不必计较形式。

上六：多行不义必自毙。

家人 ䷤

> 家庭、伦理。
> 这一卦告诉我们：一家人的伦理是男人主外，女人主内，各守正道。主妇正，则一家正。一家人的道德是谦逊与本分，诚信与相爱。

家人，利女贞。

《序卦传》说："伤于外者，必反于家，故受之以家人。"

"家人"，一家人，说的是家庭中的伦理道德。

这一卦，外卦的九五与内卦的六二都得正，象征男人主外，女人主内，各守正道，所以，命名为"家人"。这一卦特别强调主妇在家庭中的重要性，主妇正，则一家正。家庭正，延伸到家庭以外，必然也正。

彖曰：家人，女正位乎内，男正位乎外，男女正，天地之大义也。家人有严君焉，父母之谓也。父父、子子、兄兄、弟弟、夫夫、妇妇，而家道正。正家而天下定矣。

一家人，女在内，地位正，男在外，地位也正，男女在家庭内外各有正当的地位，这是天地间的大道理。家庭中有严厉的君主，那就是父母。一家人，父母、子女、兄弟、夫妻各人尽各人的本分，则家庭的伦理道德就纳入了正轨；所有家庭都走入正轨，则天下就安定了。

儒家，以孝悌为一切道德的根本，而骨肉亲情，也确实是人类所共有的，最亲切、最实在的情感。所以，如果能以孝悌的道德匡正每一家庭，则延伸到国家、天下，也必然都匡正了。因而，家庭规范延伸，即可成为政治规范。

故事 《论语·为政》篇中，有人问孔子："先生为什么不从政呢？"孔子回答说："《书》中不是说孝顺吗？孝顺父母的人必然友爱兄弟。使这一道理实行于每一家庭中，使家风端正，就是从政，又何必一定要做官才说是从政呢？"

不过，孝悌出自骨肉亲情，要使其成为规范，就得相当严谨，所以说，"家庭中有严厉的君主，那就是父母"。

家庭规范延伸，即可成为政治规范。

象曰：风自火出，家人。君子以言有物，而行有恒。

这一卦，内卦离是火，外卦巽是风，火使热气上升，成为风。一切事物，都必须以内在为本，才能得以延伸到外，这是家人卦的象征。君子应当效法这一精神，了解一切事物都发生于内、形成于外的道理，言语应有具体的内容，行为应贯彻一定的原则。

初九：闲有家，悔亡。
象曰：闲有家，志未变也。

"闲"，"防范"的意思。

初九为这一卦的开始，阳爻阳位，刚毅得正，象征在家庭中能够防患于未然，就不会有后悔的事情发生。

《象传》说，在家庭中防患于未然，是指当家人还没有改变初衷之时就要预先防范。

故事《颜氏家训·教子》篇中说：教导媳妇，应当在她刚来的时候；教导儿女，应当由婴孩开始。在大家庭中容易发生摩擦，造成后悔，所以，在开始的时候，就要防患于未然。

这一爻，说明在家庭中应防患于未然，这样才能保持和谐。

灵光一闪 防患于未然，家吉祥。换句话说，家庭工作要有提前量。

六二：无攸遂。在中馈，贞吉。
象曰：六二之吉，顺以巽也。

"馈"，供应食物。"中馈"，在家中负责烹饪供应食物的人，指妻子。

六二阴爻阴位，过于柔顺，本来不能主动遂行任何事，但六二得正，又在内卦的中位，柔顺中正，拥有主妇应有的德行，因而，对家庭中主持烹饪供应食物的主妇来说，则是正当而且吉利的。

《象传》说，这是由于具备柔顺又谦逊的德行。

这一爻，说明主妇应具备柔顺谦逊的中正德行。

灵光一闪 主妇柔顺谦逊，表现在主持烹饪上。

九三：家人嗃嗃，悔厉吉；妇子嘻嘻，终吝。
象曰：家人嗃嗃，未失也；妇子嘻嘻，失家节也。

"嗃嗃"，"冷酷"的意思。

九三在内卦的最上位，是一家之主的形象。但九三刚爻刚位，过于严厉，以致一家人都冷冰冰的。治家过于严厉，难免会有后悔的事情发生，但结果还是吉祥的。相反，如果治家不严厉，妻子儿女整天嘻嘻哈哈的，最后就会带来羞辱。所以，治家宁可过于严厉，也不可过于松懈。

《象传》说，一家人冷冰冰的，虽然过于严厉，但并未违失正道。妻子儿女笑嘻嘻的，家中就失去节制了。

这一爻，说明治家宁可严，也不可宽。

灵光一闪 家中过分和谐，有失上下高低。

六四：富家，大吉。
象曰：富家大吉，顺在位也。

六四阴爻阴位得正，又是外卦巽谦逊顺从的开始，既守正道，又能谦逊地顺从本分理家，当然会使家庭富足，所以大吉。

《象传》说，这是因为巽卦是顺，又阴爻阴位得正。

这一爻，说明理家应顺从本分。

灵光一闪 在家庭中，本分、谦逊，大吉。

九五：王假有家，勿恤吉。
象曰：王假有家，交相爱也。

"假"与"格"的音义相同，"至、到达"的意思。《礼记·祭统》中"王假有庙"，"假"就是当"到达"解。"恤"，"忧虑"的意思。

九五刚健、中正、在君位，又与内卦柔顺中正的六二相应，象征九五的王者来到六二的女家，相亲相爱，无忧无虑，十分吉祥。

一说，"假"与"嘏"通用，"大"的意思。君王拥有天下大家庭，使天下人相亲相爱。

《象传》说，这是因为一家人相亲相爱，和睦共处。

这一爻，说明一家人应当相亲相爱，和睦共处。

灵光一闪 亲戚越走越亲。

上九：有孚威如，终吉。
象曰：威如之吉，反身之谓也。

上九是刚爻，在这一卦的最上位，象征一家之长。上九又是这一卦的终了，所启示的，是治家的久远法则。治家不可缺少诚信。家长以诚信治家，必然能感化家人一心向善。何况，治家的对象是自己的亲人，家长往往溺于亲情，过度慈爱，以致缺乏威信，使得家里礼仪不足，家风变得散漫了。所以，家长必须诚信而且威严，这样治家，才会吉祥。

《象传》说，之所以威严治家吉祥，是因为自己能反省自己，严于律己，以身作则，这样就能受到家人尊敬，自然产生威信，而使家人服从指挥。

故事 《孟子·尽心下》篇中说：自己做不到的，就不能要求妻子做到。《孟子·离娄上》篇中说：不能诚实地反省自己，就不能得到父母的欢心。《孟子·尽心上》篇中又说：诚实地反省自己，是最大的快乐。

这一爻，说明治家的基本原则在诚信且威严。

灵光一闪 诚信且威严，家道长久。

家人卦，阐释治家的原则。

孝悌为一切道德的根本，是我国传统文化的一大特色。家庭是社会的基础，延伸来说，攘外必先安内。《大学》中所说的"诚意、正心、修身、齐家、治国、平天下"的道理，就来自这一卦。治家，首先应防患于未然。家庭主妇应当具备柔顺、谦逊、中正的德行。治家宁可过严,也不可溺于亲情,失之于过宽。在家庭中,如果每一分子都能各尽本分,相亲相爱,家必然和谐,欣欣向荣。而治家最基本的原则就在于诚信与基于诚信的以身作则的威严。家庭规范,可延伸成为政治规范。

应爻参考:

初九:防患于未然,家吉祥。换句话说,家庭工作要有提前量。

六二:主妇柔顺谦逊,表现在主持烹饪上。

九三:家中过分和谐,有失上下高低。

六四:在家庭中,本分、谦逊,大吉。

九五:亲戚越走越亲。

上九:诚信且威严,家道长久。

睽 ䷥

> 乖异、乖离。
>
> 这一卦告诉我们：小气魄，同中有异；大气魄，异中求同。为了团结力量，权变而没有违背原则，这是大智慧！见豕负涂，遇雨则吉。相信志同道合者是和合的底线。

睽，小事吉。

睽卦与家人卦的形象上下相反，它们彼此是综卦。家和万事兴，不和则一切都乖离，这两卦连接得非常巧妙。

《序卦传》说："家道穷必乖，故受之以睽。睽者乖也。"

"睽"，目不相视，"违背、乖异、背离"的意思。

合必有离，离必有合，同中有异，异中有同。只有有效运用离合异同的必然法则，才能因应变化，有所作为。

彖曰：睽，火动而上，泽动而下。二女同居，其志不同行。说而丽乎明，柔进而上行，得中而应乎刚，是以小事吉。天地睽，而其事同也；男女睽，而其志通也；万物睽，而其事类也；睽之时用大矣哉！

睽卦，以卦形来说，上卦离是火，下卦兑是泽，是火焰向上烧，泽水向下浸的形象；以象征来说，上卦是中女，下卦是少女，是"二女同住在一起，行动意志不能协调"的意思，都有违背的倾向；以卦的性格来说，下卦兑是悦，上卦离是附、明，属于愉快地依附明智的性质；再以卦变来说，离卦的二爻与三爻交换，中孚卦的四爻与五爻交换，或家人卦的二爻与三爻及四爻与五爻交换，都是柔爻前进上升，成为睽卦，使六五在中位，与九二的刚爻相应，得以稍微补救，因而，大事不可，小事吉祥。

总之，以万物的事理来说，虽然万物形态相违背，但却有看不到的同一性存在。如天高地卑，形象不同，但其作育万物的功能相同；男女的体质不同，但彼此的意志可以沟通；万物的形态各不相同，但成长的过程都类似。所以，背离是在异中有同，因时间演变而背离。背离的时间功效，可就太大了！

象曰：上火下泽，睽。君子以同而异。

"同而异"与明夷卦《象传》中"用晦而明"的含意相似。这种相反相成的法则，在《道德经》中经常可以看到。睽卦的上卦离是火，下卦兑是泽，火向上烧，水往下流，性质相背离。君子应当效法这一精神，和而不同，即顺应大势所趋，但坚持自己的原则与独立人格。《象传》中指出，应于异中求同。《象传》在此则做出相反的说明，应于同中求异。

初九：悔亡，丧马勿逐，自复；见恶人无咎。
象曰：见恶人，以辟咎也。

"辟"，避。

"初"位与"四"位应当相应，但初九与九四都是阳爻，不能相互应援，应当会产生令人后悔的结果。不过，在背离的情况下，应当相合的却背离，应当背离的反而会相合。所以，应当相互排斥的初九与九四，反而相互应援，使想象中的后悔事件化解于无形，就像丢失的马，不必去追逐，它自己就会回来。初九认为没有应援，不可能上升，但意外得到九四的应援，有了上升的机会。人情反复无常，为了避免灾祸，有时不屑理会的恶人，也不得不交往。亦即，人事难以预料，只有为人宽厚包容，在危难中，才会有意外的应援到来。即或是恶人，也不可以完全排斥，适度的交往反而可以使人避祸。

《象传》说，与恶人相见，是为了避免受到伤害。

这一爻，说明异中有同，即使正邪之间，也不例外。

灵光一闪 异中求同是高手。正邪之间求同，手段更高明。

九二：遇主于巷，无咎。
象曰：遇主于巷，未失道也。

"主"，主人，指六五。

九二与六五阴阳相应，本来应当相遇，但在背离的情况下，却不能见

易经今解：释疑·解惑·见微

到。于是，九二到处寻求，不是在大道，而是在小巷中终于遇到。这样做，不会有灾祸。

《象传》说，这样追求，好像卑鄙，但九二与六五本来应当相应，刻意去寻求能够应援的人，是一时之权变，并不违背原则。

这一爻，说明应为权变主动积极地异中求同。

灵光一闪 异中求同，一定要变通。

六三：见舆曳，其牛掣，其人天且劓，无初有终。
象曰：见舆曳，位不当也。无初有终，遇刚也。

"天"，本来指头顶，亦即巅；引申为"在额上刺字的刑罚"。"劓"，削去鼻子的刑罚。

六三与上九相应，应当前往上九处，但六三本身阴柔，前后受到刚爻的牵制，就像自己的车，后方被九二拖住，前方拉车的牛又被九四阻止，因而与上九背离。于是，六三本人就像遭受刺额、削鼻的刑罚般愤怒。不过，困难终会被克服，虽然开始不利，最后还是有结果，终于见到了上九。

《象传》说，车被牵制，是因为六三阴爻阳位，位置不当。开始不利，最后有结果，是说终于见到了上九。

睽卦的爻辞都是解说，开始乖离，最后仍然和同。亦即，离而合，合又离，是必然的法则。因为求同，同必然能和，所以当背离的时刻来临，不必懊恼，于异中求同，必然能和同。

灵光一闪 无始有终，好！多少奋斗者是无始有终的？

九四：睽孤，遇元夫，交孚，厉无咎。
象曰：交孚无咎，志行也。

"元"，大；"元夫"，大丈夫。

九四应当与初九相应，但都是阳爻，初九不能应援，九四又前后被阴爻包围，以致孤立。不过，虽然九四与初九同是刚爻，应当相应而不相应，但初九刚毅，是大丈夫，只要相互信任，就能够彼此帮助，即或有危险，最后仍然会平安，不会有灾祸。

《象传》说，相互信任不会有灾难，是说自己原有的意志能够实现。

这一爻，说明互信是异中求同的根本。

灵光一闪 不讲高低贵贱，容易异中求同。

六五：悔亡，厥宗噬肤，往何咎？

象曰：厥宗噬肤，往有庆也。

"厥"，其。"尔"，宗族。"肤"，柔软、容易咬食的肉。

六五阴爻阳位，不正且柔弱，却身在尊贵的君位，当然会后悔。不过，六五在上卦的中位，与下卦的九二阴阳相应，可以得到应援，就没什么可后悔的了。其宗族，指应援的九二。在九二前面形成阻碍的六三，阴柔不正，因而九二就像咬柔软的肉一般，很容易地就将其排除掉，并与六五会合。有了强力的支持，前进当然就不会有灾难了。

《象传》说，前往会有吉庆的好事。

这一爻，说明和同就能产生力量。

灵光一闪 团结起来力量大，前进将无咎。

上九：睽孤，见豕负涂，载鬼一车，先张之弧，后说之弧，匪寇婚媾，往遇雨则吉。

象曰：遇雨之吉，群疑亡也。

"负"，背。"涂"，泥。"弧"，弓。"说"，脱。

这一爻辞在《易经》所有爻辞中最富于想象力。上九与下卦的六三相应，但六三前后都有刚爻牵制，不能前往与上九会合；而上九又在睽卦的极点，即上卦明的极点，因而，刚愎不明，满腹猜疑，以致孤立。六三被刚爻包围，就像陷在泥淖中的猪，背上涂满了污泥。虽然六三没有背叛，但上九却猜疑已极，就像看到一车可怕的鬼，起先张弓要射，后来又迟疑，将弓放下。不过，六三本来与上九相应，不是仇敌，是志同道合者，猜疑在最后被澄清，六三与上九终于会合了，就像遇到雨，洗去了泥污，看清了真相。

《象传》说，这是因为消除了猜疑。

这一爻，说明猜疑的可怕。

灵光一闪 猜疑是阻碍"和合"的鬼、一车沾满泥的猪。

睽卦，阐释离与合、异与同的运用法则。

有离必有合，有异必有同，这是必然的法则。君子，消极的固然应同中有异，和而不同，顺应大势，坚持原则，但也应积极地异中求同，这样才能结合力量，有所作为。异中有同，正邪之间也不例外。唯有宽厚包容，才能异中求同。异中求同，是为了结合力量，不得已而权变。积极主动去寻求，并不违背原则。异中有同，同必然能和，即或障碍重重，最后也能和，不必忧虑。同中有异，因而必须互信，才能于异中求得同。而且必须去求，才能于异中团结志同道合者。所以，异中求同为必需而且正当的手段。然而，猜疑是和同的大敌，足以使同也变成异，合也变成离，不能不警惕。

应爻参考：

初九：异中求同是高手。正邪之间求同，手段更高明。

九二：异中求同，一定要变通。

六三：无始有终，好！多少奋斗者是无始有终的？

九四：不讲高低贵贱，容易异中求同。

六五：团结起来力量大，前进将无咎。

上九：猜疑是阻碍"和合"的鬼、一车沾满泥的猪。

蹇 ䷦

> 困难、跛脚。
> 这卦告诉我们：前进有困难，停止更困难。好多事情都是这样的，在前进中有了困难，那困难需要在前进中解决，如果停下来，困难会更大。

蹇，利西南，不利东北。利见大人，贞吉。

《序卦传》说："乖必有难，故受之以蹇。蹇者难也。"

"蹇"，跛，引申为"前进不便、困难"。

这一卦，下卦艮是山、止，上卦坎是水、险。山高水深，前面又有险阻，遇到了困难，只能停止不前，所以，命名为"蹇"。屯卦因动而生难，蹇卦因止而发现难，两者含意不同。

依《说卦传》解释，坤卦在西南，艮卦在东北。但这一卦中，没有坤卦，以卦形来说，不合西南。因而，汉代的易学家，就将卦形做各种变换，以解说西南。实际上，《易经》中的象征，并不固定，凡是一阳二阴的卦形，都是由坤卦演变而来的。所以，上卦坎，也可以看作坤，指西南；坤又是地，容易行走，所以说"利西南"。下卦艮，指东北；艮是山，行走困难，所以说"不利东北"。亦即，在困难时，应当用柔，不宜用刚。

"蹇"是"困难"的意思。克服困难，需要伟大人物的协助，而且必须坚持正道才能得救。幸而九五刚健中正，象征伟大的人物，六二以上的五爻，又都得正，所以吉祥。

彖曰：蹇，难也，险在前也。见险而能止，知矣哉！蹇利西南，往得中也；不利东北，其道穷也。利见大人，往有功也。当位贞吉，以正邦也。蹇之时用大矣哉！

"蹇"是"困难"的意思。上卦坎是险，所以前面有险。下卦艮是止，见到危险，立即停止，岂不是智慧！以卦变来说，小过卦的九四与六五交换，就成为蹇卦，象征九四向前，就到达上卦中位的中正位置。如果后退，就进入下卦艮，停止就无路可走了。又，上卦坎是由坤演变而来的，坤的方向在西南，所以说往西南，亦即，向前有利。下卦艮的方位，在东北，所以说往东北，亦即，后退不利。当置身于困境时，必须得到伟大人物给予的协助，才能继续前进，获得成功。这一卦，六二以上的五个爻，又都得正，所以说，位置正当，坚守正道吉祥，可以整饬家邦。"蹇"即困难，虽然并不期望发生，但依时间变化，有时困难的时势功用，可就太大了。

象曰：山上有水，蹇。君子以反身修德。

下卦艮是山，上卦坎是水，山上有水。山是险阻，水不易涉过，山与水都是困难。君子应当效法这一卦的精神，当遭遇困难时，反过来追问自己，发生困难的原因何在，并且由修养品德着手，去克服困难。

故事 《孟子·离娄上》篇中也说：凡是行为得不到预期效果时，都要反省，从检查自身入手。

初六：往蹇，来誉。
象曰：往蹇来誉，宜待也。

"往"，前进上升。"来"，与往相反，指回来停留在原处。

初六阴爻阳位，柔弱不正，又与上卦的六四阴阴不能相应，勉强前进，必将陷入上卦坎的危险中。因而，前往是自寻烦恼，唯有了解当前的形势，知道力量悬殊，返回来停留在原处以等待时机，才会得到荣誉。

《象传》说，应该等待。

这一爻，说明不可轻率冒险。

灵光一闪 知道停止，不妄动，荣誉还在那里。

六二：王臣蹇蹇，匪躬之故。
象曰：王臣蹇蹇，终无尤也。

"匪躬",奋不顾身、努力向前。

六二阴爻阴位得正,在下卦中央,又与上卦同样中正且在尊位的刚健的九五相应,应当可以顺利向前。然而,上卦艮是险,九五又正陷在险的中央,站在臣的地位的六二只能冒险,不问成败,奋不顾身,前往营救。

《象传》说,这样不论结局如何,最后都不会有怨尤。

后世将"匪躬"当作形容忠臣报国的词,就出自这一爻。

这一爻,说明忠义之举不会引来怨尤。

灵光一闪 为国冒险犯难,不会有怨尤。

九三:往蹇来反。
象曰:往蹇来反,内喜之也。

九三在内卦的最上位,也是内卦唯一的阳爻,成为其他两个阴爻的依靠。然而,九三与外卦的上六相应,一心想要升进。可是,上位无位,上六柔弱无力,并不能给予援引。因而,九三要升进,就会很艰苦。但如果九三认清形势,返回内卦,不但能使内卦的两个阴爻喜悦,而且本身也安泰。

《象传》说,"内喜之也",指内卦两个阴爻高兴。也可以理解为"家里的老婆孩子高兴"。

这一爻,说明与其冒险以求升进,不如退守以求安全。

灵光一闪 如果没把握,退而求其次是最好的选择。

六四:往蹇来连。
象曰:往蹇来连,当位实也。

六四已经踏入上卦坎的险地,进退两难。但六四阴爻阴位得正,怀有救世救人的正义,下面的近邻九三也阳爻阳位得正,与六四志同道合,这时,就应当反过来与九三联合,如此才能冒险犯难,拯救世人。

《象传》说,"当位实也",兼有"六四得正"与"诚实"的含意。

这一爻,说明冒险犯难,应当联合志同道合者,以充实力量。

灵光一闪 团结大多数,诚实可能得正。

九五：大蹇朋来。

象曰：大蹇朋来，以中节也。

"大蹇"，非常艰难。

九五在君位，但陷入上卦险的正中央，形势非常艰难。不过，九五刚健中正，在艰难中，必定会有中正的志同道合者前来营救，那就是六二。

在这一卦中，形势良好时，也从不说吉，因为还没有脱离险境，不能断言是吉是凶。

《象传》说，由于坚守中正的节操，所以会有志同道合者前来救援。

这一爻，说明德不孤，必有邻，得道多助。

> **灵光一闪** 表面有人救，其实是自己救自己。

上六：往蹇来硕，吉；利见大人。

象曰：往蹇来硕，志在内也。利见大人，以从贵也。

上六是这一卦的终极，要前进也没有地方可去，徒然自寻烦恼，所以艰难。而如果回头迁就九五，共挽时艰，就会有丰硕的成果。到此处，艰难已经过去了，所以才说吉祥。伟大的人物，指九五。要遇到这样刚健中正的人物才有利。

《象传》说，这是因为上九的志向倾向于下方的九五。追随在君位高贵的九五才会吉祥有利。

这一爻，说明要克服困难，就应当与贤能联合。

> **灵光一闪** 许多人回头，是因为你蕴含能量，并且显露出希望的曙光。

蹇卦，阐释面对困境的原则。

乖离，必然遭遇困难。面对危险，应当用柔，不宜用刚；应当谨慎地谋求对策，不可退缩；应当反省，坚持正义；应当充分了解现状并量力而为，不能轻率冒险。一旦陷入危险中，唯有奋不顾身地彼此相救才能脱险。明知有困难，与其侥幸冒险，不如退守自保，先求安全，再寻出路。必须冒险犯难时，应当联合志同道合者，以增强力量。得道多助，只有坚持正义，才能感召志同道合者。应当追随贤能，联合贤能，这样才能转危为安。

应爻参考：

初六：知道停止，不妄动，荣誉还在那里。

六二：为国冒险犯难，不会有怨尤。

九三：如果没把握，退而求其次是最好的选择。

六四：团结大多数，诚实可能得正。

九五：表面有人救，其实是自己救自己。

上六：许多人回头，是因为你蕴含能量，并且显露出希望的曙光。

解 ䷧

> 解除、缓解、排解。
> 这一卦告诉我们：排解困难，应该限时限刻，不可有任何拖延。排解困难后，一切都应归于简易宁静，不可再折腾。

解，利西南，无所往，其来复吉。有攸往，夙吉。

解卦，是与蹇卦形象上下相反的综卦。困难必须排解，但排解后又容易耽于安乐，产生新的困难。难与解相反相成。

《序卦传》说："物不可以终难，故受之以解。解者缓也。"

这一卦，内卦坎是险，外卦震是动。行动了，走出了困境，排除了困难，所以，命名为"解"。

解卦来自升卦，升卦的"三"位与"四"位交换，就成为解卦。升卦的上卦坤，方位在西南，九三升入西南的坤，成为排解困难的解卦，所以说西南有利。亦即，排解困难，应当用柔。又，西南的坤是地，大地平坦宁静，当困难排解之后，一切就应当都归于简易宁静，与民休息，不可再烦琐扰民，这样才有利。当困难排解之后，不宜再有任何行动，应当回到原来的地方休息，这样才会吉祥。排解困难，应当迅速，不可使纷扰延续过久，这样才会吉祥。

彖曰：解，险以动，动而免乎险，解。解利西南，往得众也。其来复吉，乃得中也。有攸往夙吉，往有功也。天地解，而雷雨作，雷雨作，而百果草木皆甲坼，解之时大矣哉！

"甲坼"，果实裂开。

解卦由下卦坎的险与上卦震的动构成，是行动而能脱离危险的形象，所以称作"解"。西南是坤卦，性格平易。以平易的方法排解困难，可以得到大众的拥护。又，升卦的九三与六四交换，上升进入西南的坤卦，成为解卦。坤卦象征众，所以说得众。如果没有前往的去处，回来就是吉祥的。由于九二在内卦得中，故以中庸之道才能够排解困难。如果有前往的去处，则愈快愈好，因为前往可以获得成功。这也是指九二而言的。这一卦，下卦坎是水，上卦震是雷，象征雷雨。依大自然的法则，由秋至冬，冻结闭塞，当闭塞到极点，春天到来，天地解冻，发生雷雨，各种植物的种子，坚硬的壳裂开了，再度萌芽。所以，排解困难的时间因素太伟大了！

这一卦说明行动能脱离危险，但时机要对头。

象曰：雷雨作，解。君子以赦过宥罪。

"过"，过失。"宥"，宽恕。

雷雨发生，大自然的闭塞现象解除了。君子应当效法这一精神，赦免不是故意犯过的人，宽恕故意犯罪的人。

故事《后汉书·陈宠传》中说：到除夕，如果死刑还没有执行完毕，春天已经到来，就要延迟到第二年的冬天才执行。亦即人的行为，必须与大自然因应。

初六：无咎。
象曰：刚柔之际，义无咎也。

"义"，在此当"宜"解。

初六是柔爻，在最下方，柔顺，位置不显著，所以安全。而且，初六与上卦的九四阴阳相应，虽然不会大吉，但也没有灾难。

《象传》说，在初六与九四刚柔相应的情况下，应当不会有灾难。

这一爻，说明在遇到困难之初，就应当迅速地排解困难。

灵光一闪 排解困难于初起之时，重迅速，轻细腻。

九二：田获三狐，得黄矢，贞吉。
象曰：九二贞吉，得中道也。

"黄矢"，装有黄金箭头的箭。

这一爻的象征意义不容易理解。狐是迷惑人并使人中邪的动物，象征小人。这一卦有四个阴爻，除了在君位的六五之外，还有三个阴爻，所以说三狐。九二阳爻刚毅，在内卦的中位，因而中庸，又与在君位的六五相应，得到信任，能够驱逐迷惑君主的三个小人，所以说猎获三只狐。如果射狐，狐逃走了，就会损失黄金箭头的箭。但射中猎物，就会得回箭。黄是地的颜色，在木、火、土、金、水的五行中，是中央的颜色，而箭是直的，故"黄矢"象征在驱逐小人时，须用中庸、正直的方法。驱逐小人，是为了使正义得到伸张，须坚守正道才会吉祥。

《象传》说，九二吉祥是因为在中位，守中道。

这一爻，说明排解困难，须把握中庸、正直的原则。

灵光一闪 排解困难，须排除小人的干扰。

六三：负且乘，致寇至，贞吝。
象曰：负且乘，亦可丑也。自我致戎，又谁咎也。

六三是阴爻，象征小人，却位于下卦的最高位，而且阴爻阳位不正，品德与地位不相称，必然会招致想盗取这一地位的人出现，即使坚守正道，也难免蒙羞。

《象传》说，身背重物而且乘坐华丽的大车，必然招来歹人。自己招来强盗，又是谁的过失呢？后世用"负乘"形容地位与身份不相称的人，就是出自这一爻辞。

这一爻，说明排解困难，名实必须相符。

灵光一闪 过分张扬会招惹小人和盗贼。

九四：解而拇，朋至斯孚。
象曰：解而拇，未当位也。

"解"，用刀将牛角切离。"而"，通"尔"，指九四。"拇"，大脚趾，指在最下方的初六。初六与九四相应，又在最下方，所以说是大脚趾。

九四与初六，位都不正，亦即，以不正相应。不过，九四是阳爻，象征君子，初六是阴爻，象征小人，虽然它们相应，却不能成为志同道合者。九四断然将初六切除，朋友才会到来，才会对自己产生信心。亦即，切断与小人的关系，才会得到君子的信任。

《象传》说，九四应当得正却不正，这是位置不正的缘故。这里含有惋惜的意思。

这一爻，说明除恶务尽，离小人才能得到君子的信任与支持。

灵光一闪 离小人才能得君子，这也是一种解除。

六五：君子维有解，吉；有孚于小人。
象曰：君子有解，小人退也。

"维"，只、仅。"孚"，信，引申为"验证"。

阴爻代表小人。这一卦有四个阴爻，其中只有六五在君位，是君子，但容易与其他三个阴爻的小人混在一起。君子应当远离小人，只与君子交往，这样才会吉祥。所以，君子在思考是否已经断绝不良的交往时，应当以小人是否已经远离来验证。

《象传》说，君子能够得到解脱，是因为小人的势力消退了。

这一爻，说明君子势长，小人必然势消。

灵光一闪 小人在君位就不是小人了。剩下的问题是如何远小人。

上六：公用射隼，于高墉之上，获之，无不利。
象曰：公用射隼，以解悖也。

"公"，指公爵。上六是这一卦的最高位，但不如"五"位的君位，所以称"公"。"隼"，恶鸟，象征小人，指六三。"高墉"，高的土墙，指上六。"悖"，叛乱。

这一爻，是解卦终结的一爻，一切困难必然都要排除掉。上六对贪想高位、不相应的小人六三，在其飞上来的时候，就像站在高墙上射隼般，将其射落，不会有什么不利的。

《象传》说，公爵将隼射落，以解决叛乱。

这一爻，说明铲除邪恶应断然果决。

灵光一闪 对小人采取措施要断然。

解卦，阐释排除困难的法则。

发生困难，就应当设法排解。原则上，只有采用柔和平易的方法，才能得到群众的支持，而且应当快速地排解困难，以免扰民。在有了困难之初就应当刚柔相济，顺应情势，立即将其排解掉。应当坚持中庸、正直的原则，任用得当的人，名实相符，不可敷衍了事，以免徒然增加困难。而且除恶务尽，要断然采取严厉的手段。小人势消，君子势长，才能得到正义力量的信任与支持，使困难消除于无形。排解困难，还要手法多样，使局面早日恢复平静。

应爻参考：

初六：排解困难于初起之时，重迅速，轻细腻。

九二：排解困难，须排除小人的干扰。

六三：过分张扬会招惹小人和盗贼。

九四：离小人才能得君子，这也是一种排解。

六五：小人在君位就不是小人了。剩下的问题是如何远小人。

上六：对小人采取措施要断然。

损 ䷨

> 减少、损失。
>
> 这一卦告诉我们：损下利上，是损；损上利下，是益。祭祀，虽然形式上减损了，但虔诚的心意仍然会被神接受。在《易经》里面，"民重官轻"的思想随处可见。

损，有孚，元吉，无咎，可贞，利有攸往？曷之用，二簋可用享。

《序卦传》说："缓必有所失，故受之以损。"

"损"，减。"曷"，何以。"簋"，方形的竹盘。

这一卦来自泰卦。泰卦的下卦减少一个阳爻，上卦增加一个阳爻，就成为损卦。亦即下损上益，民众的财富减损，君主的财富增益，但重点在于减损，所以卦名称作"损"。与这一卦相对的，是上损下益，仍然是以下为准，卦名称作"益"。减损不能完全视作恶，为治理国家，有时必须使民众的所得受到某种程度的减损，但必须取之于民，用之于民，才能得到民众的信任，被民众接受。使民众减损，应当不吉利、是过失、不能长久持续，然而，只要诚信，就会有利，就是吉祥的。

减损应当怎么运用？以祭祀为例，只要有诚意，两竹盘的祭品就足以用来祭祀，虽然形式上减损了，但虔诚的心意仍然会被神接受。亦即，当祭品有所减损时，只要虔诚，最后仍然会大吉，甚至连吝啬也不会有妨碍。

彖曰：损，损下益上，其道上行。损而有孚，元吉，无咎，可贞，利有攸往。曷之用？二簋可用享。二簋应有时。损刚益柔有时，损益盈虚，与时偕行。

减损，是减损下方，增益上方，是由下往上进行的。减损只要诚信，就会大吉，就没有过失，可以长久持续，并且有利。怎么减损？虽然两竹盘的祭品就可以用来祭祀，但并非一切纹饰、形式都可以废除。礼仪应当以虔诚为本质，但虔诚必须借形式才能表达。因而，要以两竹盘祭品祭祖，应当依时机决定，须重视实质与形式，唯有为形式而形式的虚饰，才使其减损。同样地，过刚就应当减损，过柔就应当增益，但也得受时间因素的限制。减损、增益、盈余、亏虚，随着时间的变化而变化，因而，也应当随着时间的变化而适当处置，不可以违反。

象曰：山下有泽，损。君子以惩忿窒欲。

损卦的上卦艮是山，下卦兑是泽，减损泽中的土，以增益山，所以山高泽低。君子应当效法这一精神，对自己的愤怒，应当自我惩戒，对自己的贪欲，必须自行扼杀，以减损人欲，增益天理。

《道德经》说：损之又损，一直到无所作为。亦即，应当将有为、聪明、欲望减损，恢复到无为无欲的自然状态。这是老子的哲学思想。但在处世哲学方面，由《易经》的谦、损、艮、节各卦中可以发现，老子与孔子的思想是一致的。

礼仪应当以虔诚为本质，但虔诚必须借形式才能表达。

初九：已事遄往，无咎，酌损之。
象曰：已事遄往，尚合志也。

"已"，停止。"遄"，急速。"尚"，与"上"同。

初九已当损下益上的时刻，与上卦的六四相应。初九本身刚健有余，六四则阴柔不足，于是，初九停止自己的工作，急速去协助六四。这是舍己为人的善行，不会有灾难。不过，在损益之间，应当斟酌量力，使其适度。

《象传》说，这是由于上方的六四与初九相应，志同道合。

这一爻，说明应损则损，但必须量力、适度。

灵光一闪 舍己为人要量力而行。

九二：利贞，征凶，弗损益之。
象曰：九二利贞，中以为志也。

九二阳爻刚毅，在下卦中央，中庸不妄进，因而坚持正道有利。如果积极向外发展，就会有凶险。虽然舍己助人是应当的，但有时不减损自己而能帮助对方，反而能使对方更加有益。

世上有许多愚忠、愚义的人，往往不懂得这一道理。

《象传》说，这是以中庸为志向的缘故。

这一爻，强调不损而益的道理。原则应当灵活运用，不可拘泥。

灵光一闪 不舍己又能为人，这是最好的事。

六三：三人行，则损一人；一人行，则得其友。
象曰：一人行，三则疑也。

损卦是由泰卦转变而来的，泰卦的下卦减少一个阳爻，上卦增加一个阳爻，就成为损卦。亦即，泰卦下卦的三个阳爻损失了一个，所以说，三人行，减损了一人。同时，泰卦的上卦有一个阴爻下降，阴阳相遇，所以说，一人行得到了朋友。

天下万物，都是由一阴一阳结合而成的，因而，一人单独前往必定会遇到情投意合的朋友，三人一起前往，就会彼此猜疑，不知道应当与哪一个人结为同伴，其中的一人就会因另外找同伴而离去。亦即，平均的原则是损有余，益不足，三人就要减损一人，一人就得增益一人。

《象传》说，"三则疑也"，是解释有了第三者加入，对立双方的同一性就被破坏了。

这一爻，说明损有余、益不足的原则。

灵光一闪 损益可以随时改变。

六四：损其疾，使遄有喜，无咎。
象曰：损其疾，亦可喜也。

"疾"，病，引申为"缺点"。"使"，假定。

六四要从相应的初九处得到帮助。初九是刚毅的君子，而六四是阴柔的小人，在品格上有缺陷。所以，可以用初九的优点减损六四的缺点。不过，就像治病，愈快治疗，治愈的机会就愈大，以损增益应当快，在积恶不深时就加以纠正，这样才会有可喜的结果，不会有灾难发生。

《象传》说，减少缺点是可喜的事情。

这一爻，说明以损增益，行动必须迅速。

灵光一闪 减损了缺点是最大的好事。

六五：或益之，十朋之龟弗克违，元吉。
象曰：六五元吉，自上佑也。

"或"在此处，指"不特定的多数人"。"朋"，贝币两枚。"上"，指"天"。

《汉书·食货志》说：兀龟，是长一尺二寸的大龟，价值十朋。亦即，用来占卜的是价值达十朋的大龟。

六五阴爻中虚，柔顺虚心，而且位于这一卦的君位，正当损下益上的时刻。天下对这样的君主，大多数人都会减损自己，使君主增益。这是理所当然的事，就是用价值十朋的大龟占卜，结果也会如此。亦即，柔顺中正又谦虚的人，当会得到大多数人的支持，所以大吉。

《象传》说，之所以如此，是因为上苍保佑这样的人。

这一爻，说明以损增益，必须得到大多数人的支持。

灵光一闪 柔顺中正又谦虚的人，当会得到大多数人的支持。

上九：弗损益之，无咎，贞吉，利有攸往，得臣无家。
象曰：弗损益之，大得志也。

上九的爻辞"弗损益之"与九二的爻辞相同，但由于地位不同，所以含意也不同。上九是损卦的结束，损极而益的时刻。上九刚爻在最上位，如果用强使下面受损，则形同掠夺，就成为极大的过错。而且，上九本身是阳爻，象征充实，并不需要使下面受损。相反，上九应当以自己的多余，使下面的人受益才正当。这样坚守正道，才会吉祥，前进也有利，并且可使天下的人臣服，一心为国，忘了自己的家。

《象传》说，这样做，就可以大展抱负了。

这一爻，说明损益完全依状况而定，当损则损，当益则益，这样才能使民众心悦诚服。

灵光一闪 无家才能得天下。须知舍人最终为不了己。

损卦，阐释损人益己的原则。

损人益己，必须以诚信为基础，以取之于人、用之于人为目的，这样才能获得他人的信任与支持。损人益己要适度，且量力而为。首先应当考虑不损而益的手段，把握损有余、益不足的原则。应讲求效率，迅速行动，以使损失降至最低，增益升至最大。损与益，应依状况，适切运用，当减损时则减损，当增益时则增益，而且要柔和、谦虚、中正，这样才能使民众心悦诚服，全力支持，而自己也得以施展抱负。如果损不足而益有余，则会使天下大乱。

应爻参考：

初九：舍己为人要量力而行。

九二：不舍己又能为人，这是最好的事。

六三：损益可以随时改变。

六四：减损了缺点是最大的好事。

六五：柔顺中正又谦虚的人，当会得到大多数人的支持。

上九：无家才能得天下。须知舍人最终为不了己。

益

> 增多、收益。
>
> 这一卦告诉我们：可以有所行动。

益，利有攸往，利涉大川。

《序卦传》说："损而不已必益，故受之以益。""益"与"损"，含义相反，所以卦形也相反，它们彼此是综卦。一损一益，相反相成。

这一卦，是将否卦的上卦减少一个阳爻，下卦增多一个阳爻而成的，上损下益，象征统治者减损财富，使民众增益。益卦的六二与九五都中正而且相应，加以下卦震是动，所以前进有利。又，上卦巽是风、木，下卦震是动，被风吹动的木，象征船，因而用有利涉过大河来比拟，暗示可以冒险犯难。

彖曰：益，损上益下，民说无疆，自上下下，其道大光。利有攸往，中正有庆。利涉大川，木道乃行。益动而巽，日进无疆。天施地生，其益无方。凡益之道，与时偕行。

益卦是减损上方，增益下方，使民众无穷地快乐，由上而下，使民众受益，其道义大放光明。前进有利，是由于六二与九五都中正，所以吉庆。有利涉过大河，是因为上卦巽是木与风，下卦震是动，木在水上漂浮，被风吹动，象征木制的船发挥了功用。又，内卦震是动，外卦巽是顺，顺从道理而行动，必然每天都有所增益，一直到无穷。另外，否卦九四与初六交换，成为益卦，否卦的上卦乾是天，下卦坤是地，这是天施予地一个阳，地为天生一个阴，使万物无限增益的形象。大凡使他人增益的道理，时间因素都非常重要，应当随时机而进行。

象曰：风雷，益。君子以见善则迁，有过则改。

益卦的上卦巽是风，下卦震是雷。风愈强烈、急速，雷愈响亮、迅疾；雷愈响亮、促疾，风也愈强烈、急速。风与雷相互助长，使气势互相增益。君子应当效法这一精神，见到他人比自己优秀善良就毫不迟疑地像风一般立即追随，发现自己有过失就毫不忌惮地像雷一般果断地改过，这是使自己获得增益的大原则。

初九：利用为大作，元吉，无咎。
象曰：元吉无咎，下不厚事也。

"大作"，大事。"厚事"，重大事项。

初九在最下位，本来不能有所作为，但现在正当上损下益的时刻，由于在上者的施予使初九增益了，就可以担当大事了。

《象传》说，在最下位的民众本来不能胜任大事，必须以"元吉"为先决条件，亦即，大事必须绝对是善事，才不会有过错。

这一爻，说明施予才能得到民众的支持，进而从事伟大的事业。

灵光一闪 下面要成大事，上面的支持至关重要。

六二：或益之，十朋之龟弗克违，永贞吉。王用享于帝，吉。
象曰：或益之，自外来也，

在损卦六五的爻辞中也有"或益之，十朋之龟弗克违"这样的句子。损卦倒过来成为益卦，所以，益卦的六二相当于损卦的六五，但受益的在下位。六二柔顺、虚心、中正，与九五相应，因而，任何人都会予以帮助，就是用价值十朋的大龟占卜，结果也会如此。不过，六二柔爻柔位，过于柔弱，所以又特别强调，必须永远坚守正道才会吉祥。古代君王祭享天帝时，须先行占卜，如果得到这一爻，举行祭天的大典会是吉祥的。亦即受益与祭天，所需要的虔诚相同。

《象传》说，六二的增益是外来的。亦即，否卦的外卦减少一个阳爻，使内卦增多一个阳爻，就成为益卦。

这一爻，说明柔顺、谦虚、中正，必然能得到增益。

灵光一闪 即使十拿九稳的好事，也要坚持纯正。

易经今解：释疑·解惑·见微

六三：益之用凶事，无咎。有孚中行，告公用圭。
象曰：益用凶事，固有之也。

故事 在《周礼·春官宗伯》中，有"以凶礼哀邦国之忧"的记述。周代有这样的惯例，当诸侯各国发生君主死亡、饥馑、天灾、战乱等重大事故时，就报告天子，并通知邻国，请求援助。这一惯例，到春秋时代依然盛行，在《左传》《国语》中，可以见到很多这样的事例。这时派往邻国的使者，通常都带着礼物。例如《国语·鲁语》中记载："鲁庄公二十七年，鲁国发生饥馑时，臧文仲带着圭与磬当礼物，前往邻国齐国，请求援助。"

"公"，王公，指六四。

六三在下卦的最上位，与上卦邻接。下卦震是动，所以六三自动前往，向六四请求援助。对君子来说，乞求别人是可耻的行为，但当发生凶险事故时，则是例外，不是过失。这里有两个条件：第一，行为须符合中庸的原则。第二，在向王公报告时，须带着圭当礼物。《礼记·郊特牲》中说：大夫手上拿着圭，是为了表示守信。圭用玉制成，方正有棱角，象征诚信。亦即，在发生凶险事故时，可以向他人求援，但不可违背中庸之道，而且要诚实，不可以欺骗人。

《象传》说，用增益之物拯救凶荒，当然是可以的。

这一爻，说明诚实地求助，并不违背原则。

灵光一闪 人在困难之时，最好说老实话。

六四：中行，告公从。利用为依迁国。
象曰：告公从，以益志也。

这一爻的爻辞与前一爻六三的爻辞意义是相连贯的。"公"指六四，前来求告的是六三。当否卦变为益卦时，自己损失一个阳爻，增益下卦初爻的就是六四。所以，求告这一损己利人的王公，就会如愿。前一爻六三是以凶事告诉邻国，实际上并不限于凶事，有吉事时也会告诉邻国，相互赠送贺礼,以获得增益。不过,必须以履行中庸的原则为条件。可惜,六四不在中位,因而特别强调。能够迁移国都以获得强大友善的邻国的庇护,当然有利。例如,《左传·隐公六年》的记事中,就有"我周之东迁,晋郑焉依"的记载。由卦象来看,六四是由否卦"初"迁到"四",成为益卦,因而象征迁都。

《象传》说,这是因为王公有损己利人的志向。

这一爻,说明中庸是获得帮助的条件。

灵光一闪 事说得好,礼仪周全,就会得到帮助。

九五:有孚惠心,勿问元吉。有孚惠我德。
象曰:有孚惠心,勿问之矣。惠我德,大得志也。

"惠心",施予恩惠的心。"德",同"得"。

九五阳爻阳位,在中央君位,因而刚毅中正;在下卦,又有同样中正的六二相应,所以,有力量也有诚意,对民众布施恩惠,用不着问卜,就知道这是非常吉祥的。这样,民众也必然以诚意回报,九五自己也会有收获。

《象传》说,这样就可大展抱负了。

这一爻,说明施即受的道理。

灵光一闪 在上者,有惠心,就可得民心。

上九:莫益之,或击之,立心勿恒,凶。
象曰:莫益之,偏辞也。或击之,自外来也。

上九阳刚,已经到达益卦的极点,贪得无厌,要求他人奉献,以至于没有人再理睬他;甚至引起他人愤怒,招致他人攻击。

故事 《论语·里仁》篇中说:行为只放纵在利益上,就会招致许多怨恨。只看重利益,意志必摇摆不定,结果当然凶险。《系辞传》说:在危险时采取行动,民众不会参与;在疑惧中说的话,民众不会响应;意志不能沟通而有所要求,民众不会给予支持。不给予支持,伤害就要来临了!

《象传》说，没有人给予协助，是因为上九所说的都是片面之词。甚至有人攻击，是说攻击将来自意料不到的地方。

这一爻，告诫不可贪得无厌。

灵光一闪 危险时行动，民众不会参与；疑惧中发指示，民众不会响应；未沟通时提要求，民众不会支持。

益卦，阐释损己益人的原则。

损己益人，急公好义，必然使人喜悦，赢得他人赞美。施就是受，诚心诚意帮助他人，必然也会得到他人诚心诚意的回报。获得了信任与支持，就可以团结力量，成就大事，甚至可以冒险犯难。但动机必须纯正，目的必须正当，而且要把握时机。受益的一方必须柔顺、谦虚、中正，他人才会乐于施助。急难时向他人求助并不违背原则，但应以适度、诚信为条件，而且应向乐于损己益人的人求助，求助对象要有所选择。不可贪得无厌，否则，不但得不到他人的帮助，反而招致他人的攻击。有失必有得，有损必有益。

应爻参考：

初九：下面要成大事，上面的支持至关重要。

六二：即使十拿九稳的好事，也要坚持纯正。

六三：人在困难之时，最好说老实话。

六四：事说得好，礼仪周全，就会得到帮助。

九五：在上者，有惠心，就可得民心。

上九：危险时行动，民众不会参与；疑惧中发指示，民众不会响应；未沟通时提要求，民众不会支持。

夬 ䷪

> 决断、决裂。
>
> 这一卦告诉我们：做很多事情都不需要面面俱到，但决断小人一定要面面俱到。

夬，扬于王庭，孚号，有厉，告自邑，不利即戎，利有攸往。

《序卦传》说："益而不已必决，故受之以夬。夬者决也。"

"夬"，拉弓时戴在大拇指上的护套；弦由护套上弹离，所以"夬"引申为"决断"。大凡"夬"旁的字，如决、快、诀、缺等，都有"离"的含意。

夬卦有五个阳爻，一个阴爻，是强大的阳将阴隔断的形象，所以称作"夬"。

这一卦，也是消息卦，代表三月。

这一卦阳盛，象征君子势力强大，仅有少数小人有待驱除。但仍应在朝廷上，先宣告小人的罪状，然后以诚信号召群众，合力驱除小人。不过，小人诡计多端，驱除他们仍然会有危险，不可掉以轻心。所以，首先应当告知自己领地的人，先获得支持，不可立即动用武力，这样进行，才会有利。亦即，应先有万全的准备，然后才可以发动攻击。

彖曰：夬，决也，刚决柔也。健而说，决而和，扬于王庭，柔乘五刚也。孚号有厉，其危乃光也。告自邑不利即戎，所尚乃穷也。利有攸往，刚长乃终也。

"夬"即决，以卦形来说，是阳刚将阴柔决断。以上下卦的性格来说，下卦乾是健，上卦兑是悦，虽然可以刚健地勇往直前，但在做法上，仍应当使人心悦诚服。要先于朝廷上宣扬，因为一个阴爻的小人高坐在许多阳爻的君子头上，就已经罪大恶极。以诚信号召，强调其危险性，这样才能引起警惕，使君子的作为发扬光大。要先告知自己的领地，获得支持。立即以武力攻击是不利的，因为只崇尚武力，反而会有行不通的情形发生。

又，这一卦再上升一步，最后的阴爻也变为阳爻，就成为纯阳、最吉利的乾卦，阳刚的生长，到此时才终结，所以说，前进有利。

象曰：泽上于天，夬。君子以施禄及下，居德则忌。

夬卦的上卦兑是泽，下卦乾是天。泽中的水蒸发，升到天上，又成为雨，降下来。君子应当效法这一精神，将恩泽施予在下的民众。但不可因此就以为对人有了恩德，因为一切恩泽都来自天赐，并非个人力量所能及。

这一卦，说明恩泽与甘霖，源于天。

初九：壮于前趾，往不胜为咎。
象曰：不胜而往，咎也。

初九说前面的脚趾健壮，与大壮卦初九的说法相同。不过，夬卦阳刚的生长比大壮卦又进了一步。初九是下卦乾亦即刚健的一部分，所以壮大，意气洋洋，要往前走，然而，却在最下位，心有余而力不足，并不能胜任决断小人的使命。所以，事先必须有万全的策划与准备，否则会失败。

《象传》说，不能胜任而勉强前往，必然是灾难。

这一爻，说明决断小人，要先有万全的准备。

灵光一闪 不能胜任而勉强前往，必然是灾难。

九二：惕号，莫夜有戎，勿恤。
象曰：有戎勿恤，得中道也。

"惕"，忧惧。"莫"，"暮"的本字。"恤"，忧患。

九二正当要将小人决断的时刻，刚爻柔位，象征刚柔并济，不会冲动冒进。九二又在内卦的中央，能遵循中庸之道，所以，能够时刻忧惧警惕，呼叫提醒防范敌人的袭击，即使夜间遭遇敌人的攻击，也不必担心失败。

《象传》说，不忧虑是因为得中道。

这一爻，说明决断小人应提高警觉，防范小人的反击。

灵光一闪 决断小人也有被小人决断的危险。

第二章 《周易》上下经

九三：壮于頄，有凶。君子夬夬，独行遇雨，若濡有愠，无咎。
象曰：君子夬夬，终无咎也。

"頄"，颊骨。

九三是刚爻，而且在一连三个刚爻的上方，超过了中位，刚强过度，因而，决断的决心显现在脸上，以至于招来小人的憎恨，被小人反击，结果凶险。九三在这一卦中，是唯一与上卦有相应爻的一爻，而相应的上六却是阴柔的小人。虽然九三有决断小人的决心，但被其他刚毅的君子怀疑，于是向小人妥协。阴阳调和成为雨，九三就像在单独行动中遇到雨，被淋湿而心中气愤。不过，九三本身是有决心的君子，最后还是决断了小人，并且不会被他人责难。

故事 东晋的温峤，表面上服从逆臣王敦，暗地里却在备战。当时机成熟时，他一举将王敦消灭了。此事正与这一卦的寓意相同。总之，在面对恶人时，显示出敌意将会招来祸端。应当不动声色，暗中做准备，最后伺机将其决断。虽然暂时也许会被误解，但总有真相大白的一天，不必介意。

《象传》说，君子十分果断，这样做最终没有灾咎。

这一爻，说明决断小人应隐忍，不动声色，在暗中进行。

灵光一闪 做事切忌"白鹤未飞先拉屎"。

九四：臀无肤，其行次且。牵羊悔亡，闻言不信。
象曰：其行次且，位不当也。闻言不信，聪不明也。

"次且"，趑趄，"徘徊不能前进"的意思。

九四阳爻阴位，又不在中位，象征心中迟疑，坐立不安，就像屁股上的皮肤剥落无法坐稳一般，以致进进退退，迟滞不前。又，上卦兑是羊。牵羊的要诀是跟在后面，让羊自由自在地走，如果在前面拖拉，羊就不会前进。所以要像牵羊一般，不争先，跟随其他阳爻前进，这样才不会发生令人后悔的事情。不过，在决心决断小人的时刻，无论如何都容易冲动，

247

虽然听到这样的忠告，恐怕也不会相信。

《象传》说，之所以迟滞不前，是因为九四的地位不当；之所以不听忠告，是因为愚蠢，将听到的当作耳边风。

这一爻，说明决断小人既不可迟疑，也不可冲动。

灵光一闪 把忠告当耳边风，愚蠢。

九五：苋陆夬夬，中行无咎。
象曰：中行无咎，中未光也。

"苋陆"，草名，有"关陆""苋菜"等多种叫法，总之，是一种柔脆多汁、不容易干的草。

这一爻的爻辞不容易理解。九五在这一卦五个阳爻的最上方，是这一卦的主爻，也是决断小人的主角。然而，九五与上六的小人接近，态度暧昧得就像不容易干的苋陆一般。但九五阳爻阳位，在上卦中央的君位，刚毅中正，有将上六决断的决心，又不失中庸之道，不会冲动偏激，所以不会有灾难。

《象传》说，九五接近上六的小人，最理想的做法是以感化的方式使其改过迁善。以力量将其决断，虽然没有违背中庸的原则，但毕竟没有将中庸的道理发扬光大。

这一爻，说明决断小人须把握中庸的原则。

灵光一闪 对小人，最好的教育是感化。

上六：无号，终有凶。
象曰：无号之凶，终不可长也。

上六是阴爻，是要被决断的小人。在被穷追不舍的情形下，即使上六大声呼号，也不会有人理会，最后仍难逃凶境。

《象传》说，小人即使高踞在君子的头上，最后也不能长久。

这一爻，说明小人迟早会被决断。

灵光一闪 高踞君子头上的人，好景不长。

夬卦，阐释消除邪恶的原则。

过度增益，必然又会盛极而衰，小人的势力再度延伸，又得将其决断。小人诡计多端，决断小人不能不戒慎恐惧。首先应有万全的准备，不可妄动。应当刚柔并济，提高警觉，不可冒进。应当不畏非议，隐忍，不动声色，暗中进行，把握时机，一举歼灭小人，以免被小人反击。既不可迟疑不决，也不可冲动，应有决心，审慎行动。决断小人，应把握不偏不倚的中庸原则，最理想的方式是用柔，以感化使其改过迁善。总之，小人的势力无法长久，虽能得意一时，终将被消灭。

应爻参考：

初九：不能胜任而勉强前往，必然是灾难。

九二：决断小人也有被小人决断的危险。

九三：做事切忌"白鹤未飞先拉屎"。

九四：把忠告当耳边风，愚蠢。

九五：对小人最好的教育是感化。

上六：高踞君子头上的人，好景不长。

姤 ䷫

> 邂逅、相遇。
>
> 这一卦告诉我们：世界上没有绝对的善恶，恶行也有可以被善用的一面。

姤，女壮，勿用取女。

这一卦，与夬卦是形象相反的综卦。夬卦是决裂，姤卦是相遇。

《序卦传》说："决必有遇，故受之以姤。姤者遇也。"

"姤"同"逅"，即邂逅，意外相遇。但逅是在道路上相遇，姤则是男女相遇。

这一卦也是消息卦，代表五月。

姤卦，一阴与五阳相遇，亦即一个女人周旋在五个男人中间。这种女人，必然不守贞节。而且，她身体健壮，这种女人，不可以娶来做妻子。

彖曰：姤，遇也，柔遇刚也。勿用取女，不可与长也。天地相遇，品物咸章也。刚遇中正，天下大行也。姤之时义大矣哉！

姤，"相遇"的意思，一个柔爻遇到五个刚爻。不可以娶为妻子，是说即使娶回来，也不能长相厮守。而且以卦形来说，姤卦是阴柔侵入阳刚。不过，邂逅不一定都不好，天与地相遇，各种类的物才明显地出现；刚遇到中正的柔，刚柔相济，相辅相成，就能使抱负大行于天下。所以，邂逅的时间意义太伟大了！

象曰：天下有风，姤。后以施命诰四方。

"后"，后王，即继位的天子。

这一卦，上卦乾是天，下卦巽是风。当天上有风吹起时，风遍及一切，与任何物都相遇。君王应当效法这一精神，施行命令，告知四方。

第二章 《周易》上下经

☰☴ **初六：系于金柅，贞吉，有攸往，见凶，羸豕孚蹢躅。**
象曰：系于金柅，柔道牵也。

"柅"，车轮的刹车部件，即刹车器。"羸"，瘦。"蹢躅"，即踯躅，徘徊不前。

姤卦的爻辞多半不容易理解。

初六是在纯阳下面开始发生的阴。只要将这一个阴阻止住，小人的势力就无法形成。所以，像用金属制成坚固的刹车器一般，要将小人制止住，这样坚持正道，吉祥。如果姑息，容许小人前进，君子就会受到小人的侵害，凶险。然而，小人不会甘于寂寞，虽然只有一个阴爻，像一只瘦弱的猪，但是，这只猪却不断徘徊，等待机会，想乘隙前进，君子不可不严密戒备。

《象传》说，之所以要用金柅系绊，是因为要牵制阴柔。

这一爻，说明对小人应戒备，在其势力形成之前就要严厉制止。

灵光一闪 对于坏人坏事，不可怜悯与大意。

☰☴ **九二：包有鱼，无咎，不利宾。**
象曰：包有鱼，义不及宾也。

"包"，茅草做的草袋。《诗经·国风·召南》中有"野有死麕，白茅包之"的句子。"宾"，宾客，这里指其他阳爻。

九二与初六密接，亦即相遇。虽然初六与九四相应，但在这一卦，相遇比相应更受重视。九二是阳爻，初六是阴爻。想要前进的初六被九二包住，不能动转，就像鱼被茅草包住一样。鱼是水中的生物，属于阴，象征小人。九二用包起来的方法使小人的祸害不会扩散，宾客即使遇到小人，也不会有灾难。如果不防范，小人与宾客接触，宾客就难免被勾引，坠入圈套。

《象传》说，这样就祸害不到宾客。

这一爻，说明对小人应防止其影响的扩大，以免其他人被诱惑。

灵光一闪 防小人，手段最为重要。记住：鱼无水即死。

九三：臀无肤，其行次且，厉，无大咎。
象曰：其行次且，行未牵也。

臀部没有皮肤，行动趑趄。在夬卦九四的爻辞中也有同样的句子。夬卦反过来成为姤卦，夬卦的九四相当于姤卦的九三。

九三刚爻刚位，过于刚强，离开了内卦的中位，不能中庸，以至于一意追求异性。阳追求阴，这是自然的欲望，但下方的初六已经与九二相遇。而如果向上方寻求，则上方的上九又阳刚，不能相应，所以，九三处在进退两难的地步，以至于坐立不安，趑趄不前。不过，九三不能与阴柔相遇，也就不会受到小人的伤害，所以说，虽然孤立无援，有危险，但不会有大难。

《象传》说，虽然九三趑趄，但仍然在前进，行动没有受到牵制。

这一爻，说明即或孤立无援，也不可与小人结伴。

灵光一闪 趑趄，远比跌倒在小人的怀抱好。

九四：包无鱼，起凶。
象曰：无鱼之凶，远民也。

九四本来与初六相应，但初六遇到九二被阻止，不能前来。初六是阴，以鱼比喻，九四的包中没有鱼，是远离民众的结果。初六是阴柔的小人，在此指小民。远离小民，虽然不会有灾难，但从另一角度说，也表示自己缺乏肚量，不能包容，所以用包中无鱼比喻。在这种民心背离的情况下，要想奋起行动，就会有凶险。

《象传》说，远离民众很危险。

这一爻，说明包容才能得到广大民众的支持。

灵光一闪 领导人不可胸中无民。

九五：以杞包瓜，含章，有陨自天。
象曰：九五含章，中正也。有陨自天，志不舍命也。

"杞"，杞柳，生长在河边，柔软，可以用来编制器物。"含章"，将文采隐含于内。

九五刚健中正，在君位，是这一卦的主体，满怀正义，充满力量，下面即或有少数小人，也不用担忧，反而能够完全将小人包容住。瓜匍匐在地上，属于阴，甜美但容易腐烂，用来比喻机灵、谄媚、容易导致腐败的小人。以坚牢的柳条筐包起，比喻九五的品德与力量足以防腐败于未然。而且，阴与阳，亦即小人与君子，其胜败自有天命安排。因而，九五以自己的美德包容小人，冷静地防范小人的努力扩张，当不利于小人的时机到来时，小人就会像陨星意外地突然由天空坠落般失败。

《象传》说，阴的产生是必然现象，是天命，难以违反。要坚定根除小人的决心，但行为不能违背自然法则。应等待时间的演变，小人的失败会像陨星坠落般，自行陨落。

这一爻，说明阴阳消长为必然，不可违背，应隐忍以等待最有利的时机。

灵光一闪 天有陨石，时机而已。

上九：姤其角，吝，无咎。
象曰：姤其角，上穷吝也。

"角"，动物最上方的部位，刚硬；上九就像动物的角，刚强而且在这一卦的最上方。

上位无位，所以上九孤立，虽然是在相遇的时刻，但与初六相距遥远，本身又刚强不肯屈就，因而难以与初六相遇。虽然不与小人接触会被嘲笑心胸偏狭，但却没有被小人熏染的顾虑，不会有灾难。

《象传》说，因为已经到达上方的极点，自视过高，就难免会心胸偏狭。

这一爻，说明严厉地排斥小人虽然显得心胸偏狭，但却安全。

灵光一闪 孤独，不相遇小人，没问题。

姤卦，阐释防范邪恶的法则。

在决断时刻，面对分崩离析的局面，人心涣散，这也正是邪恶猖獗的时期。刚毅应当与中正结合才能相得益彰，如果与邪恶相遇，就难免中其圈套，被其伤害。因而，必须提高警惕，严密戒备，于邪恶发生之初，就严厉地将其制止住。应当采取围堵的手段，以防止邪恶的影响力扩大。即或在孤立无援的困境中，也不可企图利用邪恶的力量。以这种刚毅孤高的态度对待小人，虽然显得心胸偏狭，但却是不被邪恶熏染的最安全的措施。不过，天地间没有绝对的善恶，依时机，恶行也可以被善用。因而，应当包容，这样才能接近民众，获得广大民众的支持，以巩固基础。何况，阴阳消长为大自然常规，难以违背，只要刚毅中正，坚定信念，伸张正义以包容邪恶，即可防范邪恶的扩散，在时间的演变中，就可使邪恶自然而然地消匿于无形。

应爻参考：

初六：对于坏人坏事，不可怜悯与大意。

九二：防小人，手段最为重要。记住：鱼无水即死。

九三：趑趄，远比跌倒在小人的怀抱好。

九四：领导人不可胸中无民。

九五：天有陨石，时机而已。

上九：孤独，不相遇小人，没问题。

萃 ䷬

> 聚集、会聚、结合。
>
> 这一卦告诉我们：愉快地相聚，可安居乐业。但动机不纯正的聚集，只会造成祸乱，有害无益。

萃，亨，王假有庙，利见大人，亨，利贞。用大牲吉，利有攸往。

《序卦传》说："物相遇而后聚，故受之以萃。萃者聚也。"

"萃"，丛生的草，引申为"聚集"。"假"，至。

前一卦是相遇，这一卦是聚集。这一卦，下卦坤是顺，上卦兑是悦。愉悦而且顺从，象征安居乐业，于是聚集在一起。又，上卦兑是泽，下卦坤是地。水在地上聚集成泽，滋润万物，为民造福。另外，这一卦的九五刚毅中正，相应的六二柔顺中正，以中正会聚在一起，相得益彰，所以，命名为"萃"，象征万物荟萃聚集。占得这一卦，王可以进入宗庙祭祀祖先。宗庙是祖先灵魂聚集的场所，也是子孙精神家园的所在，进入宗庙，象征一心一德。群众聚集在一起，就需要治理，否则会陷入混乱。所以，品德高尚的伟大人物领导群众，当然有利，而且能亨通。不过，聚集应以动机纯正为条件，动机不纯正的聚集，只会造成祸乱，有害无益。在祭祀祖先时，奉献大的牺牲，虽然浪费，但也会吉祥。下卦坤是牛，象征大的牺牲。会聚能使物资丰富，民心一致，如此，就可以积极前进，干伟大的事业了。

这一卦，可以说无往不利，但不可忘记，"纯正"为"有利"的先决条件。

彖曰：萃，聚也；顺以说，刚中而应，故聚也。王假有庙，致孝享也。利见大人亨，聚以正也。用大牲吉，利有攸往，顺天命也。观其所聚，而天地万物之情可见矣。

"萃"，"聚"的意思。由上下卦来看，下卦坤是顺，上卦兑是悦，象征愉悦地服从，而且九五刚毅中正，又与中正的六二相应，所以有"聚"的含义。王可以到宗庙祭祀祖先，是说王将表达孝心的祭品奉献给祖先享受。有利于见到伟大的人物，能够亨通，是说聚集应正当。用大的牺牲，前往有利，是说当物资丰富之后，就有能力使礼仪隆重起来，可以积极地从事建设，这是顺从天意的事情。观察天地间万物聚集的状况，就可以了解其中的真情了。

象曰：泽上于地，萃。君子以除戎器，戒不虞。

这一卦，上卦兑是泽，下卦坤是地。水聚集于地上，成为泽，因而称作"萃"。但无论人或物聚集在一起，多了，就容易发生意外的灾祸。所以，君子应当效法这一卦的精神，经常清理、整备武器，以警戒意外事故的发生。

初六：有孚不终，乃乱乃萃，若号，一握为笑，勿恤，往无咎。
象曰：乃乱乃萃，其志乱也。

初六与九四阴阳相应，所以初六要前进，去与九四相聚。但中间有两个阴爻阻挡，形成障碍，因而，初六纵然有诚意，也难有结果。然而，如果初六不被二阴诱惑，呼号求援，九四听到，就会伸出援手，两人就可以握手言欢，破涕为笑。所以，不必担忧，果敢地前进，不会有灾祸。

《象传》说，混乱是因为心志乱了。

这一爻，说明正当的会聚，意志不可动摇，应当坚定地前行。

灵光一闪 虽然相隔，但互通信息对聚集有帮助。

六二：引吉，无咎，孚乃利用禴。
象曰：引吉无咎，中未变也。

"禴"，殷代的春祭、周代的夏祭都称作"禴"，指祭品简单的祭祀。

六二与九五阴阳相应，当然要相聚，但它们之间距离远，六二又陷在两个阴爻的包围中，必须有九五的援引才能相聚，才会吉祥，没有灾祸。而且，六二是阴爻阴位，在下卦中位，柔顺、虚心、中正，相应的九五又是阳爻阳位，在上卦中间的君位，刚健、中正、诚实，犹如春夏的祭祀，只要诚心诚意，即使祭品简单，神灵也会降福。所以，九五必然会援引六二。

《象传》说，虽然六二在下卦的中位，但却包围在两个阴爻中间，可能受其影响，使中庸的德行发生变化，应该趁中庸的德行还没有改变之时，立即给予援引才会吉祥，才没有灾难。

这一爻，说明有诚信必然可以聚集。

灵光一闪 正派正道，会有援引。

六三：萃如，嗟如，无攸利，往无咎，小吝。
象曰：往无咎，上巽也。

"萃如"，要相聚的样子。"嗟如"，叹息的样子。巽，在此不是卦名，而是"顺"的意思。

六三是阴柔的小人，不中不正，在上方没有应援，不得已，想与近邻会聚。可是，下方的六二与九五相应，上方的九四与初六相应，以至于没有人与六三会聚，六三只能叹息。六三唯一的出路是与上六相聚。上六是上卦兑亦即悦最上方的阴爻，性情柔顺，当会接受、容纳六三，所以，前往不会有灾难。不过，上六与六三都是阴爻，同性相斥，到底不是圆满的结合。出于无奈，六三不得不与已在极端而且无位的阴爻结成伴侣，多少会有羞耻的感觉。

《象传》说，没有灾祸是因为顺从，不强求。

这一爻，说明身边即或有坚强有力的援助者，但如果行为不正当，也宁可舍弃，而与远方志同道合但不得势的朋友结交。

灵光一闪 情若投，远亦可交。

九四：大吉，无咎。
象曰：大吉无咎，位不当也。

九四阳爻阴位不正，但与君位的九五接近，上可与刚健、中正、强而有力的九五相聚，下可与一群阴爻相亲。亦即，手中握有一群柔顺的民众。由于这些条件的聚合，地位不正的九四反而无往不利。不过，这只限于在结果大吉的情况下才没有灾难。因为地位不当，动机不正，倘若结果不是大吉，仍然会有灾难。亦即，良好的结果，才可以弥补动机的不纯正。

《象传》说，地位不当，是大吉还是无咎，视结果而定。

这一爻，说明动机不纯正时，唯有使结果尽善尽美才会吉祥。

灵光一闪 一切看结果，善果便是善终。

九五：萃有位，无咎。匪孚，元永贞，悔亡。
象曰：萃有位，志未光也。

九五刚毅、中正，在君位，以德使天下人聚集在他的统治之下，当然不会有灾难。但如果天下人仍然不信任他，他就要以至善的作为、永久坚贞的德行来感化天下人，这样必然没有什么可后悔的了。

故事 《论语·季氏》篇中，孔子说，远方的人不服时就要致力于文教的德政，以使他们前来归顺。亦即，人望如果不能服众，就必须以德行来号召才能使万民归心。

《象传》说，天下人之所以仍然不信任九五，是因为九五的志向还不够光大。

这一爻，强调以德服众的重要性。

灵光一闪 得民心者，得天下。

上六：赍咨涕洟，无咎。
象曰：赍咨涕洟，未安上也。

"赍咨"，悲伤的怨声。"涕"，流眼泪。"洟"，流鼻涕。

上六已是萃卦的终结，柔弱又没有地位，想要使志同道合者聚集，也没有人追随，因而悲伤，叹息涕泣。

《象传》说，这是因为上六高高在上，孤立无援，以致不能心安。然而，在悲痛中应当反省为什么会孤立无援，这样才不会发生灾难。否则，怎么会不发生灾难呢？

这一爻，说明在被群众遗弃时，应当反省，不可怨天尤人。

第二章 《周易》上下经

灵光一闪 没有了群众，就不成为首领了。

萃卦，阐释群体的聚合法则。

相遇而志同道合，则相聚成群体，力量集中，实力增大，就能为共同的福祉而积极作为，开创光明的未来。但动机必须纯正，否则就是暴力行动。手段必须中庸，柔和适度，这样才能保持和谐。必须有英明的领袖领导才能使意志集中，步调一致，有效发挥群体的力量。正当的相聚，不必迟疑，应坚定意志，排除障碍，达到相聚的目的。以诚信为本才能互助合作，才能精诚团结。不正当的结合必然被唾弃，这时宁可与不得势的朋友结合，这样才有光明的前途。不正当的结合，唯有结果至善，才不会有凶险。身为领袖，只有刚毅中正，至善坚贞，以德服人，才能使人心悦诚服。孤高必然失去群众，应当警惕与反省。高高在上，脱离了群众，就不高了。之所以高，是因为有下面的群众作为参照物。没有下面，哪有上面？

应爻参考：

初六：虽然相隔，但互通信息对聚集有帮助。

六二：正派正道，会有援引。

六三：情若投，远亦可交。

九四：一切看结果，善果便是善终。

九五：得民心者，得天下。

上六：没有了群众，就不成为首领了。

升 ䷭

> 上升、升进
>
> 这一卦告诉我们：任用贤能，须符合众人的期待，不然会有阻力。有目标，但不能冒进。

升，元亨，用见大人，勿恤，南征吉。

这一卦，与萃卦是形象相反的综卦。聚集是在团结力量，升进则是要有所作为。

《序卦传》说："聚而上者谓之升，故受之以升。"

升卦来自解卦，解卦的六三上升，与九四交换，就成为升卦。上升本身就有通达的含意，加以下卦巽与上卦坤都是顺，因而，在上升的过程中顺利，不会有任何阻碍。又，九二刚爻，在下卦居中，还与六五相应，是非常亨通的形象。以九二刚毅、中庸的德行，必然能够得到伟大人物的援引，无须担忧。南方与北方相比，显得更温暖、光明。升卦的卦象，上坤下巽，巽是木，坤是地，象征万物在大地生长，自然喜欢光明、温暖之地，所以说，往南方走吉祥。

彖曰：柔以时升，巽而顺，刚中而应，是以大亨。用见大人，勿恤，有庆也。南征吉，志行也。

这一卦，是解卦的六三柔爻得到机会上升，成为升卦，无论上下卦的性格还是整体的卦形，都是非常亨通的。可以会见伟大的人物，无须担忧，是说会有吉庆之事。向南方前进吉祥，是说要将自己的志向，行于天下。

象曰：地中生木，升。君子以顺德，积小以高大。

这一卦，上卦坤是地，下卦巽是木。地里生出树木，不断地长大升高。树木时时刻刻都在生长，君子也应当效法这一精神，谨慎自己的德行，不断进修，由小处着手，积小成大，积卑成高。

初六：允升，大吉。
象曰：允升大吉，上合志也。

"允"，信、诚。"上"，即指初六上方的两个阳爻。

初六阴爻柔顺，在最下位，是下卦巽的主爻。巽卦是"顺"的意思。在上升时，柔顺的初六靠自己的力量不能上升，而追随上面接近的两个阳爻就能跟着上升了，非常吉祥。

《象传》说，因为这两个阳爻与初六志同道合，初六可以追随它们以求上进。

这一爻，说明在升进中，追随志同道合的前辈才会顺利。

灵光一闪 要上升，就要追随前辈。

九二：孚乃利用禴，，无咎。
象曰：九二之孚，有喜也。

这一爻辞与萃卦的六二相同。萃卦的六二柔顺中庸，与刚健中庸的九五相应。这一卦，刚中的九二与柔中的六五相应，这与人神相互感应的情形相似。只要对神诚心诚意，简单的祭品也能获得保佑，不会有灾难。

《象传》说，因为九二有诚意，所以会有喜庆之事。

这一爻，说明在升进中，必须诚信，但不必拘泥于形式。

灵光一闪 诚信是上升的基础。

九三：升虚邑。
象曰：升虚邑，无所疑也。

"虚邑"，无人的村落。

阳爻的中央充实，阴爻的中央空虚，上卦坤全部是阴爻，所以空虚；坤又表示地，因而用空虚无人的村落比拟。

九三刚毅，一心要升进，前方又是空虚无人的村落，没有任何顾虑，所以可以放心大胆地前进。

《象传》说，这没什么可犹疑的。

这一爻，说明升进应当勇往直前。

灵光一闪 善于利用"顺境"，就是不迟疑。

六四：王用亨于岐山，吉无咎。
象曰：王用亨于岐山，顺事也。

"亨"通"享"，祭祀的意思。随卦上六的爻辞说："王用亨于西山。"西山即岐山，位置在周国首都的西方。古来的注释家，许多人都说，随卦的上六与这一爻，都是指周文王逃避夷狄侵略，移住到岐山下。

古代的祭祀，依阶级划分，帝王祭天地，诸侯祭山川。"四"是诸侯的位置。但"王"这一称谓，并不限于帝王，诸侯也称王。

六四柔顺得正，可以顺利地升进，就像君升岐山祭祀，吉祥，没有灾难。因为祭祀必然诚心诚意，只要诚心诚意，任何事都可以成功。

《象传》说，祭祀是应当做的事，顺着应当做的事去做，必然吉祥，没有灾难。

这一爻，说明应顺从正当的途径升进。

灵光一闪 只要诚心诚意，任何事都可以成功。

六五：贞吉，升阶。
象曰：贞吉升阶，大得志也。

六五阴爻阳位，本来并不当位，但与下方的九二相应，得到了刚毅有力的人的辅助，就能登上君位。不过，六五本身柔弱，必须坚守正道才能吉祥。阶梯便于攀登，所以六五能够沿阶梯顺利登上王座。

《象传》说，六五的志向得到了充分的实现。

这一爻，说明用贤，得到有力的辅助，就可以顺利地升进。

灵光一闪 下属得力是上司升进的原动力。

上六：冥升，利于不息之贞。
象曰：冥升在上，消不富也。

"冥"，"昏昧"的意思。

上六阴爻，柔弱无力，又上升到了极点，已经头昏目眩，摇摇欲坠。所以，必须坚持正道，才会有利。

《象传》说，盲目上升到极点，消耗过度，力量已经不足。

这一爻，告诫升进必须有节制，否则后力不继。

灵光一闪 适度适当，最好。

升卦，阐释升进的原则。

建立了群众基础，得到了民众的拥护，就可以施展抱负，向前升进。升进应追随前人的足迹，以其作为借鉴才会顺利，而且得有诚意才能得到支持。升进为积极地有所作为，应当勇往直前，不必疑虑，但方向必须正确。任用贤能，依循众人所期待的方向前进，必然不会有阻力。升进应当有目标，知道节制。盲目冒进，将无以为继。

应爻参考：

初六：要上升，就要追随前辈。

九二：诚信是上升的基础。

九三：善于利用"顺境"，就是不迟疑。

六四：只要诚心诚意，任何事都可以成功。

六五：下属得力是升进的原动力。

上六：适度适当，最好。

困 ䷮

> 困境、穷困。
>
> 这一卦告诉我们:"困"之一,说话没有人相信。"困"之二,被小人遮挡。脱困之始,坚守原则,保持沉默。

困,亨,贞,大人吉,无咎,有言不信。

《序卦传》说:"升而不已必困,故受之以困。"

"困",处于困境,是进退不得的时刻。

这一卦,下卦坎阴多阳少,是阳卦,上卦兑阳多阴少,是阴卦,象征阳被阴掩蔽。又,九二的阳爻被初六、六三的阴爻掩蔽,九三、九四的阳爻也被上六的阴爻掩蔽,象征君子为小人所困,所以这一卦称作"困"。

再以卦的性格来说,下卦坎是险,上卦兑是悦,象征陷身于困境之中仍然自得其乐,必然是因为能坚守自己的原则,贯彻自己的理想。像这样坚守正道,唯有伟大的人物才能做到,所以吉祥,没有灾难。不过,虽然能够安于困境,坚守原则,但被小人掩蔽,所说的话不会有人相信,所以应当隐忍,保持沉默。

彖曰:困,刚掩也。险以说,困而不失其所亨,其唯君子乎?贞大人吉,以刚中也。有言不信,尚口乃穷也。

身处困境,是因为刚健被掩蔽。陷身于危险中仍然快乐,是说在困境中仍然不放弃理想。这难道不是唯有君子才能够做得到的吗?坚守正道,伟大的人物吉祥,因为九二与九五都是刚爻,而且在中位,有刚毅中庸的德行。说话不会有人相信,是因为多言巧辩于事无补,不会有人相信,反而会使自己的处境更加困难。所以,应当隐忍、沉默。

象曰:泽无水,困。君子以致命遂志。

这一卦,上卦兑是泽,下卦坎是水。泽中的水漏到下面,泽中缺水,

第二章 《周易》上下经

所以穷困。君子应当效法这一精神，在穷困中即使牺牲生命，也要捍卫真理，实现自己的志向。

《论语·子张》篇中说"士见危致命"，就是这一含意。

初六：臀困于株木，入于幽谷，三岁不觌。
象曰：入于幽谷，幽不明也。

"株木"，指树砍掉后留下的树桩。"觌"，"见"的意思。

困卦的爻辞理解起来也困难，只能在比拟的具体形象中去把握。

初六是阴柔的小人，在下卦坎亦即险的最底下，穷困已极。臀部卡在树桩上，不舒服，坐不安稳，难以忍受，于是退进昏暗的深谷中，可三年也走不出来，见不到光亮，象征困难到了极点，也兼有"智能不足，本身昏庸"的意思。

《象传》说，"入于幽谷，幽不明也"，是说要在幽谷那些不为人知的地方把自己隐藏起来。

这一爻，说明在困境中，必须明智，要极端隐忍，不可浮躁。

灵光一闪 昏庸不明，困。

九二：困于酒食，朱绂方来，利用亨祀，征凶，无咎。
象曰：困于酒食，中有庆也。

"朱绂"与《诗经·小雅·斯干》中的"朱芾斯皇"中的"朱芾"意思相同，是君王朱色的遮蔽膝部的服饰。

在困卦中，也有好的意味的穷困，就像在宴会中，酒菜过于丰盛也会造成困扰。

九二刚毅中庸，品德身份都相当高贵，但位不正，难免陷于困境，不过，不是被不足困扰，而是被过多困扰。服饰代表阶级。朱色的蔽膝刚刚来到，亦即意外获得高贵的地位，锦上添花过多，就像宴席上酒菜过于丰盛，以致有了苦恼。过度丰盛的酒菜只适合用于祭祀，平时享用，过于招摇，就会有凶险。只有谨守本分，才能没有灾难。

《象传》说，虽然被酒食困扰，但九二刚毅中庸，会意外获得吉庆。

通常，"二"位与"五"位阴阳相应才吉利，但在小畜卦与困卦中，由于阳被阴克制,"二"位与"五"位同是阳爻时才能志同道合,才吉利。

这一爻,说明物质过度丰富也会造成困扰。也有"得意不可忘形"的意思。

灵光一闪 酒食过多或锦上添花过多,都是困。

六三:困于石,据于蒺藜,入于其宫,不见其妻,凶。
象曰:据于蒺藜,乘刚也。入于其宫,不见其妻,不祥也。

六三阴柔,是小人,不中不正,难安于位,想前进但有像巨石般的九四阻挡,无力突破;想后退有像多刺蒺藜般的九二断后,难以安稳;不得已,转回家去,却又看不到妻子。"妻"指应当相应的上六。但六三与上六都是阴爻,同性相斥。六三始终找不到安身的场所,所以凶险。

《系辞传》解释这一爻辞说:不应当穷困而穷困,名声必然受羞辱;不应当占据却占据,自身必然危险;既羞辱又危险,死期就要到来,又怎么能见到妻子呢?由此可见,不中不正,企图侥幸妄进的小人,必然会陷入凶险中。

《象传》说,六三的凶险是因为阴爻凌驾于阳爻九二之上;进入居室见不到妻子,是不祥之兆。

这一爻,说明侥幸妄进,必遇到困难。

灵光一闪 进退无据,困。

九四:来徐徐,困于金车,吝,有终。
象曰:来徐徐,志在下也,虽不当位,有与也。

九四与初六相应,初六陷在幽谷中,以九四的立场,应当加以援救。可是,九四的地位不正,力量不足,中间又有九二的铁车妨碍,以至于援救行动受阻,不得不徐徐进行。九二是刚爻,相当于金属,下卦坎,依《说卦传》的解释,象征轮,所以说"金车"。九四援救初六,行动迟缓,但邪不胜正,最后仍然能够排除九二的阻碍,达到目的。

《象传》说,九四志在援救下方的初六,虽然九四的地位不正,但与初六有相应的关系,最后能够达到目的。

这一爻,说明解除困难,不可操之过急,应当量力,审慎行动。

第二章 《周易》上下经

灵光一闪 理解"迟"的含义，可以解困。

九五：劓刖，困于赤绂，乃徐有说，利用祭祀。
象曰：劓刖，志未得也。乃徐有说，以中直也。利用祭祀，受福也。

"劓"是削鼻的刑罚。"刖"是砍脚的刑罚。"赤绂"，即朱绂，垂在前面遮膝的服饰。依《说文解字》，"朱"是天子所用的颜色，"赤"是诸侯所用的颜色。

困卦，正当阳被阴围困的时刻，九五的阳爻被上六与六三的阴爻包围，困在当中，就像被上六削去鼻子，又被六三砍掉脚。但阳的君子被阴的小人如此折磨，并不被困扰，反而会更加惕厉奋发。倒是被小人怀柔，赠以高的爵位，穿上红色的遮膝，才是真的被困扰。不过，九五刚毅中正，又是上卦兑亦即悦的一部分，如果坚持原则，经过时间的考验，终有一天，会得到令人喜悦的结果。

九二与九五都用祭祀有利比拟，因为九二与九五虽然同是阳爻，不能相应，但双方都有诚意，就能形成相当于人与神的关系。

《象传》说，削鼻砍脚，是因为九五还不得志。徐徐喜悦，是由于九五中正刚直。用于祭祀有利，是说像祭祀般诚心诚意，就可得到神的降福。

这一爻，说明要有经得起考验的坚定意志。

灵光一闪 中正刚直，终能解困。

上六：困于葛藟，于臲卼，曰动悔。有悔，征吉。
象曰：困于葛藟，未当也。动悔，有悔吉，行也。

"葛藟"，指葛与蔓，是攀附缠绕的蔓生植物。"臲卼"，是动摇的危险场所。

上六是阴柔的小人，穷困到极点，就像被葛蔓缠绕，无法挣脱，陷入动摇不定的险地。这时，如果采取行动就会后悔。但如果能够悔改，前进仍然吉祥。

《象传》说，之所以困于葛蔓，是因为行动不正当。之所以行动就会后悔，而能够悔改就吉祥，是因为已经在困卦的最上位，再向前进，就可以走出困卦了。

这一爻，说明解除困难，如果手段不正当，反而会越陷越深，必须及时反省。

灵光一闪 有时后退或者不动，也可解困。

困卦，阐释应对困境的原则。

陷入困境中，往往难以忍受，必须明智，坚持原则。要极端隐忍，不可浮躁。过度贫乏，固然会陷入困境，但过度丰富，同样也会陷入困境，必须警惕，不可得意忘形。升进，应有节制，如果侥幸妄进，必然陷入困境。解除困难，必须审慎，徐图突破，不可操之过急。困境中，有时反而能促使人惕厉奋发。被小人的怀柔困扰，容易迷失，最为可怕，必须坚持刚毅中正的原则，经得起考验。以不正当的手段解除困难，反而会愈陷愈深，必须及时反省才能突破。

应爻参考：

初六：昏庸不明，困。

九二：酒食过多或锦上添花过多，都是困。

六三：进退无据，困。

九四：理解"迟"的含义，可以解困。

九五：中正刚直，终能解困。

上六：有时后退或者不动，也可解困。

井 ䷯

> 水井、用贤。
> 这一卦告诉我们：泉水涌，民不渴；人才涌，国不渴。无论泉水或者人才，都需要渠道通畅。

井，改邑不改井，无丧无得，往来井井。汔至，亦未繘井，羸其瓶，凶。

井卦，是与困卦卦形完全相反的综卦。困与养，一反一正。

《序卦传》说："困乎上者必反下，故受之以井。"

"井井"，洁净不渝。"汔"，与"几"同，"几乎"的意思。"繘"，汲水用的绳子。"羸"，"阻扰"及"失败"的意思。

"井"字的篆书，中间有一点，"井"是井框，中间的一点是吊桶。"井"又有"围"的意思。《孟子》中说，古时的"井田法"，方一里的田，划分成"井"字形的九等份，四周的八份是私田，中间的一份是公地及宅地，并且掘井共享。《司马法》中说，四处井田合成一邑，全村的人都到井边汲水，形成交易场所。所以说，市井在古代人的生活中占有非常重要的地位。

这一卦，上卦坎是水，下卦巽是入。水桶进入井中汲水，象征井。村落可能有变迁，但井不会变动，人们来来往往地汲水，而井水依然洁净不变。当汲水的瓦瓶几乎到达水面时，吊绳却没有完全伸开，以至于瓦瓶受阻，翻覆破裂，所以凶险。亦即，用贤的道理永远不变，用贤即使无功，也不会有过。人事渠道应畅通无阻，造福人民的工具不可毁弃，引申为处理事务应当遵循过去的成例，不可以任意变更，这样，即使没有功，也不会有过。另一方面，做事应当谨慎小心，贯彻始终，不使功亏一篑。

彖曰：巽乎水而上水，井。井养而不穷也。改邑不改井，乃以刚中也。汔至亦未繘井，未有功也。羸其瓶，是以凶也。

上卦坎是水，下卦巽是入。进入水中将水汲上，所以说是井。井以水养人而汲之不尽。村邑改变而井不改变，因为九二与九五都是刚爻，在上下卦的中位，刚毅中庸而不变。几乎到达水面，吊绳没有伸开，是说功败垂成，徒劳无功。水瓶翻覆破裂，所以有凶险。

井，如果没有取水的器皿和绳子，取不到水，那叫深坑，不为井。井可养人，并取之不尽。

象曰：木上有水，井。君子以劳民劝相。

下卦巽是木，上卦坎是水，以木桶汲水，所以是井。

一说，树木由根部汲取水分，到达末梢，与井的作用相似。或者，是以木制的水车取水。总之，是"辛苦地由井中汲水以养活人"的意思。君子应当效法这一精神，鼓励人民勤劳，并相互劝勉协助，以维持并改善生活。

初六：井泥不食，旧井无禽。
象曰：井泥不食，下也。旧井无禽，时舍也。

"禽"即"擒"，指猎获，有"获得"的意思。"禽"又解作禽兽或水栖动物。

这一卦，刚爻象征井水涌出，往上升进，吉祥。

初六是阴爻，在最下位，所以，相当于井底的泥沙。井中只有泥沙，没有水，当然不能供给饮水。像这种旧井，不能获得水。或者说，没有水栖动物（也解作没有禽兽）。

《象传》说，井中有泥，不能饮，是指初六在最下方。旧井不能获得水，是因为旧井随着时间的演变，被舍弃了。

这一爻，说明不合时宜的人将被淘汰。

灵光一闪 时间可以淘汰人和物，要与时俱进。

九二：井谷射鲋，瓮敝漏。
象曰：井谷射鲋，无与也。

"谷"，"水的出口"的意思。"鲋"，鲫鱼，也说是虾蟆。"与"是"应援"的意思。

九二刚毅中庸，象征涌出的水。可是，九二与上卦的九五不相应，而与下面的初六却邻接，以致井水流失，不能上升。残留在井底的水只能适合鲫鱼等小鱼生存，就像水罐破漏，失去了装水的效用。

《象传》说，这是有贤人在野，但上方没有援引，无法升进。

这一爻，说明野有遗贤。

灵光一闪 有水，提不上去就等于没有。人才也一样。

九三：井渫不食，为我心恻，可用汲，王明，并受其福。
象曰：井渫不食，行恻也。求王明，受福也。

"渫"指将井中的泥沙挖出，使井水清洁。

九三阳爻阳位得正，在下卦的最上位，不是井底的泥沙，已是清澈的水。但有水不能饮用，未免可惜。这是可以汲取饮用的水却不被饮用，犹如有贤士在野却不被任用。明智的君王应当提拔任用这些贤士，无论对君王还是对贤士来说，这都是幸福的事情。

《象传》说，水不被饮用，连行人都觉得可惜。求得君王圣明，是为了可以一起享福。

这一爻，说明应当求贤，发掘人才。

灵光一闪 清泉喝不上与人才用不上是一个道理，要"求贤若渴"。

六四：井甃，无咎。
象曰：井甃无咎，修井也。

"甃"，修理井的内壁。

六四阴爻阴位得正，但柔弱无力，不能大量供水，因为正在修理井壁。但不久就可以修好，所以不会有灾难。亦即应当进修自己，充实自己，不会没有出头之日。

《象传》说，修井的内壁没有错，是因为井应该修。

这一爻，说明贤者应进修、充实自己，以等待时机。

灵光一闪 让渠道畅通，人才会如清泉般涌现。

九五：井洌，寒泉食。
象曰：寒泉之食，中正也。

"洌"，清澈。

九五刚毅，表示水大量涌出；而且中正，象征井具有圆满地供应饮水的能力，能使人人都有清洁冰冷的泉水可饮。亦即，九五具备刚毅中正的德行，能普遍施惠给众人。

《象传》说，之所以有水喝，是因为九五具备中正之德。

这一爻，说明应当使贤人为全民造福。

灵光一闪 有泉才是正道，才能普惠民众。

上六：井收勿幕，有孚元吉。
象曰：元吉在上，大成也。

"收"，汲取。"幕"，盖子。

上六是井卦的最上位，象征由井中将水取上来，到达最上位，使井的功能完全发挥出来。井水既然汲取不尽，就无须加盖，应开放给众人使用。然而，必须可靠，确实能够源源不绝地供水，给人以最大便利。亦即，当人在最高位时，就应当始终诚心诚意地为民服务，这才是最大的善行，也是最吉祥的。

通常上位无位，"五"才是尊位。但井的性质不同，以上位为尊位。可见，《易经》的原则并非固定不变的。

《象传》说，上六大吉，是因为大功告成了。

这一爻，说明当贤者在位时，应当为民服务。

灵光一闪 便民是最高原则。

井卦，阐释用贤的道理。

在困境中，起用贤能方足以振弊起衰。贤能被遗弃在民间是莫大的浪费。但贤能却往往因人事渠道的阻塞以致不能被任用。因而，当政者必须时刻留意发掘人才，蔚为国用，以造福民众。而贤能的人，也应当诚心诚意，不断进修自己，充实自己，以服务民众为己志，否则，也会因不合时宜而被淘汰。

应爻参考：

初六：时间可以淘汰人和物，要与时俱进。

九二：有水，提不上去就等于没有。人才也一样。

九三：清泉喝不上与人才用不上是一个道理，要"求贤若渴"。

六四：让渠道畅通，人才会如清泉般涌现。

九五：有泉才是正道，才能普惠民众。

上六：便民是最高原则。

革 ䷰

> 改革、变革。
>
> 这一卦告诉我们：变革的目的是让自己更强大。领导变革，应诚信、纯正、正当和刚柔并济。

革，己日乃孚，元亨利贞，悔亡。

《序卦传》说："井道不可不革，故受之以革。"

"革"，原意是皮革。兽皮经过加工，制成柔软的皮革，"革"含有"改革、变革"的意思。

这一卦，上卦兑是泽，下卦离是火。兽皮在水中浸，在火上烤，制成皮革。又，下卦的形状像灶，上卦的形状像烘烤的皮，两个阳爻是皮的坚实部分，上面的一个阴爻，像是要除去的毛及皮的松软部分。制成的革，使原来的兽皮面目一新，而其内在的实质却没有改变。亦即，王朝可以变换，风俗习惯、文物制度可以变革，但治国的根本原则不会改变。

对"己日"的解释，众说纷纭。但由蛊卦的"先甲三日"、巽卦的"后庚三日"等例子推断，"己"当指十干中的己。在十干中，己日已经越过中央，是盛极而衰必须变革的时刻。所以，"己日"有"变革之日"的含义。

变革，只有在必须变革的时刻采取行动，才能得到民众的信赖与支持。这一卦，内卦离是明，外卦兑是悦，象征明智使人悦服，所以具备元始、亨通、祥和、坚贞的德行。变革是非常行动，当然会随之发生一些令人后悔的事件，但是，具备以上四种德行，就可以使令人后悔的事件化解于未然。亦即，在实施变革时，必须动机纯正、行动正当，才能得到民众的信赖，使民众悦服，变革的意图才能圆满实现，一些难以避免的令人后悔的事件也可以被化解。否则，一切落空，就只剩下后悔了。

彖曰：革，水火相息，二女同居，其志不相得，曰革。己日乃孚，革

第二章 《周易》上下经

而信之。文明以说，大亨以正，革而当，其悔乃亡。天地革而四时成，汤武革命，顺乎天而应乎人，革之时大矣哉！

革卦，由卦形来说，上卦兑是泽，有水，下卦离是火，是水浇到火上的形象；火一旦熄灭，只要还有火种，就会重新燃起，是变革的形象。又，上卦兑是少女，下卦离是中女，两个女人同住在一起，彼此意见会发生冲突。这一点，革卦与睽卦相似。不过，睽卦是两人分离了，这一卦则是两人彼此不能相让，终于发生家庭革命。只有变革的时机成熟了，才能得到民众的信赖。领导变革者，只有以下卦离的文明德行使民众悦服，其变革的意图才能够实现，才能够使一切步入正道。变革的方式必须正当，才不会有什么可后悔的。一切变革，都应当依循大自然的法则进行。天地由变革形成四季变化，进而作育万物。殷汤王、周武王革命，依顺天时，因应民心，是必然的行动。这一卦所显示的时间因素的重要性就太大了！

故事 "顺天应人"这句话成为后世革命常用的口号。儒家对革命大体上持肯定态度，虽然孔子没有明确地说，但孟子则明确地说：天子受天命而成为天子，但天命的有无，则显示在民心的向背上。违反民心的天子就丧失了天命，必然被民心所归的新受命者打倒。

象曰：泽中有火，革。君子以治历明时。

这一卦，上卦兑是泽，下卦离是火，泽中有火。水盛大，使火熄灭；火盛大，使水蒸发消失。水火相克相生，产生变革的现象。君子应当效法这一精神，制定历法，以明确显示季节的变化，使民众据以耕种、作息。

故事 我国古代，以农业为立国之本，特别重视历法。颁布历法成为帝王的重要责任。改朝换代，往往重新颁布历法。所以，革命也称作"改换正朔"。

初九：巩用黄牛之革。
象曰：巩用黄牛，不可以有为也。

"巩"，用皮革捆扎，"固"的意思。

初九在卦的最下位，与上方的九四又不相应，不能积极地有所作为，但可以巩固自己，因而，以"使用黄牛的革来巩固"作为比喻。黄是中色，有中庸的德行，牛有顺从的德行，亦即，应以中庸、顺从的德行巩固自己，不可以冒进，必须极端慎重。

《象传》说，现在还不能有所作为。

这一爻，说明要变革，必须先巩固自己。

灵光一闪 巩固自己，唯有中庸与顺从。

六二：己日乃革之，征吉，无咎。
象曰：己日革之，行有嘉也。

六二柔顺中正，是下卦的主爻。下卦离是明，所以，六二具备文明的德行，成为领导变革的主体，又有九五应援，可以进行变革。但进行变革必须时机成熟，要等待盛极而衰、腐败已经显露的时刻才能发动。这时，前进吉祥，不会有灾难。

《象传》说，时机成熟了，行动有好处。

这一爻，说明领导变革，必须待时机成熟。

灵光一闪 革新，应该顺势而为。

九三：征凶，贞厉；革言三就，有孚。
象曰：革言三就，又何之矣。

"革言三就"不容易理解。一说，变革必须慎重，须再三讨论，三次意见一致，认为可行，才能行动。一说，是指武王革命成功之后并不立即实施新政，而是先宽恕箕子等，采取三项安抚措施。

本书采用前者的说法。

九三刚爻刚位，过于刚强，又离开了中位，到达下卦的最上位，表示操之过急。这时前进，即或行动正当，也有危险。然而，九三位置正在上下卦的分离处，以时机来说，又必须采取行动。因而，经过再三详细审议，意见一致时再采取行动，这样才能得到民众的信赖，变革才能成功。

《象传》说，因为已经没有其他途径可走，不得不采取变革行动。

这一爻，说明变革即或势在必行，也应极端谨慎，再三考虑。

第二章 《周易》上下经

灵光一闪 已经没有其他路可走，只好变革。

九四：悔亡，有孚改命，吉。
象曰：改命之吉，信志也。

九四阳爻阴位不正，本应后悔。但在时间上，变革已经超过一半，上卦的水与下卦的火已经由势均力敌走向逆转的边缘，正当天命转变的时刻，而且，九四阳爻阴位，象征刚柔兼备，既不畏怯，亦不妄进，正是改革家的性格，所以，没有什么令自己后悔的。然而，九四仍然需要得到群众的信赖与支持，然后行动，才会吉祥。

《象传》说，吉祥是因为志向为人所信服。

这一爻，说明领导变革者的性格、时间因素以及首先赢得群众信服的重要性。

灵光一闪 改革家的好性格：不畏怯，亦不妄进。

九五：大人虎变，未占有孚。
象曰：大人虎变，其文炳也。

"变"指野兽夏季脱毛，这时毛色很浅。到冬季，野兽的毛变厚，光泽美丽。"文"，斑纹、文采。"炳"，光辉。

九五阳刚中正，在君位，是革卦的主体，相当于伟大的人物。变革之前，领导变革的伟大人物必须自己先行革新，然后改变周围的人，最后推广于天下，变革才能成功。而且，变革并非进行修补、装饰，而是要使面目彻底一新，就像老虎的斑纹，在夏天很浅淡，而到了秋天，会变得光泽鲜明。老虎在野兽中最威严，相当于伟大的人物。不过，虽然变革可以成功，但有先决条件，应当在占卜吉凶之前，先得到民众的信赖与支持。

《象传》说，大人能这样推行变革，是因为他美好的品德彰显于天下了。

这一爻，说明变革必须彻底，而非修饰性的，并且再三强调，必须赢得民众的信赖与支持。

灵光一闪 变革是面目彻底一新，像老虎冬季前换毛。

上六：君子豹变，小人革面，征凶，居贞吉。
象曰：君子豹变，其文蔚也。小人革面，顺以从君也。

"蔚"同"郁"，繁盛但不明显，比"炳"稍差。

君子比大人低一级，豹的光彩也比虎的次一等。

上六是革卦的极点，表示变革已经完成。这时候，君子应当随着时代的演进，继续革新自己，致力于新的文化建设，就像豹的斑纹，随着季节，变得光彩鲜艳。庶民也应革除邪恶，善良温顺地追随领导，这样才能享受变革的成果。当变革完成之后，不可再采取积极的行动，应当使民众有喘息休养的时间，以适应新的生活。所以说，前进有凶险，安静且无所作为，才正当而且吉祥。

另一解释，说君子受到圣王的感召，由心中改变自己，这种变化像豹的斑纹的变化，显示在外，但一般民众，不可能由心中改变自己。人性本来善良，只要表面改变了，能够服从，就可以了。如果对民众提出过分的要求，反而凶险。只要固守正道，就会吉祥。

实际上，"君子豹变"这句话，含有以上两种意义。

《象传》说，小人改正过错是因为顺从了君主的变革。

这一爻，说明变革成功以后，上下都应当洗心革面，并且与民休息，以适应新的生活。

灵光一闪 变革的目的是让自己更强大。

革卦，阐释变革的原则。

盛极而衰，如果腐败迹象已经显露，就必须采取变革的非常行动。一切文物制度都可以变革，但根本原则不会改变。变革的原则，首先是巩固自己。等待时机成熟，在势在必行时发动变革，顺天应民，始可得到群众的信任与支持。而且，变革为非常行动，需要极端慎重，不可急功好利。领导变革，必须诚信，动机纯正，手段正当，刚柔并济，既不畏怯，也不妄进，把握中庸的原则。变革并非修饰性的，而应彻底革新。领导变革者应以身作则，推广及于大众。变革成功之后，不可再采取积极的行动，而且要与民休息，以适应新的生活。

应爻参考：

初九：巩固自己，唯有中庸与顺从。

六二：革新，应该顺势而为。

九三：已经没有其他路可走，只好变革。

九四：改革家的好性格：不畏怯，亦不妄进。

九五：变革是面目彻底一新，像老虎冬季前换毛。

上六：变革的目的是让自己更强大。

鼎 ䷱

> 食器、养贤。
>
> 这一卦告诉我们：要养贤，用贤，储备人才和除旧布新。

鼎，元吉亨。

鼎卦的卦形与革卦完全相反，它们彼此是综卦。革是去旧，鼎的目的是更新，革与鼎相反相成。

《序卦传》说："革物者莫若鼎，故受之以鼎。"

"鼎"，煮食物的器具。多数生硬的物，经过鼎煮熟会变软，故鼎有更新的作用。又，鼎卦的卦形也像鼎，初爻像鼎的脚，五爻像鼎的耳。另外，下卦巽是木，上卦离是火，也象征燃木煮物的鼎。鼎不但是煮食物的器具，古代也将鼎看作代表君王权威的宝物。鼎还是祭器与供养贤士的器皿。古人认为，鼎上的花纹有镇邪的作用。君王有时也将法律条文刻在鼎上，以显示法律的庄严。改朝换代后，新登位的君王，第一件工作就是铸鼎，颁法律，以象征新时代的开始，并象征吉祥。所以，朝代改变，称作"鼎革"。鼎卦来自巽卦。巽卦的六四与九五交换成为鼎卦，是柔爻上升到"五"位，与下卦的九二相应，形成良好的卦形，所以大有、亨通，象征贤士会被君王赏识，实现愿望。

彖曰：鼎，象也。以木巽火，亨饪也。圣人亨以享上帝，而大亨以养圣贤。巽而耳目聪明，柔进而上行，得中而应乎刚，是以元亨。

鼎卦，卦的形状像鼎。下卦巽是木、入，上卦离是火。木放入火内，是在烹饪。圣王用鼎烹饪，以祭祀天帝；大量地烹饪食物，以供养圣人、贤人。又，内卦巽是顺，外卦离是目、明，六五相当于鼎的耳目，象征内心顺从，耳目聪明。鼎卦来自巽卦，六四柔爻升进到"五"位，占有中位，又与下卦的九二相应，形成良好的卦形，所以大有、亨通。

象曰：木上有火，鼎。君子以正位凝命。

"凝"，聚、成。

这一卦，上卦是火，下卦是木。木上面有火，是烹饪的形象，故称作"鼎"。鼎的形状，端正稳重。君子应当效法这一精神，以端正稳重的态度，完成天赋予的使命。

初六：鼎颠趾，利出否。得妾以其子，无咎。
象曰：鼎颠趾，未悖也。利出否，以从贵也。

"否"，"藏否"的"否"，"恶、失"的意思。

初六在鼎卦的最下位，相当于鼎的脚。初六与上卦的九四相应，以致鼎脚向上，翻倒了。翻倒了本来不应当是好现象，但初六是卦的开始，鼎还没有开始煮食物，鼎翻倒了，先将鼎中残留的渣滓污物倒出，反而有利。譬如纳妾，会引起家庭纠纷，本来不是好事，但如果纳的妾生了儿子，有了后嗣，又另当别论。所以，不会有灾难。

《象传》说，鼎颠倒，有利于污物倒出，以除旧布新，追随上卦九四的贵人，并不违背常理。

这一爻，说明养贤是为了储备人才，以除旧布新。

灵光一闪 纳妾不好，但得子无咎。发展是硬道理。

九二：鼎有实，我仇有疾，不我能即，吉。
象曰：鼎有实，慎所之也。我仇有疾，终无尤也。

"仇"，指初六。

九二阳爻，有"充实"的寓意，又在下卦的中位，象征鼎中装满食物。九二与初六阴阳本来应当相互吸引，但初六阴爻阳位不正，所以说染有疾病。九二惧怕传染疾病，因而仇视初六。而且，九二刚毅中正，初六是小人，九二不应接近初六。

《象传》说，鼎中充实，是本身有才能，但对行进的方向，仍然要谨慎。自己的仇人有恶习、疾病，只要坚守正道，就不会被熏染，最后不会有怨尤。

这一爻，说明养贤应排斥小人。

> **灵光一闪** 远小人，道不同不相为谋。

九三：鼎耳革，其行塞，雉膏不食，方雨亏悔，终吉。
象曰：鼎耳革，失其义也。

"革"有"去"的意思。"方"与"将"同。

九三相当于鼎的腹部。九三阳爻充实，如同鼎中装满食物，但刚爻刚位，又离开了中位，过于刚强，与相当于鼎耳的六五并不相应，就像鼎失去了耳，所以用"革"字。再者，因为九三在上下卦的交接处，所以也有"正当变革时刻"的含意。鼎没有耳，拿起来不方便，所以行动受阻，象征人才没有出路。"雉"是山鸡，其脂肪的味道最美。古时有用猎山鸡作陪鼎亦即副菜的礼节。上卦离是鸟，所以用雉比喻。吃不到用山鸡做的佳肴，是说九三得不到君王六五的爵禄。虽然遭遇如此，但九三是阳爻，六五是阴爻，阴阳相和成为雨，可使上卦离的火亏损，心中的后悔渐渐减少，最后仍然吉祥。

《象传》说，九三与六五不相应，以致失去彼此了解的正当途径。

这一爻，说明贤能不被重用时，应坚守正道，终有出头之日。

> **灵光一闪** 久旱不雨，再坚持一下。

九四：鼎折足，覆公餗，其形渥，凶。
象曰：覆公餗，信如何也。

"餗"，用八珍煮成的米羹。"形渥"：一说是"刑剭"，"重刑"的意思，但与上两句的意义似乎不连贯；一说是"湿淋淋"的意思。

九四与下卦的初六相应，但初六是阴柔的小人，九四将重要的工作交给初六，初六必然成事不足，败事有余，就像折断鼎足，打翻了王公的美食，弄得湿淋淋的。《系辞传》引用这一爻辞说：才能薄弱而地位尊贵，欠缺智慧而图谋大事，能力不足而职责重大，就很难没有灾祸了。亦即，当才能不足以担当大任时，必然凶险。

《象传》说，这不是信任与否的问题，而是才能是否足以胜任的问题。

这一爻，说明应知人善用，小人不可以担当重任。

> **灵光一闪** 能力不足而职责重大时，会有灾祸。

六五：鼎黄耳金铉，利贞。
象曰：鼎黄耳，中以为实也。

"黄"是中色，"五"在上卦的中位，所以说"黄耳"，黄金的耳。"铉"，鼎耳上的吊环。"金铉"是坚固的金属吊环，指九二。

由卦形看，六五相当于鼎耳。六五阴爻，本来中虚，但与九二刚爻相应，九二前来会合，六五就相当于有了黄金耳、坚固金属吊环的鼎。在这样有利的条件下，只要坚守正道，当然有利。

《象传》说，虽然六五中虚，但其有中庸的德行，使其得以被充实。

这一爻，说明刚毅的臣只有遇到明智的君才能相得益彰。

> **灵光一闪** 君臣之间，一虚一实。

上九：鼎玉铉，大吉，无不利。
象曰：玉铉在上，刚柔节也。

上九在鼎卦的最上方，相当于鼎耳的环。上九阳爻阴位，刚柔得到调节，就像坚硬又温润的玉，刚毅而又不失温情，当然大吉，无往不利。

《象传》说，这样刚柔调节得非常合适。

这一爻，说明刚柔兼备，无往不利。

> **灵光一闪** 刚毅而不失温情，人见人爱。

鼎卦，阐释养贤的道理。

变革必须储备人才，起用贤能，方能除旧布新。拔擢人才，必须知人善用。小人成事不足，败事有余，不足以担当重任，必须排除。若任用不当，必然招致灾祸。贤能没有被重用，不可心灰意懒，只要坚守正道，终究有施展抱负的那一天。明智的君王，刚毅的臣下，必然相得益彰。唯有刚柔相济，才能无往不利。

应爻参考：

初六：纳妾不好，但得子无咎。发展是硬道理。

九二：远小人，道不同不相为谋。

九三：久旱不雨，再坚持一下。

九四：能力不足而职责重大时，会有灾祸。

六五：君臣之间，一虚一实。

上九：刚毅而不失温情，人见人爱。

震 ䷲

> 震动、戒惧。
>
> 这一卦告诉我们：戒慎恐惧、高度警觉、防患于未然是应对震动的核心方法。

震，亨。震来虩虩，笑言哑哑。震惊百里，不丧匕鬯。

《序卦传》说："主器者莫若长子，故受之以震。震者动也。"前一卦鼎是祭器。祭祀祖先，应由长子负责，所以，震卦象征长子，含意是"动"。

"虩虩"，壁虎；引申为"恐惧"。"哑哑"，指笑声。"匕"，匙。"鬯"，黍米酒；黍米酒浸泡郁金草，洒在地上，以香气请神降临。

震卦，是象征大地的坤卦由最下方发生一阳使大地震动的形象，也有阴阳交合发生雷电，又有纯阴的母亲的坤卦与纯阳的父亲的乾卦首次交媾得子的形象。所以，它象征地震、雷震、震撼、震动或长子。

震动，本身就能亨通。当地震来时，人人恐惧，唯有记取教训，知道戒惧，以后才能谈笑嘻嘻。也可以解释成灾难来临，恐惧万分，过后就忘记，谈笑自若，不知警惕，将不会得到任何益处。当地震来时，百里以内震惊，但虔诚祭祀的人，手中的酒匙却没有掉落，用以比喻平时戒慎恐惧，当突然受到震惊时，不会惊慌失措，而能从容镇定。震卦象征负责祭祖的长子，所以用"匕鬯"比喻。

彖曰：震，亨。震来虩虩，恐致福也。笑言哑哑，后有则也。震惊百里，惊远而惧迩也。不丧匕鬯，出可以守宗庙社稷，以为祭主也。

震动就能亨通。震动来临，战战兢兢，因恐惧而知戒备，后来就会幸福。之所以笑谈嘻嘻，是因为能够记取教训，以后有了法则可循。震惊百里以内，是说远方受到震惊，而使近处恐惧，提高警觉。凡事都能够戒惧的人，就可以出头主持祭祀，担当保家卫国的重任了。

象曰：洊雷，震。君子以恐惧修省。

"洊"，再、重。

震卦是两个雷重叠，象征天怒，雷声轰轰。君子应当效法这一精神，以戒慎恐惧的态度致力于进修德业、自我反省。

《论语·乡党》篇中，孔子说"迅雷烈风，必然使人变色"，所用的比喻，与这一卦相同。

初九：震来虩虩，后笑言哑哑，吉。
象曰：震来虩虩，恐致福也。笑言哑哑，后有则也。

初九是下卦的主爻，也是震卦的开始，相当于震惊来临，能够记取教训，戒慎恐惧，使以后得福，所以吉祥。

一说，"震来"是指周文王被囚禁在羑里；"笑言"是指以后周代建国。

《象传》说，雷声震动，人们恐惧，说明恐惧能给人带来福泽。人们笑谈嘻嘻，说明记取了教训，有了法则可依循。

这一爻，说明记取恐惧的教训，提高警觉，以后才能平安。

灵光一闪 前事不忘，后事之师。

六二：震来厉，亿丧贝，跻于九陵，勿逐，七日得。
象曰：震来厉，乘刚也。

"贝"，古代的钱币。"九陵"，九重的山陵。

六二阴柔，在初九阳刚的正上方。初九是震惊的主体，所以，当震惊来临时，六二首当其冲，最危险，以致丧失亿万家财，逃往九重的山陵上去避难。不过，六二柔爻柔位，又在中位，柔顺中正，因而，丧失的财物不必去追寻，在短短的七天内就会失而复得。

《象传》说，六二之所以危险，是因为柔爻在刚爻之上。

这一爻，说明遭受震惊，只要坚持中正的原则，就能迅速复原。

灵光一闪 迅雷烈风，躲而待变，失而复得。

第二章 《周易》上下经

☷☳ **六三**：震苏苏，震行无眚。
象曰：震苏苏，位不当也。

"苏苏"，恐惧不安。"眚"，病、过失。

六三阴爻阳位，离开了中位，不中不正，地位不当，而地震是人类的天谴，以致六三恐惧不安。但如果因恐惧而能改过迁善，则不会有灾难。

《象传》说，六三之所以恐惧，是因为地位不当。

这一爻，说明因恐惧而知反省检讨，即可避免灾难。

灵光一闪 即时纠错，没有灾难。

☳☳ **九四**：震遂泥。
象曰：震遂泥，未光也。

"遂"，坠、止。

九四虽然阳刚，但不中不正，上下又被两个阴爻挟持，因而，力量衰弱，不够强大，就像被雷震惊得坠落在泥淖中，不能动弹。

《象传》说，九四的阳刚之德没有发扬光大。

这一爻，说明必须发挥刚毅的力量才能经得起震撼。

灵光一闪 触底反弹，誓而奋起。

☷☳ **六五**：震往来厉，亿无丧，有事。
象曰：震往来厉，危行也。其事在中，大无丧也。

"亿"在此处当"大"解释。

六五阴爻阳位不正，当遭天谴发生地震时，想往上走，上边却是震惊的极点"上"位，要往下行，下边又是震惊主体的刚爻，都有危险。不过，六五在上卦得中，虽然遭遇重大事故，但不会有大的损失。

《象传》说，六五做事符合中道，不会有大的损失。

这一爻，说明当震惊发生时，坚持中庸原则，不偏不倚，可使损害减少到最低程度。

灵光一闪 前进后退都危险时，及时止损。

上六：震索索，视矍矍，征凶。震不于其躬，于其邻，无咎。婚媾有言。

象曰：震索索，中未得也。虽凶无咎，畏邻戒也。

"索索"，沮丧。"矍矍"，视线不安定。"言"，斥责的话。

上六阴柔，不中不正，又在震惊的极点，以致在地震中，惊恐沮丧，目光闪烁，心神不定。在这种状态下，任何行动都危险。不过，当震惊发生在邻近，还没有到达自己身上之时，知道戒慎恐惧，就能够避祸。然而，上六在最上位，身为领袖，邻居遭受灾难，而自己却得以避祸，难免就要听到亲戚们的怨言了。

《象传》说，无咎是因为吸取邻居的教训，引以为戒。

这一爻，说明别人遭受震惊，自己知道警觉，就可防患于未然。

灵光一闪 防止蹈覆辙，还要救别人。

震卦，阐释应对震惊的法则。

在发展进步的过程中难免发生意外的重大事故，以致感到震惊。只有记取教训，凡事戒慎恐惧，才能有法则可循，发挥刚毅的力量，镇定从容地应对，不致惊慌失措。即或遭受灾难，戒慎恐惧也可产生延缓作用，使损害减少到最低限度，并能迅速复原。平时戒慎恐惧，经常反省检讨，可防患于未然。经常保持高度警觉，就可在灾难到来之前，使其消失于无形。

应爻参考：

初九：前事不忘，后事之师。

六二：迅雷烈风，躲而待变，失而复得。

六三：即时纠错，没有灾难。

九四：触底反弹，誓而奋起。

六五：前进后退都危险时，及时止损。

上六：防止蹈覆辙，还要救别人。

艮 ䷳

> 停止、静止。
>
> 这一卦告诉我们：停止是一种智慧，能止于适时、止于至善才是高人。

艮其背，不获其身，行其庭，不见其人，无咎。

《序卦传》说："物不可以终动，止之，故受之以艮。艮者止也。"

艮，违背；引申为"停止、怨恨、坚硬"等。在此，"艮"是"停止"的意思。

艮卦与震卦卦形相反，它们相互是综卦。一动一静，艮震相互为用。

艮卦，是一阳在二阴的上方，阳已上升到极点，所以停止了。又，艮卦是一阳在象征地的坤卦的最上方，是山的形象，也有"止"的含意。

人的身体，最不容易动的部分是背部。"艮其背"比喻内心宁静，不为外物所动，不会妄动，即或在行动中，内心依然保持宁静，可到达忘我的境界。当到达这一境界时，对外界的一切刺激，心都不会感动，所以在走过有人的庭院时，也不会觉得有人存在。能够像这样，不论动静，内心都保持安宁，必然理智、冷静，能够适可而止，不会有灾难。

上下卦相同的纯卦，其他如震、坎、巽、离、兑等，都具备元、亨、利、贞四种德行中的某一种或某几种，唯独艮卦，完全没有，只说无咎，因为已经到达人我两忘的境界。这一卦，充满老庄的逃避思想。

故事 宋代的儒家对这一卦倍极推崇，周敦颐说：《法华经》全卷，可由这一艮卦代替。这也许是艮卦符合宋代禁欲的伦理思想的缘故。

彖曰：艮，止也。时止则止，时行则行，动静不失其时，其道光明。艮其止，止其所也。上下敌应，不相与也。是以不获其身，行其庭，不见

其人，无咎也。

"艮"是"止"的意思。应当止的时候止，应当行的时候行，动静不失时机，前途必然光明。艮卦所说的止，是要在应当停止处停止。《大学》中说："止于至善。"孔子说："于止，知其所止。"亦即，君止于仁，臣止于敬，子止于孝，父止于慈，人与人之间止于信，这些可以与这一象辞相互参证。这一卦，上下卦形相同，阴爻与阴爻，阳爻与阳爻，都相互敌对，不能相应，所以是忘我的境界。当走过庭院时，却看不到庭院中的人，没有灾难。

象曰：兼山，艮。君子以思不出其位。

艮卦是两个山重叠，稳重、静止、不动，君子应当效法这一精神，在应当停止处停止，思考不可超出本分。

初六：艮其趾，无咎，利永贞。
象曰：艮其趾，未失正也。

初六在最下位，相当于脚趾。人在行动的时候，脚趾最先动。所以，使脚趾停止，行动就会在发生之前停止，这样就不会失当，没有灾难。但初六阴爻柔弱，很难长久坚守正道，因而爻辞告诫，必须长久坚守正道才能有利。

《象传》说，这是由于没有失去正道。

这一爻，说明停止应当在行动开始之前才不会失当。

灵光一闪 止也要有提前量，防微杜渐。

六二：艮其腓，不拯其随，其心不快。
象曰：不拯其随，未退听也。

"腓"，腿肚；六二在下卦中位，相当于腿肚。下卦的主爻是九三。九三相当于腰，行动由腰部主动，腿跟随腰行动，所以六二以"腓"比喻。

六二柔顺中正，而九三刚爻刚位，过于刚强偏激。六二阴柔，要拯救九三却力量不足，只好勉强追随，而九三又刚愎自用，不听六二的忠告，六二心中当然不愉快。亦即，六二停止在臣的地位，君主不听忠告，六二又不得不追随，以致闷闷不乐。

《象传》说，这是由于九三不能退一步听从属下的忠告。

这一爻，说明应止不止，勉强追随他人，心中不会愉快。

灵光一闪 迫不得已追随他人，无誉但无咎。

九三：艮其限，列其夤，厉，熏心。
象曰：艮其限，危熏心也。

"限"，界限；人体上下的界限在腰部。"列"是"裂"的本字。"夤"，脊背的肉。

九三正当上下卦的界限处，相当于腰部，刚爻刚位，又不在中位，过分刚强偏激，横暴地停止在腰部，使腰不能屈伸。在接近腰部的上方，是脊背的肌肉，九三横在四个阴爻的中间，形状像将背部的肌肉由中央左右分裂，使它们也跟着不能活动。亦即，九三与上下、左右的人都不能和谐相处，以致上下叛离，左右决裂，这样当然危险，心就像被火熏似的不安。

《象传》说，停止在腰部，令人忧心如焚。

这一爻，说明止不当止，以致众叛亲离。

灵光一闪 要防止上下叛离，左右决裂。

六四：艮其身，无咎。
象曰：艮其身，止诸躬也。

九三相当于腰，六四就是腰以上的身体部分。心在体腔内，为控制一切行动的中心枢纽。六四阴爻阴位得正，因而，表示停止在应当停止的位置，能够自我控制而不妄动，所以没有灾难。

《象传》说，止住身体是自己控制的，所以没有灾难。

这一爻，说明应当知机，自我约束，适可而止。

灵光一闪 知止而止，安。

291

六五：艮其辅，言有序，悔亡。
象曰：艮其辅，以中正也。

"辅"，颚的关节。六五在卦的上方，相当于颚的关节，是说话的器官。

六五不正，本应当后悔，但得中，所以停止在颚的关节，说话中肯，条理分明，使不再有令人后悔之事发生了。亦即，言语谨慎可避免发生后悔之事。

《象传》说，六五能够持守中道。

这一爻，说明言语也应当适可而止。

> **灵光一闪** 止言，也是止。

上九：敦艮，吉。
象曰：敦艮之吉，以厚终也。

上九是艮卦最上方的阳爻，亦即止的终极，一切都到此为止，所以要更加谨慎、敦厚。有的人坚持原则一辈子，到了晚年反而堕落了，有的人学业在进修接近终了时放弃了，所以，最后的坚持，最重要，也最吉祥，这样才能止于至善。

又，大畜卦、小畜卦，也都有"止"的含意，但都是强制地停止，而艮卦，则是自发地停止。

《象传》说，很诚恳地止而不动吉祥，是因为始终敦厚，坚持到了最后。

这一爻，说明应止于至善，最后的坚持最重要。

> **灵光一闪** 好事做到头，好人做到底。持之以恒，善止！

艮卦，阐述适可而止的道理。

有行动，就有停止。在前进中，如何自我节制，适时、适地、适当地停止，需要有高深的修养。停止应当停止于行动开始之前才不会失当，才不会身不由己。不能适可而止，勉强追随他人，必然不会愉快。如果刚强过度，不知节制，应止不止，或止而不当，以致众叛亲离，必将忧心如焚。唯有达到不为外物所动、不为贪欲所蔽的人我两忘的境界，言语行动才能自我节制、动静得宜、适可而止。而止于至善才是止的最高境界，最后的坚持最重要。

应爻参考：

初六：止也要有提前量，防微杜渐。

六二：迫不得已追随他人，无誉但无咎。

九三：要防止上下叛离，左右决裂。

六四：知止而止，安。

六五：止言，也是止。

上九：好事做到头，好人做到底。持之以恒，善止！

渐 ䷴

> 渐进、逐渐。
> 这一卦告诉我们：停滞要思进，初心中正、无邪至关重要。

渐，女归吉，利贞。

《序卦传》说："物不可以终止，故受之以渐。渐者进也。"

"渐"，指水浸透，有"渐渐前进"的意思。

这一卦，下卦艮是止，上卦巽是顺。柔顺地停停进进，有"渐进"的含意。女子出嫁时必须经过一系列婚嫁的礼节，这些礼节，当然也是渐进的。这一卦，由六二到九五，各爻都得正，象征出嫁的女子品德纯正，这当然吉祥。但这一纯正，必须坚持才会有利。

彖曰：渐之进也，女归吉也。进得位，往有功也。进以正，可以正邦也。其位，刚得中也。止而巽，动不穷也。

渐渐地，是在前进，但与其他各卦前进的方式不同，是要像女儿出嫁般渐进。由卦变来看，渐卦是由涣卦或旅卦变化而来的。亦即，涣卦的九二与六二交换，或旅卦的九四与六五交换，都成为渐卦，而且都是不正的刚爻升进一位，得正，比拟前进就会成功。因为前进而得正，象征这一婚姻可以正家，进而可以正国。卦中最重要的爻是在"五"位的爻。渐卦的"五"位是刚爻，在中位，而且上卦是止，下卦是顺，不会妄进，所以，行动自由，没有任何限制。

象曰：山上有木，渐。君子以居贤德，善俗。

"居"是"奇货可居"的"居"，"蓄积"的意思。

这一卦，下卦艮是山，上卦巽是木。山上有木，渐渐成长，山也跟着渐渐增高。君子应当效法这一精神，渐渐地蓄积贤德，渐渐地移风易俗。

第二章 《周易》上下经

初六：鸿渐于干，小子厉，有言，无咎。
象曰：小子之厉，义无咎也。

"鸿"，鸿雁、大雁。"干"，水边。"小子"，年轻人。"言"，怨言。

这一卦的爻辞，以鸿雁比喻，因为鸿雁的行列有秩序，而且鸿雁是寒来暑往的候鸟，行动与季节的渐进相符合。初六是渐卦的开始，由最下方刚刚开始渐进，仍然逡巡不前，与鸿雁降落在水边要登陆时的踌躇相似，因为鸿雁是水鸟，在登陆时显得蹒跚。初六阴爻柔弱，象征小孩子，体力弱，有落伍离群的恐惧。"初"应当与"四"相应，但渐卦初六与六四都是阴爻，相互排斥，而且六四阴柔，既没有力量应援初六，又嫌初六落伍，跟随不上，所以叱责初六。不过，以渐进来说，不能勉强，初六慢慢地走，按道理应当不会有灾难。

《象传》说，虽然有危险，但按道理不会有灾难。

这一爻，说明不可勉强，应量力渐进。

灵光一闪 量力而行，重在行。

六二：鸿渐于磐，饮食衎衎，吉。
象曰：饮食衎衎，不素饱也。

"磐"，大石。"衎衎"，和乐状。"素饱"，与"素餐"同，"不劳而食"的意思。

初六是在水边徘徊的鸿雁，六二已渐进到大石上。大石坚固平坦，是最安稳的落脚场所。"二"是臣位，"五"是君位，六二柔顺中正，与上方的九五相应，九五赐给俸禄，六二可以和乐地饮食。但六二并不是尸位素餐，而是具备中正的德行，能够辅佐君王。六二地位安定，所以吉祥。

《象传》说，六二不是白吃饱饭的人，亦即六二能辅佐君王。

这一爻，说明渐进应求稳当、踏实。

灵光一闪 不管在哪里，能发挥作用才踏实。

九三：鸿渐于陆，夫征不复，妇孕不育，凶。利御寇。
象曰：夫征不复，离群丑也。妇孕不育，失其道也。利用御寇，顺相保也。

"丑"是"类"的意思。

九三在下卦的最上方，鸿雁已渐渐地走上了陆地。九三与上九同是阳爻，不相应，九三只好与情意不合的六四阴爻相亲。"夫"指九三。丈夫因为与妻子情意不合，一去不回。"妇"指六四。妻子也因为不正常的婚姻，怀孕生下的婴儿不能养育，所以凶险。不过，九三刚爻刚位，极为坚强，因而，有利于抵御外寇。

《象传》说，丈夫出征一去不回，是因为离开了同群的伙伴。妻子怀孕，生子不能养育，是因为违背了夫妇的正道。有利于防御外寇，是因为上下团结，可以自保。

这一爻，说明渐进不可刚强过度，以致离群。刚强只适用于防御外敌。

灵光一闪 刚强在外，不在内。

六四：鸿渐于木，或得其桷，无咎。
象曰：或得其桷，顺以巽也。

"桷"，角材，房屋的椽木。

六四更进一步，鸿雁落到树上。但鸿雁的爪，不适于抓握树枝，以致不安定，要在平面的角材上，才能站稳。角材指下方的九三。通常，柔在刚上会不安定，但九三与六四亲近，所以没有问题。

《象传》说，六四阴爻柔顺，又是上卦巽的一部分，巽是顺从，所以，柔顺地服从，或许能够得到平面的角材。亦即，虽然处于不安定的状态，只要能柔顺地服从，就会得到强有力的支持，不会有灾难。

这一爻，说明前进只有因应状况才能安全。

灵光一闪 柔在刚上会不安定，除非相互亲近。

九五：鸿渐于陵，妇三岁不孕，终莫之胜，吉。
象曰：终莫之胜，吉，得所愿也。

鸿雁渐渐前进到高陵上。九五是尊位，相当于高陵。虽然九五与六二相应，但是中间有九三与六四阻挡，尤其是九三，采取防御外寇的姿态，使六二无法与九五相聚，以致六二三年都没有怀孕。不过，九五与六二都中正，是正当的配偶，邪最终不能胜正，九五与六二得以聚首，达成夙愿，因而吉利。

《象传》说，九五的心愿实现了。

这一爻，说明在渐进中难免有障碍，但邪不能胜正。

灵光一闪 坚持初心会有良局。

上九：鸿渐于陆，其羽可用为仪，吉。
象曰：其羽可用为仪，吉，不可乱也。

"达"，四通八达的道路，与大畜卦上九的"何天之衢"相同，指云在天上的往来无阻的通路。

上九在这一卦的最上位，象征鸿雁在天空中飞向远方，其掉落的羽毛可以用作典礼中的装饰。亦即，虽然超脱于世俗之外的隐士对社会没有实际的贡献，但其孤高的德操却足以成为世人的表率，所以吉祥。

《象传》说，这是以鸿雁的羽毛，比拟隐士的志节不可以扰乱。

这一爻，说明超脱于世俗之外，即可进退由心。

灵光一闪 若没有实力，有德操、仪表也是一种贡献。

渐卦，阐释由停顿状态迈步向前时应采取渐进的原则。

前进才能建功立业。前进当然要刚毅，但也要把握中庸的原则。不可以勉强，不可以冒进，应当稳当，依据状况，把握时机，脚踏实地，一步步循序向前迈进，动静顺乎自然，这样才安全，行动不会受阻。如果刚强过度，不停地冒进，就有脱离群众的危险。在渐进中会有阻碍，但邪不胜正，当然，必须以正当的方式突破阻碍。超脱于世俗之外，不为名利所累，则可进退由心，可以说，这是进的极致。

应爻参考：

初六：量力而行，重在行。

六二：不管在哪里，能发挥作用才踏实。

九三：刚强在外，不在内。

六四：柔在刚上会不安定，除非相互亲近。

九五：坚持初心会有良局。

上九：若没有实力，有德操、仪表也是一种贡献。

归妹 ䷵

> 嫁女、婚嫁、婚姻。
> 这一卦告诉我们：归妹，指嫁女，也有"回到应该回到的地方"之意。女方归家指回到夫家，女方回家指回到父母之家。

归妹，征凶，无攸利。

《序卦传》说："进必有所归，故受之以归妹。"归妹卦与渐卦是综卦。进与归，相反相成。

"归"，嫁；指妇人停留在夫家，也有"回到应当回去的归宿"的意思。下卦兑是少女，相当于妹，上卦震是长男，少女与长男结合，所以称作"归妹"，亦即嫁妹。

嫁妹，为什么凶？因为少女应当与少男结婚，而与长男不相配。而且，下卦兑是悦，上卦震是动，女方欢喜地主动行动，与夫唱妇随的原则相违背，加以由"二"到"五"都不正，所以前进凶险，没有任何益处。

一说，这是指夫入赘到妇家。

彖曰：归妹，天地之大义也。天地不交，而万物不兴，归妹人之终始也。说以动，所归妹也。征凶，位不当也。无攸利，柔乘刚也。

嫁女，是天地间最正当的事。天地不交合，就不会产生万物，男女不婚嫁，就不能传宗接代，所以，婚嫁是人伦的终结，也是人伦的开始。这一卦，下卦兑是悦，上卦震是动。欢喜而且主动的是出嫁的少女，这违背妇道，前进凶险，因为"二"至"五"爻都不正，地位不当。没有益处，是指"三"与"五"的柔爻骑在刚爻的头上，妇压制了夫。

象曰：泽上有雷，归妹。君子以永终知敝。

这一卦，下卦兑是泽，上卦震是雷。泽上有雷，泽中的水也随着震动。君子应当效法这一精神，目光放远，看破结果，知道弊害，而能事先筹谋。

女人是水，男人是雷。雷在水面上震动，象征夫唱妇随，这是正道。

初九：归妹以娣，跛能履，征吉。
象曰：归妹以娣，以恒也。跛能履，吉相承也。

"娣"，姊妹同嫁一夫，其中的妹妹称作"娣"，亦即妾。春秋时代，诸侯迎娶时，常有正夫人的妹妹以介妇的名义，从嫁为妾的风俗，如卫庄公娶了陈国公主后妫和她的妹妹戴妫、晋献公娶了骊姬与其妹少姬等，这种例子很多。

初九在归妹卦的最下方，地位低，与上卦又没有正当的相应，所以不是正妻，以跟随姊姊出嫁为介妇的妹妹比拟。介妇身份卑贱，就像跛脚的人走路，能够走动的范围有限。不过，初九是刚爻，象征女人有阳刚的德行，贞节，虽然以妾的身份出嫁，但仍然吉祥。

《象传》说，虽然以妾的身份出嫁，但却具备恒常、贞节的德行。之所以跛脚走路吉祥，是因为能够秉承丈夫的意旨，协助姊姊整顿家务。

这一爻，说明名位不当时，坚守纯正，依然吉祥。

灵光一闪 同心协力比什么都重要。

九二：眇能视，利幽人之贞。
象曰：利幽人之贞，未变常也。

九二阳刚得中，对女人来说，这表示有坚定的节操与中庸的德行。九二与上卦的六五相应，象征九二有正当的配偶。可是，六五是阴柔的小人，阴爻阳位不正，因而，虽然九二是贤妻，但嫁了品行不正的丈夫，不能发挥贤内助的作用，就像瞎了一只眼的人，虽然能够看，但看不远。不过，看不远有利于幽居的人守持正道。这是洁身自爱的孤高隐士的形象，仍然有利。

《象传》说，虽然九二遇人不淑，但仍能不改恒常的节操、德行。

这一爻，说明遇人不淑时，坚守纯正，仍然有利。

灵光一闪 坚持中正能使过程顺利。

六三：归妹以须，反归以娣。
象曰：归妹以须，未当也。

"须"，等待。

六三阴柔，缺乏节操，又不中不正，并且是下卦兑亦即悦的主爻，象征女人欢喜地要出嫁，被嫌轻佻淫乱，所以嫁不出去，一直在等待。不过，如果回到家中，以妾的身份出嫁，就能够嫁出去。

《象传》说，这是由于六三阴爻阳位不正，地位不当。

这一爻，说明轻佻的人不足以担当重任。

灵光一闪 做事情要讲究名正，名正才能言顺。

九四：归妹愆期，迟归有时。
象曰：愆期之志，有待而行也。

"愆"，过失。

九四在下卦没有相应的爻，以致找不到配偶。但九四阳刚，有节操，坚忍，不肯轻易许嫁，以致延误婚期。然而，九四贤淑，虽然延误了佳期，但还是嫁得出去。

《象传》说，九四之所以延误出嫁，是因为等待正当的对象。

这一爻，说明要选择正当的对象。

灵光一闪 需要等待时，等待就是正确的。

六五：帝乙归妹，其君之袂，不如其娣之袂良，月几望，吉。
象曰：帝乙归妹，不如其娣之袂良也。其位在中，以贵行也。

"帝乙归妹"在泰卦六五的爻辞中也出现过，帝乙是殷代的帝王之一。"君"是女君，指帝乙的妹妹。"月几望"在小畜卦上九的爻辞中也出现过，是接近满月的时候。

六五阴爻在"五"的君位，相当于天子的女儿。六五与下卦的九二相应，象征天子的女儿下嫁给臣子。六五阴爻柔顺，在中位，具备中庸的德行，又位于"五"的君位，身份高贵，所以，衣着没有刻意装饰的必要，反而不如从嫁的妾衣着华丽。然而，在德行上，六五却发出像月亮接近满月时的光辉。月属于阴，用来比拟妇德。

《象传》说，六五在上卦的中位，具备中庸的德行，又以高贵的身份出嫁，衣着就不重要了。

这一爻，强调高贵的品德比虚饰的外表重要。

灵光一闪 随时而变很重要。

上六：女承筐无实，士刲羊无血，无攸利。
象曰：上六无实，承虚筐也。

"女"，指年轻的女子。"士"，指年轻的男子。"筐"，新娘的提篮；装有枣、栗、干肉等象征吉祥的果品，当作拜见公婆的礼物。"刲"，割，婚礼的仪式之一；新郎割羊用作合卺时饮交杯酒的菜肴。

上六阴柔，缺乏坚定的德行，已经到达这一卦的极点，在下卦又没有相应，表示得不到配偶，虽然订婚了，也不能成婚，即或勉强结婚，也终将分离。在结婚时，已经出现不祥的预兆，新娘的提篮中竟然空无一物，新郎在婚礼中行割羊的仪式时，羊也没有流血，一切都不顺利。

《象传》说，上六有名无实，所以用虚筐比拟。

这一爻，说明缺乏品德，结果不会美满。

灵光一闪 筐空无实，难以为继。

归妹卦，阐释婚姻的道理。

婚姻是人伦的开始，也是人伦的结束，为人生天经地义的大事，必须慎重，不可违背原则，不可过度积极强求，应当顺其自然。家庭以主妇为主体，柔顺、中庸、坚贞的妇德，为端正家风的基石，即或以卑贱的妾的身份出嫁，遇人不淑，只要坚守妇德，也仍然有利。轻佻只宜嫁人为妾。贤淑之人宁可晚婚，也要选择正当的对象。高贵的妇德重于外表的虚饰，缺乏妇德，婚姻不会美满。这一卦，也可看作部属应遵从的道理、进退的原则。

应爻参考：

初九：同心协力比什么都重要。

九二：坚持中正能使过程顺利。

六三：做事情要讲究名正，名正才能言顺。

九四：需要等待时，等待就是正确的。

六五：随时而变很重要。

上六：筐空无实，难以为继。

丰 ䷶

> 盛大、丰盛。
>
> 这一卦告诉我们：众望所归，是盛大！高脚酒杯晃动相碰之时，是丰盛。光明而且活跃，是盛大的象征。

丰，亨，王假之，勿忧，宜日中。

《序卦传》说："得其所归者必大，故受之以丰。丰者大也。"这是说，众望所归，气势必然盛大。

"丰"，以高杯盛物，引申为"盛大"。

下卦离是明，上卦震是动。光明而且活跃，是盛大的象征。盛大本身就亨通，王者在天下最丰盛的时期，拥有巨大的财富、无数的人民，不必忧虑，应当像日正当中，普照大地，使人民普遍分享丰盛的成果。然而，日正当中，无法持久，不久就会偏斜，因此，这一卦虽然亨通，但也隐伏着危机。

彖曰：丰，大也。明以动，故丰。王假之，尚大也。勿忧宜日中，宜照天下也。日中则昃，月盈则食，天地盈虚，与时消息，而况于人乎，况于鬼神乎？

"丰"是"大"的意思。下卦是明，上卦是动，光明而且活跃，所以丰盛。王者在最丰盛的时期，一切都崇尚盛大，不必忧虑，应当像日正当中，普照天下。可是，日到正中，不久会偏斜，月盈满，不久会亏缺，天地的盈亏，随着时间而消长，更何况是人，是鬼神呢？

象曰：雷电皆至，丰。君子以折狱致刑。

这一卦，上卦震是雷，下卦离是闪电，雷电同时来临，气势盛大。君子应当效法这一精神，像闪电一般明智地判决诉讼，像雷一般威严地执行刑罚。

第二章 《周易》上下经

☷☳ 初九：遇其配主，虽旬无咎，往有尚。
象曰：虽旬无咎，过旬灾也。

"配主"，相配的主人，指配偶，也有"匹配"的意思。"初"与"四"相应，"四"是"初"的匹配，也有"地位低配合地位高"的意思。所以，"初"称"四"为"配主"，相对地，"四"称"初"为"夷主"，"夷"是"等"的意思。

九四是上卦震的阳爻，为震卦的主体，位置正当下卦离完成之后。离卦是日。古时以十干记日，由甲到癸，十日满一旬，又重新由甲计起，所以用"旬"比喻满，超过一旬又转为亏。丰卦下卦离是明，上卦震是动，光明地行动，因而，初九是主动寻找配偶，并遇到相配的主人。虽然经过十日，有由满转为亏的忧虑，但不会有灾难，因为初九前往，会受到九四的重视。

《象传》说，虽然满十日不会有灾难，但过了十日，由满转为亏，就会有灾难。亦即，主动去寻求，会遇到相配的主人并受到重视，可以积极地前往，不会有灾难，但超过必要的程度，就会有灾难。

这一爻，说明应积极地去追求盛大，但应适度。

灵光一闪 盛大没有灾难，但盛大过后会有变数。

☷☲ 六二：丰其蔀，日中见斗，往得疑疾，有孚发若，吉。
象曰：有孚发若，信以发志也。

"蔀"，遮日的帘。"斗"，北斗星。

六二是下卦离的主爻，离卦是明，所以六二最光明。但在上卦，与六二相应的六五却阴爻在君位，是昏暗的君王，就像太阳被大的帘子掩蔽，正午也可以看到七斗星那样昏暗，因而，前往追随这样的君王会被猜疑。不过，六二可以用诚信启发对方的心志，这样结果仍然吉祥。

《象传》说，用诚信启发对方的心志，是因为精诚所至，金石为开。

这一爻，告诫追求盛大，容易迷失，产生猜疑，应以诚信启发对方的心志。

灵光一闪 主动靠拢盛大，一般都会遭到猜忌。

易经今解：释疑·解惑·见微

九三：丰其沛，日中见沫，折其右肱，无咎。

象曰：丰其沛，不可大事也。折其右肱，终不可用也。

"沛"通"旆"，指幔幕。"沫"，即昧，指小星。

九三是下卦"明"的终了，正午已过，太阳偏斜，而且九三与昏暗的上六相应，上六比六五更加昏暗了，就像用大的幔幕掩蔽了太阳，正午也可以看到小星。虽然九三阳刚，又属于下卦明，刚毅明智，但却像折断了右臂，无能为力。不过，九三阳爻阳位刚正，照道理说，应当不会有灾难。

《象传》说，不可以做大事，九三终究不可能被重用。

这一爻，告诫因盛大而迷失，会造成不可避免的伤害，应当秉持刚正。

灵光一闪 盛大之中能秉持刚正，可逃过一劫。

九四：丰其蔀，日中见斗，遇其夷主，吉。

象曰：丰其蔀，位不当也。日中见斗，幽不明也。遇其夷主，吉，行也。

"夷"是"等"的意思，在上者称呼在下者用"夷"。"夷主"是对等的主人，指初九与九四，其有相等的阳刚德行，地位也对应。

这一爻的爻辞，前两句与六二相同。"四"是仅次于"五"的君位。九四是在大臣的地位，但六五阴柔不正，是昏暗的君王，就像太阳被大的帘子遮掩，正午可看到北斗星那样昏暗。不过，九四如果往下方与同样刚正的初九交往，同心协力地行动，就会吉祥。

《象传》说，大帘子遮住太阳，是因为九四刚爻柔位，地位不当；中午看到北斗星，是因为正当黑暗不明的时期。但是，采取行动，寻求与自己志同道合的人，就会吉祥。

这一爻，说明因盛大而迷失时，应主动团结志合道合者，一起突破黑暗。

灵光一闪 因盛大而迷失时，寻找志同道合者，吉祥。

第二章 《周易》上下经

六五：来章，有庆誉，吉。
象曰：六五之吉，有庆也。

"章"，文采，美丽的花纹；在此指美德。

六五阴爻在君位，是昏暗的君王，本身并不具备吉祥的条件，但如果能使相应的九二这一有美德的贤士前来辅助，就会得到福报与荣誉，因而吉祥。下卦离是明，所以用"章"这个字。昏君本来不可能招徕贤士，但昏君喜欢沽名钓誉，所以，会招揽贤士以标榜自己圣明。

《象传》说，六五吉祥，是因为有值得庆贺之事。这里暗示招来了贤士。

这一爻，说明追求盛大，必须用贤。

灵光一闪 门客三千，可能成事。

上六：丰其屋，蔀其家，窥其户，阒其无人，三岁不觌，凶。
象曰：丰其屋，天际翔也。窥其户，阒其无人，自藏也。

"窥"，窥视。"阒"，寂静。"觌"，见。

上六是阴柔的小人，在丰卦的极点，又是上卦动的终了，因而不安定，下卦的光明也不能到达，以致黑暗，就像闭藏在大房子里，又用帘子将家完全遮蔽，更加黑暗，由门缝窥视看不到人影没有看到有人出来达三年之久，像这样完全孤立，当然凶险。

《象传》说，屋顶高大，是说小人得志，就像飞翔在天空般得意，以致日益昏庸。由门缝窥视看不到人影，是说自视太高，目中无人，完全陷于孤立。这不是被他人舍弃，而是自己将自己闭塞了。

这一爻，告诫因盛大而迷失，终于完全闭塞了。

灵光一闪 曲终人散，自古以来有谁改变得了？

丰卦，阐释盛衰无常的道理。

虽然卦名是盛大的"丰"，但全卦却暗无天日，谆谆告诫盛极必衰，必须警惕。贤明的领袖，应当积极求发展，创造财富，使天下分享丰衣足食的生活；然而也应当了解盛大容易迷失，必须居安思危，以诚信启发全民意志，坚持刚正的态度，精诚团结，任用贤能，积极作为，这样才能持盈保泰，享受丰盛的成果，不致因盛大而产生流弊，导致毁灭。否则，得意忘形，自我陶醉，必然使自己闭塞，终致孤立，完全陷于黑暗中。

应爻参考：

初九：盛大没有灾难，但盛大过后会有变数。

六二：主动靠拢盛大，一般会遭到猜忌。

九三：盛大之中能秉持刚正，可逃一劫。

九四：盛大迷失时，寻找志同道合者，吉祥。

六五：门客三千，可能成事。

上六：曲终人散，自古以来有谁改变得了？

旅 ䷷

> 旅行、不安定。
> 这一卦告诉我们：盛大的结果，可能是逃亡。在家千日好，出门半时难。

旅，小亨，旅贞吉。

旅卦与丰卦是综卦。过度盛大就容易迷失。盛极必衰，又开始颠沛流离，丰与旅互为因果。

《序卦传》说："穷大者必失其居，故受之以旅。"盛大到极点，必然又失去安定。

"旅"，羁旅，在外旅行。

这一卦，下卦艮是山，上卦离是火，山上烧火，火势蔓延，不停地往前燃烧，就像旅行的人，急着赶路，所以称作"旅"。

旅行，是一种经常变换场所的不安定的行动。有的人因失业、不得志或者犯罪而旅于外，因而，不会大有，不会亨通。由卦形来说，六五阴爻在外卦得中，但内卦与其相应的六二也是阴爻，同性相斥，所以，不过是小有亨通而已。

人在外旅行，生活不安定，周围都是不相识的人，缺少照应，颠沛流离，心理容易不正常。在任何情况下都遵守正道才会吉祥，旅行当然也不例外。

象曰：旅，小亨，柔得中乎外，而顺乎刚，止而丽乎明，是以小亨，旅贞吉也。旅之时义大矣哉！

旅卦，小有亨通，因为六五柔爻在外卦得中，并且追随上下的刚爻上九与九四，因而柔顺中庸并兼有刚毅的德行。内卦艮是止，外卦离是明与附，静止而且附着于光明，所以小有亨通。只要在旅行中坚守正道就会吉祥。旅行的时间意义太重要了！

孔子曾经周游列国，他对旅途辛劳的体认必然极为深刻。

象曰：山上有火，旅。君子以明慎用刑，而不留狱。

这一卦，下卦艮是山，上卦离是火。山上有火，不停地蔓延，象征旅行。君子应当效法这一精神，以下卦的明察与上卦的慎重执行刑罚，以山上烧火一刻也不停留的精神迅速裁决诉讼而不拖延。

初六：旅琐琐，斯其所取灾。
象曰：旅琐琐，志穷灾也。

"琐琐"，琐碎小器。

初六阴柔，而且在最下位，象征猥琐的小人。在辛劳的旅途中，猥琐的小人更加吝啬、小气，所以招来灾难。

《象传》说，这是因为在失意时，人穷志短，所以会招来灾难。

这一爻，说明在不安定中，不可斤斤计较于小节，应从大处着眼。

灵光一闪 在旅途中，散财可消灾。人生何尝不是旅途？

六二：旅即次，怀其资，得童仆贞。
象曰：得童仆贞，终无尤也。

"即"，就、住。"次"，停止、旅舍。

在旅行中，最安定的时刻是投宿在旅舍中，最能心安的是带有充足的旅费，最可靠的是有忠实的僮仆。六二柔顺中正，因而具备这些最佳的旅行条件。

《象传》说，有忠实的僮仆，最后不会有怨尤。

这一爻，说明转危为安，必须有万全的准备。

灵光一闪 人生旅途，有人、有钱即安。

九三：旅焚其次，丧其僮仆，贞厉。
象曰：旅焚其次，亦以伤矣。以旅与下，其义丧也。

在旅途中，投宿的旅舍失火了，随行的僮仆又逃亡了，即或坚守正道，也有危险。九三刚爻刚位，过于刚直，又不在中位，难以安定，而且还在下卦的最高位，态度高傲，难怪会遭遇这些不幸。

《象传》说，投宿的旅舍失火，够让人悲伤的了。在旅途中，以傲慢的态度对待下人，下人必然会逃走。

这一爻，说明必须以谦虚的态度得到一切助力才能转危为安。

灵光一闪 刚直要看环境与地位，谦恭优于刚直。

九四：旅于处，得其资斧，我心不快。
象曰：旅于处，未得位也。得其资斧，心未快也。

"资斧"，指旅行时携带的钱财与斧头。在露宿时，可用斧头砍除荆棘以便于扎营。

九四阳爻阴位，刚柔并济，又在上卦的最下位，态度谦虚，所以，在旅行时能够得到安稳的住处，在露宿时也有利斧可以帮着整理扎营的场地。然而，阳爻阴位，毕竟不是正当的场所，而且，上方六五是阴爻，九四身边没有强劲的援手，向下虽然与初六相应，但初六也是阴爻，力量弱，所以，虽然九四在旅行中有足够的旅费与应用的器具，但心中仍然不会愉快。

故事 孟子在齐国时，齐国给以万钟的爵禄劝他留下，又赠给他黄金百镒，他都不接受。他当时的心情，就是如此。

《象传》说，九四之所以旅行在外，是因为未能居于适当的位置。有钱有器具也不快乐，是因为出门在外总不如在家里好。

这一爻，强调安定的理由必须正当。

灵光一闪 名正言顺才会安定。

六五：射雉一矢亡，终以誉命。
象曰：终以誉命，上逮也。

"逮"是"及"的意思。

六五是上卦离的主爻，离即明，所以，用羽毛光彩鲜明的山鸡比拟。

六五阴爻得中，柔顺中庸，就像在射山鸡时，虽然最初不顺利，丧失了一支箭，但最后仍然得到了荣誉与爵位。

故事 古时官吏被任命时，有将山鸡当作礼物献给君王的习俗，以象征立身处世光明磊落的态度。

《象传》说，最后仍然得到了荣誉与爵位，是因为六五为人光明磊落，可以上达意见。

这一爻，说明求安定应有不计一时得失、光明磊落的态度。

灵光一闪 做事不偷偷摸摸，意见上达会得到荣誉。

上九： 鸟焚其巢，旅人先笑后号咷。丧牛于易，凶。
象曰： 以旅在上，其义焚也。丧牛于易，终莫之闻也。

"易"，通"埸"，田畔、边界。

因为鸟飞得高，而上九在最高位，所以用鸟比喻。上九刚爻在最上位，倔强傲慢。在旅途中，这种态度会被厌恶，开始也许洋洋得意，最后必定号啕大哭，就像鸟的巢被烧掉，没有可以安身的地方一样。上卦离是火，所以说焚。牛是温顺的动物。在田畔丢失了牛，象征丧失了柔顺的德行，所以凶险。

《象传》说，旅行在外还高高在上，在道义上就立不住脚，居室被焚毁也理所当然。在田畔丧失了牛，象征终究会默默无闻。

这一爻，说明求安定必须柔顺，不可倨傲。

灵光一闪 虽然鸟飞得高，但往往无家可归。

旅卦，阐释求安定的原则。

盛大到极点，必然陷入不安定的状态，难有大的作为。在不安定的状态下，一切都容易不正常，必须守正。应当从大处着眼，先求安定，不可斤斤计较于小节。必须翔实检讨，审慎策划，有万全的准备，然后再行动。更须以谦虚的态度，团结群众，获得一切支持与助力。手段应当正当。不计较一时的得失，态度光明磊落，把握中庸的原则，做事顺其自然，才能转危为安。如果有恃无恐，倔强倨傲，得意忘形，就难逃失败的命运了。

应爻参考：

初六：在旅途中，散财可消灾。人生何尝不是旅途？

六二：人生旅途，有人、有钱即安。

九三：刚直要看环境与地位，谦恭优于刚直。

九四：名正言顺才会安定。

六五：做事不偷偷摸摸，意见上达会得到荣誉。

上九：虽然鸟飞得高，但往往无家可归。

巽 ☴

> 进入、谦逊。
> 这一卦告诉我们：如风如灰尘那样使自己变得微小，则无所不入。

巽，小亨，利有攸往，利见大人。

《序卦传》说："旅而无所容，故受之以巽。巽者入也。"亦即，有进入他人心中的谦逊态度才会被接纳，找到安定的场所。

"巽"，台上放有物；假借为"逊"，"顺、入"的意思。巽又象征风，无孔不入。

巽卦，一阴爻伏在二阳爻的下面，象征伏、顺。顺从他人就容易被接纳，进入他人心中。同样，顺从自然的道理就容易进入事物之中，所以，"巽"有"入"的含意。

巽卦是阴卦，以一个阴爻为主爻，所以阴柔，不会大有亨通，只能小有亨通。巽卦是一阴爻顺从二阳爻，阴顺从阳是自然的道理，所以前进有利。但顺从也必须选择对象，不可以盲从。因而，只有顺从伟大的人物才有利。

彖曰：重巽以申命，刚巽乎中正而志行。柔皆顺乎刚，是以小亨，利有攸往，利见大人。

"申"，反复叮咛。

这一卦是以两个巽卦上下重叠而成的，巽是"顺"的意思，顺从又顺从，三令五申，反复叮咛，使命令得以贯彻。发布命令的是九五。九五刚爻，在上卦得中，位又正，刚毅而且顺从中正的原则，所以志向能行于天下。这一卦的柔爻初六、六四都伏在刚爻的下方，是阴柔顺从阳刚的形象。但因为过度柔顺，所以只能小有亨通。虽然前进有利，但必须有所选择，只有遇见伟大的人物才有利。

象曰：随风，巽。君子以申命行事。

第二章 《周易》上下经

这一卦的卦形是风随着风。风无孔不入，象征命令得以贯彻。君子应当效法这一精神，以君子的德行，像风不断地吹一般，使命令不断地重复，使其贯彻于人民的行为中。

故事 《论语·颜渊》篇中也说：君子的德行像风，人民的德行像草。风吹到草上，草必定伏倒。

初六：进退，利武人之贞。
象曰：进退，志疑也。利武人之贞，志治也。

初六是下卦巽的主爻。巽卦的含意是谦逊。初六阴柔，又在最下方，有过度谦卑的表现，因而，往往缺乏信心，进进退退，不能果断行动。要像武人般坚决果断才有利。

《象传》说，之所以进进退退，是因为优柔寡断，心中有所疑惑。之所以要像武人般坚决果断才有利，是因为这样意志才能坚定不移。

这一爻，说明谦逊并非优柔寡断。

灵光一闪 在弱小的时候要果敢。

九二：巽在床下，用史巫纷若，吉，无咎。
象曰：纷若之吉，得中也。

"史"，职掌占卜、祷告的官。"巫"，祈福降神除灾的巫婆。

九二阳爻阴位，有自卑的表现，虽然是谦逊的巽卦，但跪伏在神台下会被认作畏惧或阿谀。不过，对于谦逊的巽卦来说，九二这种态度还不能说是大错，如果能像占卜的史和巫那样，以诚意敬神，仍然吉祥，不会有灾难。

《象传》说，像史和巫那样就会吉祥，是九二在内卦得中的缘故。

这一爻，说明谦逊并非自卑。

灵光一闪 在弱小的时候，要有谦卑的态度。

九三：频巽，吝。
象曰：频巽之吝，志穷也。

九三刚爻刚位，过于刚强，又在下卦的最上位，并不谦逊，然而，却频频表现出谦逊的姿态，但又不能心甘情愿，终究会露出马脚，招来羞辱。

《象传》说，这是丧失了意志的缘故。

这一爻，说明谦逊并非虚伪。

灵光一闪 过于谦逊往往虚伪。

六四：悔亡，田获三品。
象曰：田获三品，有功也。

"品"，等级。

古时天子诸侯打猎，猎获的野兽分作三等：射中心脏的是上杀，晒干后可当作祭品；射中腿的是中杀，可以用来宴宾客；射中肠的是下杀，只能自己食用。

六四阴柔力弱，在下卦没有应援，上下又被刚爻挟持，本来应当后悔，但因为阴爻阴位得正，在上卦的最下位，态度中正谦卑，所以后悔之事没有发生，打猎时还猎得很多野兽。

《象传》说，猎得很多野兽是因为进取可以建功。

这一爻，说明谦逊并非退缩。

灵光一闪 左右圆融又立功了，是谦逊的极致。

九五：贞吉悔亡，无不利。无初有终，先庚三日，后庚三日，吉。
象曰：九五之吉，位正中也。

"庚"，与"更"同音，变更。

九五刚健，对谦逊的巽卦来说，刚健并不适当，会后悔。但九五在外卦得中得正，由于中正，会吉祥，没有后悔之事发生，也没有不利的情况存在。开始也许不安定，但最后会有好的结果。古时以十干记日，庚日的前三日是丁日，"丁"有"叮咛"的意思；庚日的后三日是癸日，"癸"与"揆"通用，是"衡量"的意思。亦即，在事变之前，必须叮嘱民众；在事变之后，应衡量得失。这样慎重地处置，就会吉祥。

《象传》说，九五之所以吉祥，是因为位置正中，能行中正之道。

第二章 《周易》上下经

这一爻，说明谦逊是事前周详叮咛，事后检讨得失的慎重态度。

灵光一闪 位置正当，免去很多麻烦和忧悔。

上九：巽在床下，丧其资斧，贞凶。
象曰：巽在床下，上穷也。丧其资斧，正乎凶也。

"贞凶"，正当也凶险。

上九阳刚，虽然在这一卦的最上位，却谦逊到极点，就像伏在床下，未免太过分了；又像在旅途中丧失了旅费与用具，确实凶险。

《象传》说，正因为上九谦逊过头了，所以凶险。

这一爻，说明谦逊应当恰如其分，不可过度。

灵光一闪 谦逊过度了也不合适。

巽卦，阐释谦逊的道理。

在不安定中必须谦逊才能收揽人心，得到助力，转危为安。谦逊是做人应有的态度，唯有谦逊，才能进入他人心中，而被接纳。谦逊是顺从，但非盲从，必须择善而从。谦逊并非优柔寡断，也非自卑畏惧，更非虚伪。谦逊还应当正当，应当进取。谦逊是事前叮咛周详，事后检讨得失，唯恐有所偏差的慎重态度，但必须恰如其分，不可过当。

应爻参考：

初六：在弱小的时候要果敢。

九二：在弱小的时候，要有谦卑的态度。

九三：过于谦逊往往虚伪。

六四：左右圆融又立功了，是谦逊的极致。

九五：位置正当，免去很多麻烦和忧悔。

上九：谦逊过度了也不合适。

兑 ☱

> 喜悦、取悦。
> 这一卦告诉我们：喜人、自喜，会有加持！

兑，亨利贞。

兑卦与巽卦是综卦。谦逊使人喜悦，自己也喜悦，巽与兑互为因果。

《序卦传》说："入而后说之，故受之以兑。兑者说也。"

兑，"说"的本字，指说话或笑的模样，因而，有"言语"与"喜悦"的含意。

兑卦，是一阴爻前进到两阳爻的上方，有喜悦表露于外的形象。兑又为泽。将坎卦的水由下堵塞，水聚集，就成为兑卦，所以是泽。而且，泽中的水可以滋润万物，使万物喜悦，所以象征悦。

由兑卦的卦形看，内外卦都是刚爻得中，柔爻在外，中庸、外柔内刚，当然使人喜悦，可以亨通。然而，也并非不分是非，一味使人喜悦，而是动机纯正、固守正道使人喜悦，这样才会有利。

彖曰：兑，说也。刚中而柔外，说以利贞，是以顺乎天而应乎人。说以先民，民忘其劳；说以犯难，民忘其死。说之大，民劝矣哉！

兑就是悦。刚爻得中，柔爻在外，是以正当、有利使人喜悦，这是顺应天的道理，符合人的心愿，所以使人真正地悦服。凡事以使民众喜悦为先，民众就会忘记劳苦；能够使民众喜悦地去冒险犯难，民众就会忘记死亡的危险。喜悦的巨大作用，在于可以勉励民众有所作为。

象曰：丽泽，兑。君子以朋友讲习。

"丽"，附着，并连。

这一卦，上下都是兑卦，两个泽并连在一起，是泽水相互流通、滋润的形象。君子应当效法这一精神，朋友间相互讨论、学习，以使彼此得到益处。

依《说卦传》，兑"为口舌"，兑卦有口舌的形象。两个口舌相对，所以说相互讨论、学习。

初九：和兑，吉。
象曰：和兑之吉，行未疑也。

初九阳刚，虽然在这一卦的最下位，却不奉承谄媚，妄求进取。上卦的九四也是刚爻，与初九不相应，有不屑利用私人关系，而以正大光明的态度使人喜悦的意思。

> **故事** 《论语·子路》中说："君子和而不同。"与人和谐但不同流合污，因而和悦，吉祥。

《象传》说，因为是光明正大地与人和悦，所以行为不会被怀疑。

这一爻，说明与人和悦，应当光明正大，而非奉承谄媚。

> **灵光一闪** 与人和悦，公开、平等、互惠。

九二：孚兑，吉，悔亡。
象曰：孚兑之吉，信志也。

九二刚爻柔位不正，预料会后悔，不过，九二刚爻得中，心中诚信，以诚信与人和悦，当然吉祥，就没有后悔之事了。

《象传》说，这是因为九二志在诚信。

这一爻，说明应以诚信与人和悦。

> **灵光一闪** 与人和悦，以诚信为本。

六三：来兑，凶。
象曰：来兑之凶，位不当也。

六三是内卦的主爻，阴柔，不中不正，在外卦又无所相应，只好向下讨好初九、九二。这样以不正当的手段使人喜悦，当然凶险。

《象传》说，这是因为六三位置不当，即六三以柔居刚。

这一爻，说明与人和悦，手段不可不正当。

灵光一闪 与人和悦要有原则。

九四：商兑，未宁，介疾有喜。
象曰：九四之喜，有庆也。

"介"，隔开，除掉。

九四与下方的阴爻六三接近，本来阴阳相悦，但六三不中不正，是否应当与六三相悦，九四心中未免嘀咕，不能安宁。然而，九四刚毅，终于决然地拒绝了六三的诱惑，不再犹豫，就像治愈了疾病，心中喜悦。

《象传》说，能够断然去恶，这是喜庆的现象。

这一爻，说明和悦并非做乡愿，应断然去恶。

灵光一闪 去掉毛病就会安宁。

九五：孚于剥，有厉。
象曰：孚于剥，位正当也。

"剥"，剥落；指上六的阴爻将九五的阳爻剥落。

九五阳刚中正，在君位，有被取悦他的小人包围的危险。九五与上六最亲近，而上六又是阴柔的小人，上卦的主爻，兑卦的极点，正以一切邪恶狐媚的手段取悦君王，想将九五的阳刚气概剥落掉。如果信任这样的小人，当然危险。

《象传》说，这是九五正当"五"的君位的缘故。在君王的地位，本来就容易被小人包围，加以九五阳刚中正，过分自信，就更加危险了。

这一爻，说明为人刚正难免被小人包围。

灵光一闪 被谄媚，好会变成坏。

上六：引兑。
象曰：上六引兑，未光也。

"引"，拉。

上六是上卦的主爻，阴柔，在兑卦的极点，正在不择手段地拉拢、取悦于人，引诱下方的两个阳爻。但这种取悦于人的手段毕竟不光明正大，对方是否会被引诱，就要看对方的定力了，结果如何，难以判断，所以这一爻不能断定是吉是凶。

《象传》说，上六这么做不够光明正大。

这一爻，说明小人会不择手段地取悦于人，必须戒慎恐惧。

灵光一闪 深陷谄媚，前景难明。

兑卦，阐释和悦的原则。

使人喜悦，自己也喜悦，可促使人际关系和谐。使民众喜悦，民众就能诚心诚意地服从领导，不辞辛劳，不畏牺牲。这是顺天应人的道理，但动机必须纯正，应以正当、有利使人喜悦。与人和悦，首先应当明辨是非，光明正大，而非阿谀谄媚。应当内刚外柔，坚持原则，和而不同。必须以诚信为本，手段正当。而且不可做乡愿，应当断然排除邪恶。为人刚正会被邪恶的小人包围，应当警惕小人不择手段地取悦于人。必须意志坚定，不坠入小人的陷阱。

应爻参考：

初九：与人和悦，公开、平等、互惠。

九二：与人和悦，以诚信为本。

六三：与人和悦要有原则。

九四：去掉毛病就会安宁。

九五：被谄媚，好会变成坏。

上六：深陷谄媚，前景难明。

涣 ䷺

> 涣散、离散。
>
> 这一卦告诉我们：凝聚民心很重要，要重视。财聚人散，财散人聚。

涣，亨。王假有庙，利涉大川，利贞。

《序卦传》说："说而后散之，故受之以涣。涣者离也。"

"涣"，离散。"假"，至、来到。

这一卦，下卦坎是水，上卦巽是风，风吹在水上，形成水波离散的现象，所以称作"涣"，象征喜悦使郁闷涣散。

九二刚爻得中，六三与六四两个阴爻也同心同德，所以亨通。当天下民心离散时，君王应以至诚到宗庙祈祷，获得神的保佑，使民众因看到君王的诚意而感化，再重新聚集起来，这样就能攻坚克难，有利于涉过大河，有利于守持正道。所以，涣也有"挽救涣散"的含意。又，上卦巽是木，下卦坎是水。木舟在水上行驶，象征有利于渡河，但必须坚守正道。

彖曰：涣，亨。刚来而不穷，柔得位乎外而上同。王假有庙，王乃在中也。利涉大川，乘木有功也。

之所以涣卦亨通，是因为它来自渐卦。渐卦的九三刚爻下降，来到"二"位得中，成为涣卦，就不会阻塞了。相对地，渐卦的六二柔爻上升到"三"的刚位，与上方的六四柔爻就能同心同德了。王前往宗庙，是说九五在中位，刚毅中正。有利于涉过大河，是指上卦是木，下卦是水，乘坐木船在水上行驶，能发挥渡河的功效。

故事《墨子》中有《尚同》篇，"尚同"即"上同"。

第二章 《周易》上下经

象曰：风行水上，涣。先王以享于帝立庙。

这一卦，上卦是风，下卦是水，风吹在水上，使水波涣散。古代的帝王看到这种现象，就会祭祀天帝，建立宗庙，以凝聚民心。

这一卦用于预测，需要重视卦象：风吹在水上，离散；木在水上，有利于行船。

初六：用拯马壮，吉。
象曰：初六之吉，顺也。

初六正当涣散的开始，迹象还不严重，用健壮的马追赶，就可以拯救涣散，转为吉祥。初六柔弱，没有拯救涣散的力量，必须得到壮马才行。壮马指阳刚的九二。

《象传》说，初六之所以吉祥，是因为顺从了九二。

这一爻，说明拯救涣散，应在开始时就用积极的手段。

灵光一闪 不要等到亡羊再补牢。

九二：涣奔其机，悔亡。
象曰：涣奔其机，得愿也。

"机"，几，指矮脚的桌子；古时席地而坐，所以用几。

九二阳爻阴位不正，应当后悔，不过，九二是渐卦的九三由外奔来，到达内卦的中位，就像坐下来倚靠在矮桌上，得以安稳，不再有什么可后悔的了。

《象传》说，在涣散的时刻，人人都期望得到安全的场所，能够安稳下来，九二达成了这一愿望。

这一爻，说明挽救涣散，须先求安稳。

灵光一闪 人挤时，有立足之地就好。

六三：涣其躬，无悔。
象曰：涣其躬，志在外也。

由此以下的四爻，都是说要将什么涣散，以拯救时弊。

"躬"，自身，引申为"私心杂念"。

六三阴柔，不中不正，本来是自私自利的性格，可是，因为在刚位，能够克制自己，消除私心杂念，积极地有所作为，所以没有可忧悔的了。

《象传》说，因为六三的志向是救济本身以外的人。

这一爻，说明拯救涣散，要先除去私心杂念。

灵光一闪 涣散时，登高一呼为大众。

六四：涣其群，元吉。涣有丘，匪夷所思。
象曰：涣其群，元吉，光大也。

"夷"，平常，指"平常人"。

六四阴爻阴位得正，在上方与九五的君王接近，相当于担当拯救涣散重任的人。六四在下卦无应，象征没有私党。亦即，解散私党以奉公，当然大吉大利。解散私党，促成大团结，群众聚集得像山丘，这是平常人难以想象的壮举。

故事 唐代名臣陆执贽说"散小储，成大储"，与此爻的散小群促成大团结的意义相同。

《象传》说，这种灭私为公的行为是非常光明正大的。

这一爻，说明挽救涣散，应消除派系，促成大团结。

灵光一闪 出于公心，可以拯救涣散。

九五：涣汗，其大号涣，王居，无咎。
象曰：王居无咎，正位也。

"大号"，指君王的命令；汗发出后就不能再收回，君王的命令也是如此，所以有"纶言如汗"的说法。"居"，蓄积。

九五阳刚中正，在君位，是圣明的君王。在天下涣散的时刻，君王明确的命令像汗一般发出，令在必行。君王蓄积的财富也散发给天下民众，使涣散得以终止，所以无咎。

涣散私有的小财富，方能得到共享的大财富。

《象传》说，这是因为九五位置中正。

这一爻，说明拯救涣散，应排除私利，为公造福。

灵光一闪 拯救涣散时，要发钱，发命令。

上九：涣其血，去逖出，无咎。
象曰：涣其血，远害也。

"逖"，远。

上九已是涣散的极点，但距离下卦坎的险最远，不会受到流血事件的伤害，所以，就不会有灾难。

《象传》说，之所以没受到伤害，是因为远离可能受伤的场所。

这一爻，说明拯救涣散，应远离灾害。

灵光一闪 远离灾害，能走多远，就走多远。

涣卦，阐释挽救涣散的原则。

在丰盛安逸的环境中，人心容易涣散，以致离心离德，重私利而忘公益，使风气败坏，团结瓦解，必须及时拯救。因此，在涣散的迹象显露时，就应当以强有力的对策及时挽救。应顺应民情，先求安稳，并且消除私心，消灭派系，抑制私利，革除弊端，为公众造福。唯有牺牲小我，完成大我，才能促成大团结，重新获得安宁。

应爻参考：

初六：不要等到亡羊再补牢。

九二：人挤时，有立足之地就好。

六三：涣散时，登高一呼为大众。

六四：出于公心，可以拯救涣散。

九五：拯救涣散时，要发钱，发命令。

上九：远离灾害，能走多远，就走多远。

节 ䷻

> 节制、节约、节俭、节操。
>
> 这一卦告诉我们：不节制有危险，过度节制也危险。用制度去约束人，使人知节、乐节才是正道、善道。

节，亨。苦节不可贞。

节卦与涣卦是综卦。涣散与节制，相反相成。

《序卦传》说："物不可以终离，故受之以节。"

"节"，竹节；竹节一段段分开，有"止"的意思，引申为"节制、节俭、节操"。

这一卦，下卦兑是泽，上卦坎是水。水流入泽中，过度就会溢出，应加以节制，所以称作"节"。节制是美德，因而亨通。但如果过度节制，就会使自己吃苦。过度节约，过于节俭，过分狭隘的节操，都是如此。因而，这种过度的苦节，不可以当作常则。

彖曰：节，亨。刚柔分，而刚得中。苦节不可贞，其道穷也。说以行险，当位以节，中正以通。天地节而四时成，节以制度，不伤财，不害民。

这一卦，刚爻柔爻各有三个，上下卦都是刚爻得中，卦形良好，所以亨通。但不可痛苦地节制，因为这种方式本身就有阻碍，行不通。这一卦，下卦兑是悦，上卦坎是险，象征在看到目标时，未免见猎心喜，盲目突进。不过，遇到危险就会停止，因而，悦与险成为节制的意思。九五正当君位，具备中正的德行，节制天下，会畅通无阻。因为天地有节制，所以四季才能整然有序，循环不已。因此，圣贤应当效法天地，建立制度，以节制人无穷的欲望，这样才能既不浪费财富，又不伤害民众。

象曰：泽上有水，节。君子以制数度，议德行。

"数度"即多少与长短，指衣食住行依阶级有等级差别的礼制。

第二章 《周易》上下经

这一卦，上卦是水，下卦是泽，水流入泽中，本身就有节制的作用。君子应当效法这一精神，制定礼节制度，以节制人的欲望；评论德行，以节制人的行为，使其不逾规范。

这种制定礼制以节制欲望的主张，以战国末期的荀子最显著。

初九：不出户庭，无咎。

象曰：不出户庭，知通塞也。

"户庭"，房屋门外围绕房屋的庭院，即内院。

初九阳刚得正，有出人头地的能力，但正当节卦的开始，还不是适当的时机，因而，自我节制，不走出内院。能够如此慎重，就不会有灾难。

《系辞传》引申说，这是言语谨慎，因为下卦兑象征"说"。

《象传》说，这是因为能够看破，知道时机还没有到来，通路被阻塞了。

这一爻，说明首先应当自我节制，言语、行动都要谨慎。

灵光一闪 未做之事不先说。

九二：不出门庭，凶。

象曰：不出门庭，凶，失时极也。

"门庭"，大门内的庭院，即外院，比户庭更接近外面。

初爻还不是应当外出的时机，但九二阳刚得中，已经可以外出了。然而，九二却因为阳爻阴位不正，在上卦没有应援，不知道融通，所以仍然节制自己，不走出外院。

《象传》说，应当外出而不外出，这是极端丧失时机，所以凶险。

这一爻，说明节制过度，就会失去时机。

灵光一闪 不懂变通，坐失时机。

六三：不节若，则嗟若，无咎。

象曰：不节之嗟，又谁咎也。

"无咎"，无所归咎，怪不得谁。

六三阴柔，意志薄弱，又不中不正，以致不知节制自己，造成不得不忧伤叹息的结果。

《象传》说，咎由自取，又能责怪谁呢？

这一爻，说明应当节制而不节制，是自取其咎。

灵光一闪 不知节制难免忧伤叹息，咎由自取。

六四：安节，亨。
象曰：安节之亨，承上道也。

"安节"，心安理得地节制自己，并非勉强。

六四柔顺得正，能够心安理得地节制自己，所以亨通。

《象传》说，这是因为六四在上方承接这一卦的主体九五，受其感化，体认到顺应自然而节制自己的道理。

这一爻，说明节制自己应顺其自然，不可勉强。

灵光一闪 心安理得地节制自己，亨通。

九五：甘节，吉。往有尚。
象曰：甘节之吉，居位中也。

"甘节"，与"苦节"相对，甘心愉快地节制自己与他人。

九五阳刚中正，在君位，正是《象传》中所说的"当位以节，中正以通"，即以王者的地位节制天下，以中正的德行使其畅通无阻。愉快地节制自己的欲望，使他人在被节制时，也能愉快地接受，所以吉祥。这样就可以进一步采取积极的行动，建立受人尊敬的功绩。

《象传》说，这是在君位又得中的缘故。

这一爻，说明节制应以中正的德行以身作则，倡导于先，才能使人人都乐于接受，而有所作为。

灵光一闪 快乐地节制自己与他人，大吉。

上六：苦节，贞凶，悔亡。
象曰：苦节贞凶，其道穷也。

"贞凶"，与卦辞的"不可贞"相同，是说坚持下去就有凶险。"悔亡",是说知道悔改凶险才会消除。这一爻,是节卦的极点,极端地节制,因而痛苦,并且这样下去有凶险,只有悔改了,才能脱险。

《象传》说,像这种使人痛苦的过分节制,在道理上就行不通。

这一爻,说明过度节制,会造成相反的效果。

灵光一闪 过分节制是坏事,适得其反。

节卦,阐释节制的原则。

节制是美德,但盲目突进,会有危险。欲望无穷,难以满足,必须加以节制。但节制得过与不及,都将造成伤害,必须恰如其分。不应当节制而节制将丧失活力,失去时机。应当节制而不节制,必然造成伤害。节制应顺其自然,不可勉强;应以中正的德行以身作则,倡导于先,令人人都乐于接受,使其蔚为风气。如果矫枉过正,极端节制,达到令人痛苦的程度,必然行不通,违反常则,难以贯彻到底,造成相反的效果。

应爻参考:

初九:未做之事不先说。

九二:不懂变通,坐失时机。

六三:不知节制难免忧伤叹息,咎由自取。

六四:心安理得地节制自己,亨通。

九五:快乐地节制自己与他人,大吉。

上六:过分节制是坏事,适得其反。

中孚 ䷼

> 虚心、诚信。
>
> 这一卦告诉我们：诚信必须发自肺腑，不是做表面文章。

中孚，豚鱼吉，利涉大川，利贞。

《序卦传》说："节而信之，故受之以中孚。"

"孚"，孵；孵卵不能延误日期，引申为"信"；"中孚"，心中诚信。"豚鱼"，指平民用豚及鱼作祭品。

这一卦，上下各有两个阳爻，中间是两个阴爻，是中心空虚的形象。亦即，虚心，心中诚信，所以称作"中孚"。又，上下的中爻，亦即"二"与"五"，都是阳爻，阳爻充实，中心充实，也是"中孚"的象征。

故事《礼记·王制》中说：平民于春秋两季，用豚与鱼祭祀。身份低的平民，虽然简单地用豚与鱼作祭品，但心中诚信，仍然会被神嘉纳赐福。

这一卦的卦形外实内空，是船的形象，而且上卦巽是木，下卦兑是泽，木在泽上，也象征船，所以，用有利于渡过大河比喻心中诚信就可以冒险犯难。不过，这样做必须以坚守正道为先决条件。

彖曰：中孚，柔在内而刚得中。说而巽，孚，乃化邦也。豚鱼吉，信及豚鱼也。利涉大川。乘木舟虚也。中孚以利贞，乃应乎天也。

中孚卦，以卦形来说，柔爻在中央，上下卦都是刚爻在中位。又，上卦巽是谦逊，下卦兑是喜悦，在上者谦逊，在下者悦服，所以诚信，这样才能教化国民，因为"孚"的本义是"孵"，有"化"的含义。豚鱼吉祥，是说祭祀应诚信，虽然贫乏到仅能以豚鱼祭祖，但仍能被神嘉纳。有利于涉过大川，是说上卦巽是木，下卦兑是泽，有乘木船渡水的形象。以整体的卦形来说，中孚卦是中间空虚的船的形象。心中诚信，坚守正道有利，因为这样符合天的法则，天的德行就是诚信与坚贞。

象曰：泽上有风，中孚。君子以议狱缓死。

这一卦，上卦巽是风，下卦兑是泽，泽上有风吹起，水虚心承受，任何地方都可到达，象征心中诚信，可遍及一切。君子应当效法这一精神，以诚信来审判诉讼；对于判处死刑的人，也应当尽可能地给予减刑。因为下卦兑是"说"，所以说"议狱"。上卦巽是风，风缓和，下卦兑是泽，与恩泽相通，所以说"缓死"。

这一卦说明，和风从水面上轻轻吹过，也是恩泽。

初九：虞吉；有它不燕。
象曰：初九虞吉，志未变也。

"虞"，忖度、推测。"燕"同"安"；《礼记》中有"仲尼燕居"的句子，"燕居"就是"安居"的意思。

中孚卦的爻辞，除了九五以外，都不含卦名，因而，与主题缺乏关联。

初九是这一卦的开始，虽然中孚卦是讲诚信的卦，但一开始却不可轻信，必须忖度对方，可信才能相信，这样才会吉祥。不过，一旦相信，就应当坚信到底，如果再有疑虑，反而会使自己不能心安。初九相信的对象，指六四。初九与六四相应，理当毫不犹豫地相信六四。然而，任何事情，开始时都必须慎重，不能说相应，就立即相信。

《象传》说，初九之所以吉祥，是因为诚信的初衷没有改变。

这一爻，说明开始时应当慎重。一旦相信，就不可再疑虑。

灵光一闪 知道可信才能相信。一旦相信，就不再疑虑。

九二：鸣鹤在阴，其子和之，我有好爵，吾与尔靡之。
象曰：其子和之，中心愿也。

"阴"，日荫。"爵"，酒杯；"好爵"指九二在下卦得中。"靡"，分散。

这一爻的爻辞是众多爻辞中最美的句子。

九二与九五，在内外卦都得中，阳刚充实，象征心中诚信，虽然远隔，但仍能相互呼应，就像鹤在阴暗处鸣叫，看不到远处，小鹤也会应和。因为九二的位置低，所以说"阴"。自己有好酒，愿意与你同杯共享；也比喻彼此的诚意能够沟通。

《系辞传》引用这一爻辞说："君子在家里说的话，如果是好的，在千里之外也会得到响应，更何况在近处呢？君子在家里说的话，如果不好，在千里之外也会被违背，更何况在近处呢？话由自己的口中说出，被众人听到，行为在近处发生，被远处看到，言行对君子来说，像门的枢、弩的机，一旦发动，荣誉还是羞辱，就已经决定了。言行对君子来说，足以使天地动摇，能够不慎重吗？"

正因为言行必须慎重，所以用"鸣鹤""好爵"来比拟。

《象传》说，这是心中的愿望能相互沟通、呼应的缘故。

这一爻，说明诚信必须能够沟通，引起共鸣，这样才能发挥作用。

灵光一闪 共鸣，人间最好的沟通。

六三：得敌，或鼓或罢，或泣或歌。

象曰：或鼓或罢，位不当也。

六三阴爻在阳位，有盲目冒进的倾向。可是，六三前面有六四阻挡，六三与六四都是阴爻，同性相斥，不可能亲近，因而敌对。虽然六三与上九相应，但六四也与初九相应，六三与六四势均力敌。六三忽而击鼓进攻，忽而停止后退；忽而伤心悲泣，忽而欢喜高歌，完全是不知所措的样子。

《象传》说，因为六三阴爻阳位不正，地位不当，而六四则阴爻阴位得正，所以，六三没有战胜的可能，却又满怀敌意，以致不知如何是好。

这一爻，说明诚信必须坚定不移，否则会不知所措。

灵光一闪 知道自己所处的位置，这是进退的依据。

六四：月几望，马匹亡，无咎。

象曰：马匹亡，绝类上也。

"望"，满月。"匹"，两匹马。

六四阴爻阴位得正，最接近"五"的君位，是地位最高的大臣，所以，用"几乎已是满月"来比喻。六四与初九相应，就像一对马，然而，六四却与相应的初九断交，要向上顺从九五，一对马，因而失去了匹配的对象。九五在尊位，象征伟大的人物，六四这么做，并没有灾咎。

《象传》说，之所以无咎，是因为与无能的伙伴断交，转而去追随伟大的人物。

这一爻，说明诚信应选择对象。

灵光一闪 相信至善至伟。

九五：有孚挛如，无咎。
象曰：有孚挛如，位正当也。

"挛如"，相互携手。

九五在上卦得中，阳刚充实，具备心中诚信的中孚德行，又在尊位，成为这一卦的主体。在下方，又有同样具备中孚德行的九二，成为携手并肩的志同道合者，所以无咎。

《象传》说，这是因为九五地位正当。

这一爻，说明彼此诚信，才能相得益彰。

灵光一闪 比肩前进才能胜利。

上九：翰音登于天，贞凶。
象曰：翰音登于天，何可长也。

"翰"，天鸡，即锦鸡，羽毛长又强壮的鸡，又有"高"的意思。另说，"翰音"，鸡；《礼记·曲礼》中说，"祭祀用的鸡，称作翰音"。

鹤的鸣声可以高达天上，但鸡却在地上，声音高而与实体不在一起，以致名实不符。这一卦有"信"的意思。鸡每天按时啼晨，不误时，所以用来比喻诚信。再由卦形来看，上卦巽也是鸡的象征。

上九阳刚，并非心中没有诚信，但已经到达这一卦的极点，未免自信过度，不服从君位的九五，孤高，自鸣得意，就像鸡不能高飞却要登天，不久就会坠落到地上。鸡能够长鸣，声音响亮得能够到达天上，但自身却仍然留在地上，这是说，虽然心术纯正，但却不知自己的斤两，为所不当为，这当然凶险。

《象传》说，鸡鸣的声音传到天上难以长久。

这一爻，说明不可因诚信就孤高，闭塞了自己。

灵光一闪 好的名声在外，好，但要知道自己在哪里。

中孚卦，阐释诚信的原则。

诚信，为立身处世的基础、一切道德的根源，可以缩短彼此的距离，沟通彼此的意志，促进彼此的和谐与团结，发挥教化的功能。拥有诚信，便可以积极进取，冒险犯难。但应以纯正为先决条件，凡事都要谨慎，事前慎重明辨，怀疑就不应信任，信任就不可再怀疑，否则必然犹豫不定，导致不知所措。因而，诚信的对象并非毫不选择，必须是彼此的意志能够沟通，能够引起共鸣的。彼此诚信，才能发挥诚信的功用。更应知虚心为诚信的根本，自以为诚信就过度自信，孤高刚愎，脱离民众，必然导致失败的结局。

应爻参考：

初九：知道可信才能相信。一旦相信，就不再疑虑。

九二：共鸣，人间最好的沟通。

六三：知道自己所处的位置，这是进退的依据。

六四：相信至善至伟。

九五：比肩前进才能胜利。

上九：好的名声在外，好，但要知道自己在哪里。

小过 ䷽

> 小的过度、小的过分。
>
> 这一卦告诉我们：自信要警惕莽撞，好高要警惕掉下，过度会招致灾祸。

小过，亨，利贞，可小事，不可大事。飞鸟遗之音，不宜上宜下，大吉。

这一卦与中孚卦阴阳相反，它们彼此是错卦。过度因为自信，自信容易过度，它们相互交错。

《序卦传》说："有其信者必行之，故受之以小过。"亦即，有行动就难免会过度。

这一卦有四个阴爻、两个阳爻，是阴过度的形象。阳大阴小，所以是"小过"。

一说，小过是阴爻错过，不能相遇，不是"过度"的意思。相反，爻辞中有"通过"的意思。然而《象传》则明白地解释成"过度"。总之，"过"这个字，兼有"经过"与"过度"两种含义。

这一卦是阴爻过度，本身有"亨通"的含义，但必须固守正道。对小事可以过度，对大事则不可以过度。又，这一卦的卦形，中间的两个阳爻是鸟身，上下的阴爻是鸟的翅膀，与鸟飞的形象相似，而且，前一卦的"中孚"是孵化的意思，这一卦的鸟已经孵化出来了。就像鸟飞过，只留下叫的声音，不会产生作用；又像鸟不宜往上飞，要往下飞，才能找到栖息的地方。亦即，在小有过度的时刻，不可以好高骛远，应当务实，这样才会大吉大利。

鸟在天空中飞翔，但它要考虑地上的事情：今天晚上宿在哪里？

彖曰：小过，小者过而亨也。过以利贞，与时行也。柔得中，是以小事吉也。刚失位而不中，是以不可大事也。有飞鸟之象焉，飞鸟遗之音，

不宜上宜下，大吉，上逆而下顺也。

"小过"，是说小事可以亨通。亦即，阴爻通过，可以实现愿望，所以亨通。但要想通过，必须坚守正道，行动能够因应适当的时机才有利。这一卦，上下卦都是柔爻在中位，所以小事吉利。又因为两个刚爻，九四不正，九三不中，所以，大事不可以过度。这一卦，又有飞鸟的形象。飞鸟只留下声音，不能产生作用，更不宜向上飞，而应当往下飞，因为往上飞，逆行困难，由上而下则顺当，所以大吉。亦即，在行为小有过度时，朝向积极的方向会有危险，而朝向消极的方向才能顺利。

象曰：山上有雷，小过。君子以行过乎恭，丧过乎哀，用过乎俭。

这一卦，下卦艮是山，上卦震是雷。山上有雷，山头上的雷声必然比平地上的大一些，所以，人应该稍微警觉一些。君子应当效法这一精神，行动应稍过于恭顺，服丧应稍过于哀伤，用度应稍过于俭朴。亦即，在消极行为方面，应当克己，但也不可过分。

故事 《论语·为政》中说："恭近于礼，远耻辱也。"《论语·八佾》中说："礼，与其奢也，宁俭；丧，与其易也，宁戚。"它们都与小过卦《象传》的观点一致。

初六：飞鸟以凶。
象曰：飞鸟以凶，不可如何也。

小过卦的卦形像鸟，所以用飞鸟比拟。

初六阴柔，与上卦的九四相应，因而一心想飞，但好高骛远，不知收敛，当然凶险。

《象传》说，凶险也没办法，无可奈何，不可救药。

这一爻，告诫应知收敛，不可好高骛远。

灵光一闪 想飞是好事，但应慢慢来。

六二：过其祖，遇其妣。不及其君，遇其臣。无咎。

象曰：不及其君，臣不可过也。

"祖"，祖父。"妣"，祖母。

如果"五"位是阳爻，就相当于祖父、君；如果"五"位是阴爻，就相当于祖母、臣。"二"与"五"相应，六二因此顺利升进，但相应的"五"却不是阳爻而是阴爻，所以说，错过了祖父，遇到了祖母，不能到达君王面前，遇到了臣。虽然六二没有遇到所期望的应援，但仍然可以得到六五的协助，所以无咎。

《象传》说，与"二"相应的本来是"五"，虽然在"五"位的是与六二不相应的阴爻，但也不可以错过。

这一爻，说明在消极方面，虽然稍微过度不能发挥积极的功用，但仍然有益。

灵光一闪 相遇是缘分，随缘是最好的状态。

九三：弗过防之，从或戕之，凶。

象曰：从或戕之，凶如何也。

"戕"，杀害；《左传·宣公十八年》记事中说，"本国的臣杀害君称作'弑'，他国的人杀害君称作'壮戕'"。

九三阳刚得正，是刚直的君子，所以勇往直前。但与九三相应的上六却是阴柔的小人，如果九三谨慎、不过分，就可以防止被杀害；如果九三屈从，就有被杀害的危险。

《象传》说，屈从就会受害，这是何等凶险。

这一爻，强调过与敛的分际应当明辨。

灵光一闪 小心驶得万年船。

九四：无咎，弗过遇之。往厉必戒，勿用永贞。

象曰：弗过遇之，位不当也。往厉必戒，终不可长也。

九四刚爻柔位，刚而兼柔，不会逞强，所以无咎。九四与初六相应，初六是阴柔的小人，一心想侥幸高升，但九四刚柔并济，不会过分，虽然相遇，仍然可以相安无事。如果九四疾恶如仇，要积极地遏阻初六，就有危险，不可不警惕，更不可永远固执于自己的正义，应当因应状况，知道变通。

《象传》说，九四处在与初六相应的不当地位，不能不相遇。但九四刚爻阴位，不会用强，如果是阴爻阴位，也许就会处置过当。但采取积极的态度会有危险，必须戒惕，因为初六是小人，小人的势力终究不会长久，不必操之过急。

这一爻说明刚与柔、过与敛，必须因应变通，不可固执。

> **灵光一闪** 天要下雨，娘要嫁人。

六五：密云不雨，自我西郊，公弋取彼在穴。
象曰：密云不雨，已上也。

"弋"，带绳的箭，射出后可以拉回。

"密云不雨，自我西郊"，在小畜卦中也有同样的句子。六五在君位，但阴爻力弱，心有余而力不足，无力从事积极的事业，所以说"密云不雨"。云属于阴，西是阴的方位，六五阴爻阴位，因而用"密云""西郊"比喻。于是，这一君王拿着绳箭，钻进穴中，将与其相应的六二提来，辅佐自己。穴属于阴，六二是阴爻，所以说"在穴"。

虽然这一爻没有占断吉凶，但六五与六二两个阴爻在一起，明显不足以成大事。

《象传》说，是因为已经过高了。阳下降，阴上升，阴阳交合，才会落雨，但六五阴过高，不能与阳相遇，所以不雨。

这一爻，告诫过度强求不足以成大事。

> **灵光一闪** 在需要等待的时候等待，高！

上六：弗遇过之，飞鸟离之，凶，是谓灾眚。
象曰：弗遇过之，已亢也。

"离"同"罹"。"灾"，天灾。"眚"，人祸。"亢"，高亢。

上六是阴柔的小人，也是这一卦阴过盛的极点，没有遇到任何阻挡，以致飞升过度，终于触及法网，就像鸟飞到天上，没有安身的地方，遭遇

第二章 《周易》上下经

被射杀的凶险。"上"与"初"两爻相当于鸟的翼,所以用飞鸟比喻。因而,说是天灾,实际上却是自找的祸害。

《象传》说,这是小人升得过高,已经到尽头的缘故。

这一爻,告诫极端过度,必然招来灾祸。

灵光一闪 天高地厚,遁天入地会险象环生。

小过卦,阐释过与敛的道理。

信心十足,必然会有所行动。行动,就难免过度。但过度与收敛的分际,必须明辨。有些时候,稍微过度,有益无害。然而,好高骛远,自不量力,可能招致杀身之祸。因而,过与敛、刚与柔,应知因应时机,适当节制,变通运用,即或是正义的,也不可过度固执,以致处置过当,造成伤害。过度不足以成大事,极端过度会给自己招来灾祸。

应爻参考:

初六:想飞是好事,但应慢慢来。

六二:相遇是缘分,随缘是最好的状态。

九三:小心驶得万年船。

九四:天要下雨,娘要嫁人。

六五:在需要等待的时候等待,高!

上六:天高地厚,遁天入地会险象环生。

既济 ䷾

> 既成、完成。
> 这一卦告诉我们：有其位就要守其位，但长久没有变化，就会生乱。

既济，亨，小利贞，初吉终乱。

《序卦传》说："有过物者必济，故受之以既济。"

"济"，渡河，有"成"的含义；"既济"即"既成，已经成功"的意思。能够超越一切，必然成功。

由卦形来看，这一卦，阳爻都在奇数位置，阴爻都在偶数位置，全部得正，形象最完整，象征成功，称作"既济"。然而，造物的微妙正在于阴阳错综才能产生变化，才能生生不息，过于完整，反而僵化，以致丧失积极奋发的活力，不能再有大的作为，只有小事还能勉强亨通。凡事在成功之后，跟着来的必然是颓废松懈，趋向没落。因而，必须坚守正道，继续奋发努力，才能有利。成功后，在极端兴奋中，一切都显得吉祥，然而，物极必反，终将陷入混乱。这一卦告诫守成的艰难。

这一卦的卦辞并不吉祥，六爻的占断，也都有警惕的语气。宇宙间，越美满的事物，越隐藏着危机。

彖曰：既济亨，小者亨也。利贞，刚柔正而位当也。初吉，柔得中也。终止则乱，其道穷也。

既经成功，亨通，是说小事可以亨通，不可能再有大的作为。坚守正道有利，是因为这一卦的刚柔各爻都得正，但位置正当反而僵化，缺乏变通，必须一本初衷，坚守正道，继续奋发努力才会有利。开始吉祥，是因为六二柔爻在下卦得中，能够安分，成功而不自满。终止又会陷入混乱，是因为刚爻柔爻始终停止在正位，使变化法则失去弹性，达到极限，因保守而趋向衰败。

第二章 《周易》上下经

象曰：水在火上，既济。君子以思患而豫防之。

这一卦，下卦离是火，上卦坎是水。有火有水，象征烹饪已经完成。然而，水在火的上方，也有使火熄灭的弊害。君子应当效法这一精神，凡事在完成之初，就应当考虑到接踵而来的弊害，事前加以预防。

初九：曳其轮，濡其尾，无咎。
象曰：曳其轮，义无咎也。

"济"，渡河。这一卦，就以"渡河"这一含义进行发挥。

初九的爻辞说，在后面拖住车轮，车就不能任意前进，就被控制住了。狐狸渡河，即使翘起尾巴，尾巴也会被打湿，必须当心。因而，在渡河之初，就应当慎重地思考，适当地节制自己，这样才能无咎。初九在这一卦的最下方，所以，相当于车轮、狐尾。

故事 《孟子·离娄下》中曾提到，郑国的子产用他的车帮人渡河。

《象传》说，在后面拖住车轮，从道义上说是不会有灾咎的。

这一爻，说明成功之后应慎重，想到一切可能的后果，适当地预防。

灵光一闪 胜利只能说明以往，不能说明现在。

六二：妇丧其茀，勿逐，七日得。
象曰：七日得，以中道也。

"茀"，也写作"髴"，妇女的首饰。

六二中正，是下卦离光明的主爻，又与上卦九五阳刚中正的君王相应，应当有出人头地的机会。然而，九五的君王正当功成名就、踌躇满志的时刻，并不急于寻求在野的遗贤，以至于六二怀才不遇，就像妇女遗失了首饰，不能打扮自己，没有显露才华的机会。不过，也不必积极地去寻找，过了七日，遗失的首饰就会出现，显露才华的时机就会到来。为什么说七日？因为一个卦由六根爻构成，一根爻代表一日，六二在经过一巡之后的第七日的位置。

《象传》说，六二在下卦中位，能够实践中庸之道，虽然失去了重要的机会，但仍然可以得到好的结果。

这一爻，说明成功之后，适当地节制自己，也许有一时的损失，但结果将更圆满。

灵光一闪 耐心等待，不急。

九三：高宗伐鬼方，三年克之，小人勿用。
象曰：三年克之，惫也。

"高宗"，殷代中兴的英明帝王，名武丁。"鬼方"，周代西北边境的民族。根据在河南殷都废墟出土的文物上的卜辞，高宗时代，曾经与苦方、土方等国发生战争。有说"鬼方"就是"苦方"；也有说"鬼方"就是后来的匈奴。

从前殷高宗讨伐鬼方，经过三年的苦战才得以胜利，但对有战功的小人，只给以重赏，不予以重用。九三刚爻刚位，非常刚强，所以用高宗比喻。

《象传》说，三年才战胜，当然疲惫不堪。这是在警惕不可轻率用兵。这一爻，强调有功的小人绝对不可以使其在政治上形成势力。

灵光一闪 创业与管理分开，文武分治。

六四：繻有衣袽，终日戒。
象曰：终日戒，有所疑也。

"繻"，棉衣。"袽"，破衣。

经过前一爻的长期战争，衣服已经破烂。另说，在应当穿棉衣的季节没有棉衣，只好穿破衣。不过，这一卦是"济"，应以"渡河"发挥。"繻"应是"濡"的错字，意思是船漏要用破布堵塞。六四正在渡河，为防止漏水，事先准备破布，并且整天严密戒备。这样说，前后才能连贯起来。

六四柔爻柔位，具备凡事细心、设想周到的性格，正如"大象"说的，"思患而豫（预）防之"。虽然这样不一定吉祥，但事先预防，可使灾祸发生的可能性降低。

在这一卦中酝酿着危机，能够做到这一地步，已经不容易了。

第二章 《周易》上下经

《象传》说，在既济时刻，应当经常疑惧灾祸的来临，终日戒备，以策安全。

这一爻，告诫成功后不可自满，应当戒慎恐惧，时刻戒备。

灵光一闪 常思患，能预防。

九五：东邻杀牛，不如西邻之禴祭，实受其福。
象曰：东邻杀牛，不如西邻之时也。实受其福，吉大来也。

"东"是阳的方位，九五在东方。"西"是阴的方位，六二在西方。"祭"指夏祭，五谷还没有丰收，祭品简单。

九五在这一卦的君位，事业既成，天下太平，已经看不出要进步，甚至越过了巅峰状态，正趋向没落，当然不如刚出头的六二那样奋发有为。所以，用东邻杀牛，举行盛大的祭祀，反而不如西邻虔诚地举行简单的祭祀而得到神的降福来比拟。

另说，这一爻是指东方纣王残暴无道，不如西方小国的西伯深得民心。《系辞传》中也说：《易》的兴起，不是正当殷代末世，周的德政隆盛的时期吗？不是正当文王与纣王之间发生事端的时期吗？

《象传》做了吉凶两面的解释：功成名就之后，仍应一本创业时的初衷，继续奋发努力，巨大的吉祥才能接踵而来，否则，就要没落了。

这一爻，说明成功后不可自满，只有一本初衷，继续奋发努力，才能保全既有的成就。

灵光一闪 诚意比形式重要。

上六：濡其首，厉。
象曰：濡其首厉，何可久也。

上六在最上位，相当于狐狸的头。这一卦，坎是水，上六在水的最上方，是头浸到水里的形象。上六阴爻柔弱，冒险渡河，就像狐狸渡河，头浸到水里，当然凶多吉少。

《象传》说，这样怎么能长久呢？

这一爻，说明不可被成功冲昏了头，盲目前进会招致危险。

灵光一闪 成功了，不可马上贸然前进。

既济卦，阐释成功之后的处事原则。

成功，确实令人兴奋，然而，物极必反的法则不能违背。创业固然艰难，守成更加不易。在创业时期，人人朝气蓬勃，奋发有为，可是，一旦成功，就会骄纵，得意忘形，满足于现状，以致暮气沉沉，不能再有大的作为。终于，内忧外患接踵而来，导致局面混乱，事业土崩瓦解。大自然的奥秘就在于阴阳错综，变化无穷，生生不息。极度完成，变化的法则就失去弹性，丧失奋发向前的活力，从而趋向没落。所以，越美满的事物，越潜伏着危机。盛极必衰为必然，唯有坚守正直，不断向前，方能减缓或减少由盈而亏所造成的损害。应当思患而防患于未然，高瞻远瞩，不可计较一时之得失。应适度节制自己而不妄动，不被表面的盛大迷惑，不迷失自己。时刻提高警觉，戒慎恐惧，防微杜渐。小人为一切祸害的根源，必须严厉排斥，不可使其形成势力，尾大不掉。更不可骄纵，过度自信，盲目突进，造成不可挽救的严重后果，从而加速崩溃的到来。

应爻参考：

初九：胜利只能说明以往，不能说明现在。

六二：耐心等待，不急。

九三：创业与管理分开，文武分治。

六四：常思患，能预防。

九五：诚意比形式重要。

上六：成功了，不可马上贸然前进。

未济 ䷿

> 未完成、未结束。
>
> 这一卦告诉我们：我们所在的世界周而复始。结束以往，重新开始。

未济，亨，小狐汔济，濡其尾，无攸利。

未济卦与既济卦是形爻上下相反的综卦，阴阳完全相反的错卦。亏可盈，满会损。完成是未完成的终结，同时，完成也是另一次未完成的开始。

既与未，相互交错作用，永远没完没了。

《序卦传》说："物不可穷也，故受之以未济，终焉。"序卦传的意思是，"既济"是已经完成，但一切事物不可能就此终止，必然继续变化发展。所以，完成是另一未完成的开始。

《易经》的卦到此为止，但宇宙永远变化演进，无穷无尽。

"汔"同"迄"，几乎。

这一卦透露的信息是，全部的爻都不正，意味着未完成。在形象上，这一卦极端恶劣，阴阳各爻完全被分隔，与既济卦一样，呈现小人得势的衰败现象。然而，正因为阴阳各爻都不在正当的位置，所以它象征变化的趋势在，使未来充满希望。所以，其爻辞比既济卦吉祥。

卦名是"未济"，未完成，意味着充满发展的可能性，因而亨通。小狐狸渡河，在几乎已经渡过的关键时刻，打湿了尾巴。亦即，这一卦是在成功与未成功的边缘，还不能判断到底是吉是凶。

彖曰：未济，亨，柔得中也。小狐汔济，未出中也。濡其尾，无攸利，不续终也。虽不当位，刚柔应也。

之所以说未完成亨通，是因为六五柔爻在上卦中位，能够实践中庸之道。小狐狸几乎完成渡河，但因为九二在下卦坎的正中央，坎是水、险，尚未脱离水，所以危险。尾巴打湿，没有利益，是说小狐狸的头虽然到达彼岸，但尾巴仍然拖在水中，还没有完全登岸。

象曰：火在水上，未济。君子以慎辨物居方。

这一卦，虽然阴阳各爻位置都不当，却都刚柔相应，依然充满希望。这一卦，上卦离是火，下卦坎是水，火向上燃烧，水往下流，背道而驰，象征未完成。然而，火与水的行动方向并没有违背各自的本质。君子应当效法这一精神，慎重地由本质辨别事物，使其各处于与本质相合的适当场所。此亦即《系辞传》所说的，要"物以群分，方以类聚"。

虽然水火不相向，水火不相容，但水火相合有熟物。

初六：濡其尾，吝。
象曰：濡其尾，亦不知极也。

这一卦，"初"与"二"的爻辞与既济卦初九的用语相同。初六在最下方，相当于狐狸的尾巴，阴柔无力，又正当未济卦的开始，难以渡河，以致打湿尾巴，渡河没有成功。

《象传》说，这是因为不知道自己力量的极限，自不量力，所以招来羞辱。

这一爻，说明在成功最后的关键时刻，更应当量力，不可行动过当。

灵光一闪 尾巴湿了，停止。

九二：曳其轮，贞吉。
象曰：九二贞吉，中以行正也。

大体上，这一卦是指天下尚未平定，正处于成功前夕最艰苦的时期。在君位的六五阴柔无力，唯一所能仰赖的是相应的九二。九二刚爻在柔位，于下卦得中，恭顺中庸，能够克制自己，就像渡河时拖住车辆，不会逞强，这样坚守正道，当然吉祥。

《象传》说，这是因为九二得中，能够行正道。九二刚爻柔位，本来不正，但得中；"中"比"正"重要。

这一爻，说明在成功的最后关键时刻，自我节制很重要。

第二章 《周易》上下经

灵光一闪 中庸比位置正更重要。

六三：未济，征凶，利涉大川。
象曰：未济征凶，位不当也。

"征凶"与"利涉大川"相互矛盾，好像遗漏了一个"不"字。不过，下卦坎是险，六三在险的最上方，是即将脱离危险的形象。然而六三柔弱，位置不中不正，在这一时刻，积极行动当然不利。可是，当此即将脱离危险的重要时刻，充分考虑不利的条件，经过慎重周详的策划，决然冒险反而能够突破困境，找到出路，因而有利。这样也解释得通。

又，下卦坎是水，所以用利涉大川来比喻冒险犯难。

《象传》说，没有成功，积极行动有凶险，是因为位置不当。

这一爻，说明在成功最后的关键时刻，应当慎重地、决然地冒险。

灵光一闪 最后一步，当断即断。

九四：贞吉，悔亡，震用伐鬼方，三年有赏于大国。
象曰：贞吉悔亡，志行也。

"震"，动。

九四阳爻阴位不正，应当后悔，必须坚守正道，才能够不后悔。然而，九四本身不正，想坚守正道必然困难，所以必须奋起，发挥阳刚的本质，长期坚持努力才行，就像振奋起来，以武力讨伐别的民族，经过三年艰苦的作战，终于完成任务，得到国家的褒扬。

在既济卦与未济卦中，都有讨伐别的民族的语句，因为"济"有"平天下"的含意。

《象传》说，这样，原有的志向就能践行了。

这一爻，说明在成功最后的关键时刻，必须坚持，奋发努力。

灵光一闪 坚持正道，不会后悔。

六五：贞吉，无悔，君子之光，有孚，吉。
象曰：君子之光，其晖吉也。

"晖"同"辉"。

347

六五阴爻阳位，虽然在君位，但不正。不过，六五本身是阴爻，中心空虚，在上卦的中位，又与下卦阳刚得中的九二相应，因而中庸，能够寻求到有力的辅佐，由于行为正当，所以吉祥，不会后悔。又，上卦离是明，六五在光明的中央，象征具备君子的光辉德行，是一位明君，加以诚信，是吉上加吉。既济卦，是初吉终乱；未济卦，则有初乱终吉的趋势。

《象传》说，这是因为美德的光辉是吉祥的。

这一爻，说明在成功最后的关键时刻，更应当明智、中庸、诚信、谦虚，以号召贤能、巩固团结，卒底于成。

灵光一闪 求胜利是为了求安定。

上九：有孚于饮酒，无咎，濡其首，有孚失是。
象曰：饮酒濡首，亦不知节也。

"饮酒"，指自乐。

上卦离是明。上九阳刚，贤明刚毅。未济正当不安定的时期，上九更到达不安定的极点，但否极泰来，不久，既济时期即将到来。不过，上位无位，上九本身并没有力量使既济时期早日到来，也许就在未济中默默而终。然而，上九贤明刚毅，并不怨天尤人，依然满怀信心，饮酒自乐，泰然自若，听天由命，所以无咎。可是，如果失去节制，饮酒过度，头都被酒打湿了，纵然信心十足，也不正当了。

《象传》说，饮酒打湿了头，是因为不知道节制自己。

这一爻，说明应有尽人事，听天命，成功不必在我的胸襟。

灵光一闪 人到上位，不求所有，但求所在。

未济卦，阐释尚未成功也尚未结束的关键时刻，应对不安定局面的原则。

成功，为极度完成，但宇宙间的一切，不可能永远圆满并就此终止，必然由亏而盈，由满而损，反复循环，演变发展于无穷中，具备无限的潜力，使未来永远充满光明与希望。在成功与未成功的边缘，危机四伏。在最艰苦的关键时刻，成功与失败，往往就在一刹那间决定了。应当坚守正

第二章 《周易》上下经

道，把握中庸的原则，刚柔并济，不可掉以轻心。必须量力，适度节制自己，不可逞强，不可行动过当，否则会功亏一篑。在即将突破重重险阻、关系成败的重要时刻，必须在慎重判断、充分策划下决然冒险，才能打开成功之门。明智、诚信、正当、中庸、谦虚、号召贤能、巩固团结、振奋士气、集中意志与力量，为成功的必备条件。必须有长期艰苦奋斗的坚定信念与成功不必在我的恢宏胸襟，才能冷静肆应，卒底于成。《易经》六十四卦、三百八十四爻到此结束了。然而，"变易""简易""不易"的原理则永恒，宇宙万象依然在无穷无尽中变化演进。

应爻参考：

初六：尾巴湿了，停止。

九二：中庸比位置正更重要。

六三：最后一步，当断即断。

九四：坚持正道，不会后悔。

六五：求胜利是为了求安定。

上九：人到上位，不求所有，但求所在。

第三章

学《易》之传

系辞传

《系辞传》一名"大传",是《易经》的整体概论,阐释《易经》的哲学意义,使《易经》不止于占卜,而提升为具有哲学高度的理论,在中国哲学史上,是一篇非常重要的论文。

系辞本来是指"系"在卦爻后面的卦辞、爻辞,但在此处,则是指"系"在《易经》整体后面的"辞"。据说,这是孔子的著述,分为上下两篇。

一说,上篇解说"无",下篇解说由"无"到"有"的微妙境界。

又说,上篇解说《易经》的大理,下篇解说《易经》的小理。不过,由内容来看,这样说似乎有些牵强。

又,原文仅分为上下两篇,没有分章。古来的注释家们依其含意思分成若干章,但分章的方式并不一致。本书在此,依照朱子《周易本义》的方法分章。

系辞传上

《易经》各卦辞爻辞,如果没有《系辞传上》,就是一堆散肉。有《系辞传上》,就串起来了!并且知道全貌!

第一章

天尊地卑，乾坤定矣。卑高以陈，贵贱位矣。动静有常，刚柔断矣。方以类聚，物以群分，吉凶生矣。在天成象，在地成形，变化见矣。

《系辞传》首先庄重地阐扬，《易经》的著作是以宇宙的构造形象为依据的。宇宙创始万物，宇宙的自然法则同时也是万物的行为规范。在形象上，天在上尊贵，地在下卑贱。乾卦象征天，坤卦象征地，就是由此决定的。天地之间，万物由卑下到高大，杂然并陈。这一自然序列，形成贵贱不同的地位，卦中六爻的位置，也依贵贱不同的地位而排列。宇宙运行，动静有一定的常态，动则刚毅，静则柔和，因而，以刚与柔两个简单的符号，代表这两种断然不同的作用。宇宙万物的性向不同，同类聚合，自然形成分离的群体，彼此利害的调和与冲突，产生了吉与凶的现象，因而有了吉与凶的占断。宇宙在天上，呈现日月、星辰、昼夜以及季节、气候等现象，在地上，形成山河、动植物等各种形体，产生错综复杂的变化，而卦与爻的变易作用，也由此表现出来。

是故，刚柔相摩，八卦相荡。

因而，刚与柔这两种作用，相互交错摩擦，八卦象征的天、地、风、雨、雷、电、山、海这八种自然现象，也相互鼓动推荡，由此产生宇宙万物的变易，演变成六十四卦。

鼓之以雷霆，润之以风雨，日月运行，一寒一暑，乾道成男，坤道成女。

于是，以雷霆鼓动，以风雨滋润，随着日月的运行、寒暑季节的循环，代表天的功能的乾成为男性的象征，代表地的功能的坤成为女性的象征。

乾知大始，坤作成物。

天与地，亦即乾与坤，为创始万物的根源。乾的功能在于职掌伟大的创始，坤的功能在于继承乾的创始，完成有形的生命。

第三章 学《易》之传

乾以易知，坤以简能。

乾的功能是自发的，无休止的，没有阻碍的，因而，就能容易地达成创始的使命；坤的功能是被动的，静止的，顺从着乾就能简易地作成万物。乾的功能是自发的行为，所以称作"知"，坤的功能在于结果，所以称作"能"。

易则易知，简则易从。易知则有亲，易从则有功。有亲则可久，有功则可大。可久则贤人之德，可大则贤人之业。

容易，就便于了解；简易，就便于遵行。便于了解，就会使人亲近；便于遵行，就能够见到功效。有人亲近，就能够保持长久；见到功效，就能壮大。能够保持长久，这是有才能的人的智慧；能够壮大，这是有才能的人的事业。

易简，而天下之理得矣。天下之理得，而成位乎其中矣。

了解容易与简易的原理，就已经领悟天下一切事物的道理。领悟天下一切事物的道理，就能在天与地的中间，确立人的地位，与天地并立了。

由这一章就可以看出"易"这一名称中"简易""不易"的含义了。

以上第一章，由宇宙构造，叙述《易经》的著作过程、天与地的功能以及人与天地并立的道理。

灵光一闪 阴阳、刚柔、天地、万物、差异、冲突、调和，然后有占卜。容易、简易，才能传世。

第二章

圣人设卦观象，系辞焉而明吉凶，刚柔相推而生变化。

圣人指伏羲、周文王与周公。他们观察宇宙万物的现象，设定卦爻，并于卦爻之下，将卦爻所显示的象征，附记以说明的文辞，使人了解未来的吉凶趋势，并以刚与柔相互推演，产生变化。

是故，吉凶者，失得之象也；悔吝者，忧虞之象也；变化者，进退之象也；刚柔者，昼夜之象也。六爻之动，三极之道也。

355

所以，《易经》的作者观察卦爻显示的象征，各附记说明吉、凶、悔、吝的系辞。吉与凶，是成功与失败的象征。悔与吝，是忧愁与顾虑的象征。卦爻的变化，是前进与后退的象征。刚与柔，是夜以继日的动与静的象征。六爻的变动，显示天的灾变与祥瑞、地的险阻与平坦、人的善与恶的道理。天、地、人三者，称作"三极"。

是故，君子所居而安者，《易》之序也；所乐而玩者，爻之辞也。是故，君子居则观其象，而玩其辞；动则观其变，而玩其占。是以自天佑之，吉无不利。

所以，君子平时立身处世应当遵循且能心安理得的原则，即《易经》卦爻所显示的消长盈亏的变化顺序，故盈满时不会骄傲自满，亏损时不会沮丧颓废，而能听其自然，处之泰然。君子平时反复玩味乐趣无穷的，是各爻所附的爻辞，故吉祥时不会乱了心志，凶险时不会慌张怨恨，而能冷静镇定，从容应对。所以，君子平时观察卦爻的象征，玩味所附的文辞，行动时，观察卦爻的变化，玩味吉凶的占断，就能把握动静、进退的原则，必然可得到天的保佑，吉祥而无往不利。

以上第二章，说明《易经》的著作意向与学习《易经》的方法。

灵光一闪　按《易》之序，君子居有所安。消长盈亏，听其自然，处之泰然。君子平时应反复玩味，其乐无穷。

第三章

彖者，言乎象者也。爻者，言乎变者也。吉凶者，言乎其失得也。悔吝者，言乎其小疵也。无咎者，善补过也。

彖辞亦即卦辞，说明卦整体的象征。爻辞，说明事物的微妙变化。吉与凶，说明事物的善恶。悔与吝，说明事物有小的偏失。无咎，说明能够圆满地补救过失，得以避免灾祸。

是故，列贵贱者，存乎位；齐小大者，存乎卦；辩吉凶者，存乎辞；忧悔吝者，存乎介；震无咎者，存乎悔。是故，卦有小大，辞有险易。辞也者，各指其所之。

所以，贵或贱，依六爻的位置而定。阳大阴小，各有应当的位置，由卦的构成形象中就可以了解。吉凶的辨别，可由卦辞、爻辞的文字中寻求。忧虑就会有"悔"与"吝"发生，就应当于善恶义利的微妙处，谨慎分辨。戒惧能够"无咎"，这是悔过得以补救的缘故。所以，卦所象征的事理有大有小，卦辞、爻辞的含意有"险"有"易"。总之，卦辞、爻辞都在指示各卦爻的变化趋向。

以上第三章，说明卦辞、爻辞的凡例。

灵光一闪 象，讲规律；爻，讲变化。吉凶，讲得失；悔吝，讲小疵；无咎，讲善补。贵贱由位置决定，大小由格局决定，吉凶由善恶决定，忧悔由谨慎决定。

第四章

《易》与天地准，故能弥纶天地之道。

《易经》以天地的道理为准则，所以，能够将天地间的一切道理都圆满地包容在内，并且使其条理化。

这是第四章的大前提，以下做进一步的说明。

仰以观于天文，俯以察于地理，是故知幽明之故。原始反终，故知死生之说。精气为物，游魂为变，是故知鬼神之情状。

《易经》阐释阴阳变化，而幽明、死生、鬼神，无不属于阴阳变化，因而，《易经》能够解明其中的神秘。

《易经》的道理，抬头可用来观察天文，低头可用来观察地理，由天地阴暗、方向、高低的变化，就可以了解光明与黑暗的道理，由追溯万物的开始、回顾万物的终了，就可以了解死生的问题。精神与形体结合，成为生物；精神游离于形体之外，产生变异。由这一精神与形体的离合作用，就可以了解鬼神的实际情况。

与天地相似，故不违。知周乎万物，而道济天下，故不过。旁行而不流，乐天知命，故不忧。安土敦乎仁，故能爱。

《易经》的道理与天地类似，因而，吉凶善恶的判断不会违背法则。

《易经》的智慧遍及万物，其道理足以救济天下，因而，能够致用而不会逾越。《易经》的变化普遍没有常则而又整然有序，不流于放纵，所启示的，是天的法则，是自然变化过程中的机运。乐于接受天的法则，就能知道命运演变的必然性，就能坦然承受，而不会忧愁。《易经》所教导的，是效法天的大公无私、克制私欲、安于各自的处境及敦厚仁爱的本性，故能博爱万物。

范围天地之化而不过，曲成万物而不遗，通乎昼夜之道而知，故神无方而《易》无体。

天地造化，像熔炉中的铁，滔滔不绝，《易经》像铸造的模型，使其不超出范围，并委曲成全万物，而没有遗漏。《易经》通晓幽明、死生、鬼神的变化，知道其中的神秘，因而，神的作用无所不在，《易经》的变化也没有一定的形式。

以上第四章，说明《易经》包容天地，囊括天地间一切道理，具备天地的智慧与仁德。

灵光一闪 《易》讲天地，所以可以包容天地，并能条理化，使你看懂。这是《易》的伟大之处。观天文，察地理，知幽明，识反复，知死生。精加气，为物生；魂游走，为物变。说生死，是悲伤；讲死生，是欢庆。

第五章

一阴一阳之谓道，继之者善也，成之者性也。

宇宙间的一切现象、变化，无不是相互对应的阴与阳的作用。例如：天与地、明与暗、刚与柔、强与弱、男与女等，有阴必有阳，有阳必有阴，界限明确，但必须相互会合，才能彼此成立。在阴阳交错往来中，阴退阳进，阳隐阴显，虽然多少不一致，但必然交互作用，相反相成，循环不已。这一阴一阳的交互作用，就是天的法则，也就是《易经》的道理。继承天的法则，就是善良；使天的法则具象化，则是天赋的人性。亦即，天道存在于人性中，人性绝对善良。

儒家由孟子开始，主张性善说，但这一段文字，却比孟子更高一层，

第三章　学《易》之传

提出了形而上学的性善说。

仁者见之谓之仁，知者见之谓之知，百姓日用而不知，故君子之道鲜矣！

人的见识，往往以偏概全。仁爱的人看到天道，说是仁；聪明的人看到天道，说是智；而一般人，在日常生活中经常应用天道，却毫无所知。因而，君子所走的道路，知道的人实在太少了！

显诸仁，藏诸用，鼓万物而不与圣人同忧，盛德大业至矣哉！

天道，以仁爱的面貌显现，使其恩泽普施于天下万物，但却将其不可思议的功能隐藏于效用中，不使人知道。天道鼓动万物，赋予万物生机，其造化的功德，完全出于无心而不自觉。圣人也参与万物的养育教化，但毕竟是人，就不能不忧虑了。由此可见，天的盛大的德行与伟大的事业，可以说是至善至美了。

富有之谓大业，日新之谓盛德。

天拥有宇宙万物，无比富有，这就是伟大的事业；天造化万物，日新又新，一刻也不休止，这就是盛大的德行。

生生之谓易，成象之谓乾，效法之谓坤，极数知来之谓占，通变之谓事，阴阳不测之谓神。

由以上"盛德""大业"的定义，将一阴一阳的变化法则具体化，成为《易经》的定义。

《易经》以天地为准则，天地生生不息的功能也就是《易经》变化无穷的功能。天地造化，完成各种现象的，就是乾，亦即天的功能；效法天的功能，进一步使其呈现具体形象的，就是"坤"，亦即地的功能。将数字的功能推演发挥到极致，能够预知未来的，就是占卜。由占卜通晓事物的变化，采取适切的因应措施，就是事功。能够运用阴阳变化莫测的道理，就是《易经》的神奇奥妙之处。

以上第五章，说明一阴一阳的变化法则就是天道、人道，亦即《易经》的道理。

灵光一闪 人往往以偏概全，因为知道的太少。天道善良，把天道具体化，是人的天性。

第六章

夫《易》，广矣大矣！以言乎远，则不御；以言乎迩，则静而正；以言乎天地之间，则备矣！

《易经》确实太广太大了！其功能到达的范围，以远来说，则扩展到没有止境的无限远；以近来说，则完全静止不动，端正而且明确；以天地之间来说，则存在于天地之间的森罗万象，无不具备。

夫乾，其静也专，其动也直，是以大生焉。夫坤，其静也翕，其动也辟，是以广生焉。

这是以《易经》中最重要的乾与坤来说明《易经》的广大。

乾亦即天的作用，静止时专一，没有其他，变动时正直而不屈折，由此产生了伟大的宇宙。坤亦即地的作用，静止时包容地上的一切，变动时则是开放的，承受一切而不拒绝，由此产生了广大的万物。

广大配天地，变通配四时，阴阳之义配日月，易简之善配至德。

由乾产生大，由坤产生广，《易经》的广大与天地一致，因应变化与四季循环类似，阴阳交替的规律性与日月运行相当，容易、简易的完美性与天地至高无上的德行相配合。

以上第六章，阐释《易经》的广大。

灵光一闪 人的善良在于德行。德行的至高至伟境界是做个简单、明白的人。

第七章

子曰："《易》其至矣乎！"夫《易》，圣人所以崇德而广业也。知崇礼卑，崇效天，卑法地，天地设位，而《易》行乎其中矣。成性存存，道义之门。

孔子说：《易经》的道理，已经达到极致了！《易经》本来是圣人用来提高自己的德行、扩大自己的事业的。提高德行，必须增进智慧；扩大事业，必须由谦卑的礼仪着手。崇高的智慧，应当效法高高在上的天；谦卑的礼仪，需要效法低而且广的大地。天地的位置既经设定，《易经》的道理就可以在天地之间实行了。人性得自天赋，将这一天赋的人性不断地持续，就进入了道义的门户，这是完成德业的根本。

以上第七章，说明《易经》是人类道德的根源。

灵光一闪 人性是天地赋予的，环境造就人。

第八章

圣人有以见天下之赜，而拟诸其形容，象其物宜，是故谓之象。圣人有以见天下之动，而观其会通，以行其典礼。系辞焉，以断其吉凶，是故谓之爻。

圣人看到天下万物的繁杂，想要模拟天下万物的容貌，以代表万物应有的形象，所以称作"象"。圣人看到天下万物的变动，于错综复杂的变化中观察到融会贯通的道理，当作处理事物的常规，将此常规用文字写出，附在后面，以判断吉凶，所以称作"爻"。爻即效，是"效法事物的变化"的意思。

言天下之至赜，而不可恶也。言天下之至动，而不可乱也。拟之而后言，议之而后动，拟议以成其变化。

象所描绘的，是天下最繁杂的事物，但经过整理，不会使人厌烦。爻所叙述的，是天下最剧烈的变动，但在变动中各有其规律性，不会使人混乱。象是经过模拟之后再发表成为言论，爻是经过议论之后所作的变动。经过模拟与议论，象、爻所象征的变化就能够契合事物的变化。

"鸣鹤在阴，其子和之，我有好爵，吾与尔靡之。"子曰："君子居其室，出其言，善则千里之外应之，况其迩者乎？居其室，出其言，不善则千里之外违之，况其迩者乎？言出乎身，加乎民；行发乎迩，见乎远。言行，君子之枢机。枢机之发，荣辱之主也。言行，君子之所以动天地也，可不慎乎。"

以下引用若干爻辞，以说明"象""爻"经过拟议，契合万物的变化。

中孚卦九二的爻辞"鹤在日荫鸣叫，小鹤应和；我有好酒，我与你同杯分享"象征在冥冥中，一切都有感应。孔子引申说："君子在私室说的话，如果是好的言论，在千里之外，也会使人感动，产生共鸣，更何况近在身边的人呢？相反，如果是不正当的言论，在千里之外，也会引起人的反驳，更何况近在身边的人呢？言论由自己口中发出，会在民众身上造成影响；行为在近处发生，会在远处产生作用。言论与行为，对君子来说，像是门的轴与弩箭的扳机，门轴与弩机，一旦发动，就已经主宰了荣誉或耻辱。君子的言论与行为，足以动摇天地，怎么能够不谨慎呢？"

"同人，先号咷而后笑。"子曰："君子之道，或出或处，或默或语，二人同心，其利断金。同心之言，其臭如兰。"

同人卦九五的爻辞："与人和同，先号啕大哭，而后又大笑。"孔子引申说："君子所走的道路，或者入世，服务人群，或者隐居，独善其身，或者保持沉默，或者发表言论，看上去好像不同，实际上则完全一致。二人的意志相同，其锋利足以切断金属。意志一致的言论，会像兰花一般，气味芬芳。"

"初六，藉用白茅，无咎。"子曰："苟错诸地而可矣，藉之用茅，何咎之有？慎之至也。夫茅之为物薄，而用可重也。慎斯术也以往，其无所失矣。"

大过卦初六的爻辞："祭器的下面，铺以白色的茅草，没有过失。"孔子引申说："祭器本来可以放在地上，现在却在下面铺上洁净的茅草，哪里会有过错？这是极端慎重。虽然茅草不是贵重的物品，但铺在祭器的下面，功用就非常重要了。对重大事项，只要像这样小心谨慎地处理，就不会失败了。"

"劳谦君子，有终吉。"子曰："劳而不伐，有功而不德，厚之至也，语以其功下人者也。德言盛，礼言恭，谦也者，致恭以存其位者也。"

第三章　学《易》之传

谦卦九三的爻辞："勤劳而且谦逊的君子，终究会吉祥。"孔子引申说："勤劳而不自夸，有功绩而不自满，这是极其厚道的，有功绩仍然对人谦逊。德说盛大，礼说恭敬，谦逊就是致力于恭敬，以保存应有的地位。"

"亢龙有悔。"子曰："贵而无位，高而无民，贤人在下位而无辅，是以动而有悔也。"

这一乾卦上九的爻辞的说明与乾卦《文言传》的文字完全相同，也许是重复了。

"不出户庭，无咎。"子曰："乱之所生也，则言语以为阶。君不密，则失臣；臣不密，则失身；几事不密，则害成。是以君子慎密而不出也。"

节卦初九的爻辞："不出门庭，不会有过失。"孔子引申说："之所以发生变乱，言语是最初的阶梯。君主言语不谨慎保密，轻率地喋喋不休，就会失去有才能的臣子；臣子言语不谨慎保密，多言招祸，就会丧失了性命；机密的大事不谨慎保密，就会造成灾害。所以，君子应言语谨慎保密，不可以随便发言。"

子曰："作《易》者其知盗乎？《易》曰：'负且乘，致寇至。'负也者，小人之事也；乘也者，君子之器也；小人而乘君子之器，盗思夺之矣！上慢下暴，盗思伐之矣。慢藏诲盗，冶容诲淫。《易》曰：'负且乘，致寇至。'盗之招也。"

孔子说，《易经》的作者，难道知道强盗的动机吗？解卦六三的爻辞：'背负财物的人却乘坐车辆，以致招来强盗。'背负财物的人身份低贱，乘坐的车辆是高贵的人用的工具。身份低贱而车辆高贵，与身份不相称，强盗当然就要夺取了！就像君王傲慢，臣子横暴，强盗当然就要侵犯了。财物不隐秘收藏，这是教唆偷窃；容貌妖冶，这是教唆淫乱。《易经》说：'背负财物的人却乘坐车辆，以致招来强盗。'这是说，强盗是自己招来的。"

以上第八章，说明卦与爻的效用。

> **灵光一闪** 万物繁杂，称作"象"。错综复杂但有规律，用规律变化之词去判断吉凶，那是"爻"。爻是"效"的意思。

第九章

天一地二，天三地四，天五地六，天七地八，天九地十。天数五，地数五，五位相得而各有合。天数二十有五，地数三十，凡天地之数，五十有五，此所以成变化而行鬼神也。

这一段，说明占筮中所用的数字，是以天地为依据的。在我国古代，并不认为数字只是机械的、抽象的，而是有生命的、神秘的，象征天地生生不息的活动。数字有奇数与偶数，奇数属于阳，偶数属于阴。天是阳，地是阴，以奇数的一、三、五、七、九代表天，偶数的二、四、六、八、十代表地，由一至十，象征天地阴阳的自然现象。五个代表天的奇数与五个代表地的偶数，可以和谐地，各自以一个奇数与一个偶数配合成五组，例如，一与二、三与四、五与六、七与八、九与十，或一与六、二与七、三与八、四与九、五与十。代表天的奇数合计为二十五，代表地的偶数合计为三十，天地的数字，总计五十五。以这些数字构成宇宙各种变化的象征，就能如同神鬼般，神奇地推算、判断未来了。

大衍之数五十，其用四十有九。分而为二以象两，挂一以象三，揲之以四以象四时，归奇于扐以象闰。五岁再闰，故再扐而后挂。

这一节，说明占筮的方法。宇宙大变化的推演数字为五十。关于五十的内容，说法各有不同：一说，为十干、十二支、二十八宿；一说，为太极、两仪、日月、四季、五行、十二月、二十四气；一说，为天五地十相乘。总之，是说占筮使用的五十根蓍草，是依据天地大变化的数据而来的。

在占筮时，五十根蓍草实际只用四十九根，有一根不用，以象征太极。将四十九根蓍草，任意分握于两手，以象征天地两仪。从右手中取出一根，"挂"即夹在左手的小指与无名指之间，以象征天、地、人三才。再将左右手中的蓍草，每四根一数，以象征四季。最后余下的蓍草，夹在左右手无名指与中指及中指与食指之间，以象征闰月。农历五年闰月两次，在占筮中也分为五个步骤，其中两次有余数：第一步，由右手中取一根蓍草，夹在左手无名指与小指之间；第二步，将左手的蓍草，每四根一数；第三步，将数完余下的一、二、三或四根，夹在左手无名指与中指之间；第四步，将右手的蓍草每四根一数；第五步，将数完余下的一、二、三或四根，夹在左手中指与食指之间。然后，再第二次占筮。

乾之策，二百一十有六。坤之策，百四十有四。凡三百有六十，当期之日。二篇之策，万有一千五百二十，当万物之数也。

"策"为推算时蓍草的根数。占筮时，由每四根一数的结果，得到乾爻或坤爻。

乾以九代表，每次数四根，乘以四，为三十六，全部六爻都是乾，再乘以六，即二百一十六；坤以六代表，每次数四根，乘以四，为二十四，全部六爻都是坤，再乘以六，即一百四十四；合计为三百六十，相当于一年的日数。《易经》上下篇，共有六十四卦，阴爻、阳爻各一百九十二，各乘以三十六与二十四，合计为一万一千五百二十，相当于万物。

是故，四营而成易，十有八变而成卦，八卦而小成。引而伸之，触类而长之，天下之能事毕矣。

这一段，说明《易经》的变易。

卦爻的第一变，经过四十九根蓍草，分成左右的第一营，取出一根，挂在左手小指中的第二营，四根一数的第三营，与余下的不足四根或四根的第四营，这样重复三次，亦即三变，得到一爻。再经过六爻共计十八变，得到一卦。卦由下方开始，一爻一爻地算出，经过九变，得到三画的卦，也就是八卦，这是第一阶段的小成果。再将八卦重叠引申，得到六画的六十四卦，附有卦辞、爻辞，则天下事物的变化，已经尽在其中了。更进一步，将阴爻与阳爻互变，依类别推演扩大，即可做无限的应用，则天下可能发生的一切变化，就完全包括在内了。

显道神德行，是故可与酬酢，可与佑神矣。子曰："知变化之道者，其知神之所为乎！"

《易经》的卦辞、爻辞，指示人应当走的道路，使其明显；《易经》的数字变化，教导使人的德行与神相等。亦即，人的行为，如果依循《易经》的理数实行，就能与神的决定相同。因而《易经》可与任何需求相应对，可以协助神的功能。孔子感叹说："了解《易经》变化道理的人，岂不就能知道神的所作所为了吗？"

以上第九章，说明占筮方法的数字及其应用。

灵光一闪 中国人对数字的理解很特别，认为数字可以解构天地与万事万物，所以，用数理去占筮过去和未来。

第十章

《易》有圣人之道四焉：以言者尚其辞，以动者尚其变，以制器者尚其象，以卜筮者尚其占。

《易经》中包括四项圣人应用的方法：用来议论时，崇尚《易经》的文辞；用来行动时，崇尚《易经》的变化；用来制造器具时，崇尚《易经》的形象；用来卜筮时，崇尚《易经》的占断。

是以君子将有为也，将有行也，问焉而以言，其受命也如响，无有远近幽深，遂知来物。非天下之至精，其孰能与于此？

所以，当君子将有所作为、有所行动时，向《易经》探问，就会依所问的，得到回响，不论远近、隐微、幽深，都能得知未来事物的变化。如果不是天下最精微的道理，又怎能如此呢？

参伍以变，错综其数。通其变，遂成天地之文；极其数，遂定天下之象。非天下之至变，其孰能与于此？

"参伍"是交互参考的意思。在此处，指阴阳爻相互置换所发生的变化。

将数字交错综合，了解其中的变化，就可以完成说明天地变化的文辞；究极数字的变化，就可以决定天地变化的形象。如果不是天下最奥妙的变化，又怎能如此呢？

第三章 学《易》之传

《易》无思也，无为也，寂然不动，感而遂通天下之故。非天下之至神，其孰能与于此？

《易经》本身，没有思考，没有作为，寂静没有行动；但只要能够感应，就能贯通天下一切道理。如果不是天下最神奇的道理，又怎能如此呢？

由这一段"无思""无为""寂然不动"的说法，可见其受老子"无"与"静"哲学之影响。

夫《易》，圣人之所以极深而研几也。唯深也，故能通天下之志；唯几也，故能成天下之务；唯神也，故不疾而速，不行而至。子曰"《易》有圣人之道四焉"者，此之谓也。

《易经》，圣人用来究极事理的深奥，分析事机的微妙。由于究极事理的深奥，所以能贯通天下人的心志；由于分析事机的微妙，所以能成就天下的事务。由于如此神奇，所以，看不到忙碌，却能速成，看不到进行，却能达到目的。孔子赞叹"《易经》中包含了辞、变、象、占四种圣人应用的方法"就是指此而说的。

以上第十章，说明《易经》的"系辞""变化""象征""占卜"四种应用方法。

灵光一闪 议论时，崇尚《易》之文辞；行动时，崇尚《易》之变化；造器具时，崇尚《易》之形象；卜筮时，崇尚《易》之占断。《易》之深远、实用、隽永，一言以蔽之。

第十一章

子曰："夫《易》何为者也？夫《易》开物成务，冒天下之道，如斯而已者也。"是故，圣人以通天下之志，以定天下之业，以断天下之疑。

孔子说："为什么制作《易经》？《易经》本来是开启智慧、成就事业、包藏天下一切道理的书，不过如此而已。"所以，圣人以《易经》沟通天下人的意志，奠定天下的事业，决断天下的疑问。

是故，蓍之德，圆而神；卦之德，方以知；六爻之义，易以贡。圣人以此洗心，退藏于密，吉凶与民同患。神以知来，知以藏往，其孰能与于此哉！古之聪明睿知神武而不杀者夫？

所以，蓍草的性质是圆通而神奇的，卦的性质是方正且智能的，六爻的意义是以变易告知吉凶。圣人应用以上三种功能，洗涤自己的意识，退藏于精密的天道中，与一般人共同为吉凶担忧。《易经》的神奇，能够预知未来变化的道理；《易经》的智慧，足以包藏以往的知识经验。除此之外，谁又能如此呢？唯有古代聪明有智慧、不平凡、勇武而又不嗜杀的人，才能如此吧？

是以，明于天之道，而察于民之故，是兴神物以前民用。圣人以此斋戒，以神明其德夫！

所以，明白天的道理，察知民众的事情，制作了神奇的占筮，以在民众行动之前，判断未来，趋吉避凶。因而，圣人在占筮时，必定先斋戒，以使自己的德行达到极高明的境界。

是故，阖户谓之坤，辟户谓之乾，一阖一辟谓之变，往来不穷谓之通。见乃谓之象，形乃谓之器。制而用之谓之法，利用出入，民咸用之谓之神。

《易经》以六爻的变易告知吉凶，其中包含阴、阳、变、通、象、器、法、神八种道理。例如：关起门来，幽静阴暗，收敛包容，就是坤，亦即阴。将门打开，大放光明，对外积极行动，就是乾，亦即阳。正如门的开闭，或者成为阴，或者成为阳，由此产生变。阴阳变化，无穷无尽，就是通。变通的结果，显现可以看到的，就成为象。观摩现象赋予一定的形状，就成为器。制定制造、使用器物的法则，就称作法。民众都使用，犹如出入门户，遵循法则却不知道，就是神。

是故，《易》有太极，是生两仪，两仪生四象，四象生八卦，八卦定吉凶，吉凶生大业。

"太极"也称"大极"，是阴阳未分，天地混沌的时期，宇宙万物由此创始。由"太极"阴阳分离，形成天地，称作"两仪"。"仪"是仪容的意思。由"两仪"产生"四象"。对"四象"的注释，说法不一：一说，为四时；一说，是金、木、水、火；一说，指阴、阳、刚、柔；一说，指代表"两仪"的符号组合而成的老阳、老阴、少阳、少阴。但在《礼记·礼运》篇中，有"礼，本来是以大一为基础，分为天地，转为阴阳，变为四时……"，也许就是引用《易经》的。以单纯的对比来说，四象应当指四时，不过含意更广，不仅仅指四时。由四象产生象征天、地、水、火、风、雷、山、泽的八卦，涵盖宇宙万象。由八卦断定吉凶。趋吉避凶，伟大的事业，就由此产生。

这一节，可以说是《易经》的宇宙论。

是故，法象莫大乎天地，变通莫大乎四时，悬象著明莫大乎日月，崇高莫大乎富贵。备物致用，立成器以为天下利，莫大乎圣人。探赜索隐，钩深致远，以定天下之吉凶，成天下之亹亹者，莫大乎蓍龟。

所以，能够取法的现象，没有比天地更伟大的了。能够变化通达的，没有比四季更伟大的了。能够高悬而且显明的，没有比日月更伟大的了。人类最崇高的事业，没有比富贵更伟大的了。能够为民众准备必需的物资，设置完备的器械，谋求天下福利的，没有比圣人更伟大的了。能够探求繁杂的现象，追索隐秘的事理，钩取深沉的法则，获致远大的成就，断定天下的吉凶，指示正确的目标，促成天下人勤勉努力的，没有比占卜使用的蓍草、龟甲更伟大的了。

是故，天生神物，圣人则之，天地变化，圣人效之，天垂象，见吉凶，圣人象之。河出图，洛出书，圣人则之。《易》有四象，所以示也。系辞焉，所以告也。定之以吉凶，所以断也。

所以，天生神奇的蓍草、龟甲，被圣人用来建立占卜的法则。天地产生各种变化，被圣人效法用来建立《易经》的原理。天显示风雨、干旱、日食、月食、彗星等天象，为吉凶的前兆，被圣人取法用来占断吉凶。古时，黄河出现背上有图形的龙马，洛水出现背上有图形的神龟，是祥瑞的征兆。伏羲依据"河图"画出八卦，大禹依据"洛书"制定"九畴"，亦

易经今解：释疑·解惑·见微

即治理天下的九类大法。《易经》依据以上原理制作，以老阳、老阴、少阳、少阴四象指示问卜该当的爻，并各附有文辞，以告知未来、判定吉凶、裁断疑难问题。

河图洛书早已失传，后人根据古籍记载，将宇宙构造以数字绘成简图，虽仅有数字，但配置极其巧妙。以下附图以供参考。

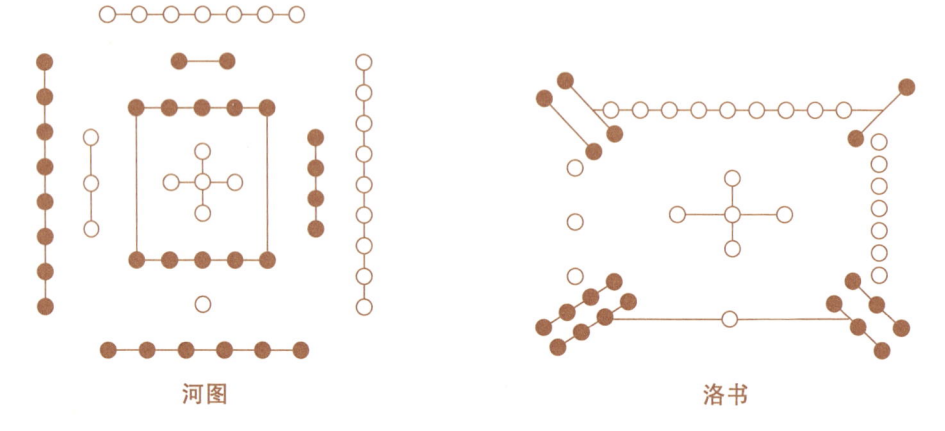

河图　　　　　　　　　　　洛书

说明：图中以白点表示奇数的阳数，以黑点表示偶数的阴数。

河图，一与六在下方，二与七在上方，三与八在左方，四与九在右方，五与十在中央。以方位来说，人面对南方站立，所以上方是南，是火；下方是北，是水；左方是东，是木；右方是西，是金；中央是土。相对两数的差都等于五。除了中央的五以外，奇数一、三、七、九，偶数二、四、六、八，都按顺时针方向排列，共有十数，合计为五十五。

洛书，奇数的五在中央，一在北方，三在东方，九在南方，七在西方。偶数分占四角，除了中央的五以外，相对两数的和都等于十，共有九数，合计为四十五。由东北角起，一、三、四、九与河图横列的数字相同；二、七、六、一与河图纵列的数字相同。

以上第十一章，说明占筮的原理。

灵光一闪　要开启智慧，成就事业，就要读《易》；要判断天下的疑问，就要用《易》。

第十二章

《易》曰:"自天佑之,吉无不利。"子曰:"佑者,助也。天之所助者,顺也;人之所助者,信也。履信思乎顺,又以尚贤也。是以自天佑之,吉无不利也。"

这一段解释大有卦上九的爻辞,但放在此处,前后都不关联。若放在第二章或第八章的最后,比较恰当。

《易经》中有"由天保佑,吉祥,没有不利"的说法。孔子也解释说:"佑是助的意思。天所帮助的对象,是顺从天道的人,人所帮助的对象,是诚信的人。履行诚信,处处想着顺应天道,能礼遇贤能的人,天才会保佑,吉祥,没有不利。"

子曰:"书不尽言,言不尽意。"然则圣人之意,其不可见乎?子曰:"圣人立象以尽意,设卦以尽情伪,系辞焉以尽其言,变而通之以尽利,鼓之舞之以尽神。"

孔子说:"以文字写成的书无法完全表达所要说的话,言语也不能完全表达心中所想的意念。"然而,难道圣人的心意就不能了解吗?孔子又说:"文字语言所能表达的,确实肤浅,但象征的意义则深刻。因而,圣人建立卦象,以象征的方式,表达无法传达的深意,设置六十四卦,将宇宙万物复杂变化的真伪,尽情显示,而且附加文辞,以尽量表达所要说的话,又使其变化流通,将其特点尽量发挥,并且以其道理,鼓舞民众坚定信念,以尽量发挥其神奇的作用。"

乾坤,其《易》之蕴邪?乾坤成列,而《易》立乎其中矣。乾坤毁,则无以见《易》。《易》不可见,则乾坤或几乎息矣。

唯有乾、坤两卦,充实了《易经》的内容吧?《易经》的作用,完全在阴阳,乾卦代表所有的阳,坤卦代表所有的阴,以乾、坤二卦,象征天地,上下排列,则《易经》象征的天地造化,才能在其中成立。如果乾、坤两卦毁灭,天地的秩序被破坏,则《易经》的作用也就消失了。如果《易经》消失了,则天地阴阳的变化,恐怕也几乎就终止了。

易经今解：释疑·解惑·见微

是故，形而上者谓之道，形而下者谓之器。化而裁之谓之变，推而行之谓之通，举而错之天下之民，谓之事业。

所以，抽象超出形体之上的，称作"道"，道是"路、历程"的意思，指事理、方法。具体有形体可见的，称作"器"，即器具、工具。器具与道理不可分离。譬如，弓箭、车马是器具，没有弓箭、车马的器具，则射箭、驾驭的道理就不存在了。将抽象的道理与具体的器具适当变化剪裁，以达到应用的目的，称作"变"，即"变通"的意思。进一步推演，使其实行，发挥作用，称作"通"，即"通达、融会贯通"的意思。然后，将变通的道理倡导以供天下人使用，称作"事业"。

是故，夫象，圣人有以见天下之赜，而拟诸其形容，象其物宜，是故谓之象。圣人有以见天下之动，而观其会通，以行其典礼，系辞焉，以断其吉凶，是故谓之爻。极天下之赜者，存乎卦；鼓天下之动者，存乎辞；化而裁之，存乎变；推而行之，存乎通；神而明之，存乎其人；默而成之，不言而信，存乎德行。

所以，《易经》中的"象"，是圣人将看到的天下繁杂的变易现象，模拟形容，适当地象征，所以称作"象"。圣人将看到的天下的一切活动，观察其融会贯通的法则性，归纳出经常性的规范，并附加说明的文辞，以判断吉凶，所以称作"爻"。极尽天下一切繁杂的现象在于《易经》的卦象；鼓动天下一切活动，使其蓬勃生动的，在于《易经》的爻辞；将卦象适当化解、剪裁，发挥作用的，在于变化；将卦象推演运行的，在于贯通；能明察其中的神秘奥妙而有效地发挥作用，在于圣人的运用；在默默中就能有所成就，不必说明就能取信于人，在于人美好的德行。

以上第十二章，说明《易经》将言语、理论无法完全表达的事理，以象征的方法显示；而对《易经》的领会与运用，其关键则在于人的品格与德行。

灵光一闪　《易》其实是阴阳、四象和好德。

系辞传下

《系辞传下》侧重于《易经》的应用，强调了要效法天地的智慧。

第一章

八卦成列，象在其中矣。因而重之，爻在其中矣。刚柔相推，变在其中矣。系辞焉而命之，动在其中矣。

《易经》由太极、两仪、四象、八卦形成乾、兑、离、震、巽、坎、艮、坤的整然序列，这样，宇宙万物的现象就包含在内了。但八卦仍然不足以包容宇宙间的万象，故又将八卦重叠成六十四卦，这样，六爻的微妙奥秘就包容在内了。刚爻与柔爻的相互推移错综，这样，宇宙间的一切变化就包含在内了。再附加爻辞，指出吉凶的征兆，这样，宇宙间的一切活动就包含在内了。

吉凶悔吝者，生乎动者也。刚柔者，立本者也。变通者，趣时者也。

《易经》中吉、凶、悔、吝的判断，是一切活动产生的结果。刚爻与柔爻，是推演宇宙万物变易的根本。刚爻与柔爻的变化流通，是因应一切活动的适当时机的结果。

吉凶者，贞胜者也。天地之道，贞观者也。日月之道，贞明者也。天下之动，贞夫一者也。

虽然世界上有善反而凶、恶反而吉的情形，但善的结果是吉、恶的结果是凶才是正常的现象。只有坚守正常的道理，才能够取得胜利。天地以恒常显示其运行规范，日月以光明普照万物。虽然天地、日月偶尔也会有不正常的现象，但并不能否定其恒常的本性。同样地，天下万物的一切活动也本着同一道理，那就是善则吉，恶则凶。

夫乾，确然示人易矣。夫坤，隤然示人简矣。爻也者，效此者也，象也者，像此者也。

乾的法则就是明确地昭示平易的道理，坤的法则就是柔顺地昭示简易的道理。所谓爻，就是效法天地简易的理法而制作的；所谓象，就是模仿天地的形象而设置的。

爻象动乎内，吉凶见乎外，功业见乎变，圣人之情见乎辞。

卦的"爻""象"的象征，是以变动启示人事微妙的际遇。内在的动机一旦有行动表现于外，就能见到吉凶。如果能把握机宜，适当地变通运用，功德事业就会在变通中出现。圣人仁民爱物的真情，则在卦爻的词句中可以看到。

天地之大德曰生，圣人之大宝曰位，何以守位曰仁，何以聚人曰财，理财正辞、禁民为非曰义。

天地最伟大的德行，是使万物生生不息；圣人最大的宝物，是其崇高的地位。怎样才能保守地位呢？要能博爱。得到多数人的拥护，才能守住地位。又怎样才能使人聚集呢？要靠财富。因而，打理财富，端正言行，使民众分辨是非善恶，禁止民众为非作歹，这就是道义。

以上第一章，说明卦爻吉凶的意义与治国的原则。必须使民众富足安乐，然后始能得到民众的拥护，使万民来归。首先需要理财，充裕民生；然后需要教导民众向善，使其明辨是非；最后以法治约束民众，齐一民众的行为。

灵光一闪 最有意思的是其最后一段。天地的德行，是生生不息；圣人的宝物，是崇高的地位。保守地位，要能博爱；得到多数人的拥护，才能守住地位。怎样才能使人聚集呢？要靠财富。

第二章

古者包牺氏之王天下也，仰则观象于天，俯则观法于地，观鸟兽之文与地之宜，近取诸身，远取诸物，于是始作八卦，以通神明之德，以类万物之情。

太古时代，包牺氏君临天下，向上观察天的现象，向下则观察地的法则，观察鸟兽的斑纹，以及适宜于草木金石等的地利，近处取法人体的形象，远处模仿万物的形象，于是制作八卦，以融会贯通神的明智的造化德行，以分类比拟万物的情况。

作结绳而为网罟，以佃以渔，盖取诸离。

包牺氏，将绳编结成捕兽的网、捕鱼的罟，教导民众用来捕兽捉鱼，这是取法离卦的形象。

离卦中空，与纲目的形象相似，由上下"离"重叠而成，是纲目相连的形象。"离"同"丽"，"附着"的意思，也象征猎获物挂在网上。

以上说明卦与物的相关性，相当牵强附会。不过，这不是说由卦创造出物，而是说《易经》抽象的象征性优先于具体的器物。

这一节，叙述社会已进步到渔猎时代。

包牺氏没，神农氏作，斫木为耜，揉木为耒，耒耨之利，以教天下，盖取诸益。

包牺氏死后，神农氏成为共主，削木头做成犁头，弯木棒当作犁柄，将除草耕种的便利，教导给天下民众。这一犁地的工具，是取法益卦的形象。

益卦上方的两个阳爻象征扶着犁柄的双手，中间的三个阴爻象征弯曲的犁柄，下方的一个阳爻象征犁头。又，益卦的上卦巽象征木、人，下卦震象征动，中间的三个阴爻成为坤，象征土，木犁进入土中活动，象征耕作。

这一节，说明社会已进步到农业时代。

日中为市，致天下之民，聚天下之货，交易而退，各得其所，盖取诸噬嗑。

规定中午为买卖时间，招来天下的民众，聚集天下的财货，互相交换，然后各自散去，各得到所需要的物品，这是取法噬嗑卦的形象。

噬嗑卦的上卦离象征太阳，下卦震象征动，太阳在头顶上的时候活动象征市场。又，上下两个阳爻，是市场两端的关卡；三个阴爻，是参加交易的民众；中间的阳爻，是管理市场的官吏。

这一节，说明社会已进步到有商业活动的时代了。

神农氏没，黄帝、尧、舜氏作，通其变，使民不倦，神而化之，使民宜之。《易》穷则变，变则通，通则久。是以自天佑之，吉无不利，黄帝、尧、舜，垂衣裳而天下治，盖取诸乾坤。

神农氏死后，黄帝、尧、舜相继成为天子，由于时代的进步、社会的繁荣，太古朴素的文物制度已经不能满足民众的需要，黄帝、尧、舜随着时代演进的需要，开辟改变生活方式的途径，使民众不会倦怠；而且，改变的方法神妙，在不知不觉中，潜移默化，使民众得到便宜。《易经》的道理，是在无路可走时就要变化，变化就能通达，通达就能保持长久。黄帝、尧、舜能遵循这一变通的原理，当然会得到天的保佑，吉祥没有不利。所以，不必奔波辛劳，垂着手无须有所作为，就能使天下太平，这是取法乾、坤二卦。

刳木为舟，剡木为楫，舟楫之利，以济不通，致远以利天下，盖取诸涣。

涣卦的上卦巽是木，下卦坎是水，木在水上，象征有舟楫的便利。又：涣卦由二到五，中间两爻空虚，象征船；上方的阳爻，象征桨；下方的阴爻，相当于水。另外，"涣"是"离散"的意思，使被水分离的人相聚，非乘船不可，也象征有舟楫的便利。

服牛乘马，引重致远，以利天下，盖取诸随。

将牛拴上就能牵引重物，骑马可以到达远方，这样使天下便利，是取法随卦。

随卦上卦兑是悦，下卦震是动，"随"又有"随从"的含义，因而，象征牛马随着人的意思悦服地行动。

以上两节，说明水陆交通工具的发明。

重门击柝，以待暴客，盖取诸豫。

设置多重的门并敲击木梆巡夜，以防备盗贼侵入，这是取法豫卦。

豫卦的五个阴爻相当于多重的门，中间的一个阳爻相当于巡夜的人。

第三章　学《易》之传

"豫"又有"预防"的意思，上卦震是雷，相当于敲击木梆的声音，象征防盗措施。

断木为杵，掘地为臼，杵臼之利，万民以济，盖取诸小过。

切断木头制成舂米的杵，在地上挖坑当作舂米的臼，发明这种舂米的利器，使万民得到帮助，这是取法小过卦。

小过卦，上下四个阴爻，与臼内部锯齿状的纹路相似；中间的两个阳爻，相当于舂米的杵。又，下卦艮为止，上卦震为动，象征臼不动，杵在动。

弦木为弧，剡木为矢，弧矢之利，以威天下，盖取诸睽。

将弦装到木条上制成弓，将木头削成箭，以弓箭的利器威吓天下的恶人，这是取法睽卦。

睽卦中的"二"与"上"是弓的材料，"三"与"五"象征弓的弯曲，"四"是弦，"初"是箭。又，上卦离是火，有威吓的感觉，下卦兑是悦，象征在上者以威严使属下悦服。"睽"是"违背"的意思，象征需要采用威逼手段。

上古穴居而野处，后世圣人，易之以宫室，上栋下宇，以待风雨，盖取诸大壮。

上古时代，人冬天住在洞穴中，夏天露宿在野外，后来圣人教人建筑房屋居住，上有栋梁，下有椽檐，以避风雨，这是取法大壮卦。

大壮卦，下方的四个阳爻相当于栋梁，上方的两个阴爻相当于铺在椽檐上的茅草。又，"大壮"意味着"宏大坚固"，上卦震是雷，下卦乾是健，天上雷雨交加，下方有宏大坚固的房屋，足以避风雨。

古之葬者，厚衣之以薪，葬之中野，不封不树，丧期无数。后世圣人，易之以棺椁，盖取诸大过。

古时埋葬死人，只用木柴厚厚地覆盖，葬在荒野中，不建造坟墓，也不植树，服丧也没有一定的期限。后代的圣人，教人用内外双重棺椁替代，这是取法大过卦。

大过卦，中间的四个阳爻相当于坚固的棺椁，外侧的两个阴爻相当于用土埋葬。

> 上古结绳而治，后世圣人，易之以书契，百官以治，万民以察，盖取诸夬。

上古时代没有文字，人们结绳记事，但随着时代的进步，结绳记事就不够用了。于是，后代的圣人发明了文字，以文书契据来替代结绳记事，官吏用来处理政务，人民也用来作为查考的依据，这是取法夬卦。

夬卦接连五个阳爻，到最上方分裂成阴爻，象征一剖为二的符信。又，上卦兑为言语，象征由言语发展到文字，下卦乾为刚健，象征书契必须信守。又，卦名"夬"，为"决断"的意思，卦形是以五个阳爻来决断一个阴爻。

以上第二章，说明卦象与器物的关联性。

灵光一闪 短短千字，说明了几千年的发展史，实在天才！与卦爻之联系，当仁者见仁，智者见智。

第三章

> 是故，《易》者，象也；象也者，像也；彖者，材也；爻也者，效天下之动者也。是故吉凶生，而悔吝著也。

由以上所述，可知《易经》的内容在于象征。所谓象征，是指模拟宇宙万物的形象。彖辞说明全卦的意义。"爻"是"效法"的意思；六爻的变化，效法的是天下错综复杂的微妙变动。有变动即有得失，于是，产生吉凶，也使悔恨、羞耻显现出来了。

以上第三章，说明《易》的内容是象征性的。

灵光一闪 《易》之方法是模拟和象征。

第四章

> 阳卦多阴，阴卦多阳，其故何也？阳卦奇，阴卦偶。其德行何也？阳一君而二民，君子之道也。阴二君而一民，小人之道也。

在八卦中，震、坎、艮是阳卦，巽、离、兑是阴卦。阳卦一阳二阴，阴爻多；阴卦一阴二阳，阳爻多。为什么如此？因为在任何集团中，都是由少数人支配多数人。阳卦是奇数的阳爻一个，偶数的阴爻两个，所以，奇数的阳爻成为主体。阴卦是偶数的阴爻一个，奇数的阳爻两个，所以，偶数的阴爻成为主体。由卦的德行来看，阳爻相当于君王，阴爻相当于臣民。阳卦一阳二阴，象征一君二民，一君使万民归心，这是有德的君子应当选择的途径。阴卦一阴二阳，亦即一民二君，二君争夺一民，相互倾轧，陷于混乱中，这是无德的小人所走的道路。

以上第四章，说明卦的全般倾向。

灵光一闪 在任何集团中，都是由少数人支配多数人。这句话很重要。

第五章

《易》曰："憧憧往来，朋从尔思。"

子曰："天下何思何虑？天下同归而殊途，一致而百虑，天下何思何虑？"

咸卦九四的爻辞说："心思不定地走来走去，只有少数朋友顺从你所想的。"

孔子说："天下的人，到底在思考什么，忧虑什么呢？天下的人，最后都回到同一个地方，但所走的路不同；天下的道理，本来是一致的，但人们却有种种思虑；天下的人，到底在思考什么，忧虑什么呢？"

孔子的这一段话非常有名，意思是说，人类求生存的目的与法则是不变的，但由于自私，个人的利害不同，以至于产生了不同的想法与做法。

"日往则月来，月往则日来，日月相推而明生焉。寒往则暑来，暑往则寒来，寒暑相推而岁成焉。往者屈也，来者信也，屈信相感而利生焉。"

孔子接着说："太阳去，月亮来；月亮去，太阳来。日与月交替推移，产生了光明。冬天去，夏天来；夏天去，冬天来。寒与暑交替推移，形成春、夏、秋、冬的时序。所谓往，并非一去不返，只是暂时地退缩；所谓来,也不是永久存在,只不过是暂时地伸张。屈与伸交互感应就产生了利益。"

人苦苦思虑,却只能得到少数人的信赖;而大自然遵循常轨,运行不息,不必思虑,就能感应,使万物普遍受益。

"尺蠖之屈,以求信也。龙蛇之蛰,以存身也。精义入神,以致用也。利用安身,以崇德也。过此以往,未之或知也。穷神知化,德之盛也。"

孔子进一步解释说:"尺蠖将身体弯曲收缩,是为了下一步的伸张;龙蛇冬眠,是为了保全性命;精研义理,融会贯通,达到随心所欲的神妙境界,是为了致用;利用知识使自己心安理得,是为了崇尚品德。然而,当超越这一层次,进入极其微妙的境界时,就不是一般人所能了解的了。至于穷究宇宙的奥秘,了解万物变化的法则,就只有圣人才能具备这种最崇高的德行了。"

以上是孔子对咸卦九四的爻辞的阐扬。

《易》曰:"困于石,据于蒺藜,入于其宫,不见其妻,凶。"

子曰:"非所困而困焉,名必辱。非所据而据焉,身必危。既辱且危,死期将至,妻其可得见耶?"

困卦六三的爻辞说:"前进有大石阻碍,后退是遍生蒺藜的地方,以致进退失据。返回家中,又看不到妻子,这是凶恶的征兆。"

孔子解释说:"大石,本来无法移动,却要逞强将其移动,使名誉蒙受羞辱。蒺藜多刺,不是应当进入的地方,却轻率地进入,必然被刺伤,使自身遭遇危险。陷入这种既羞辱又危险的境况,已经面临死亡的绝境,哪里还会见到妻子呢?"

《易》曰:"公用射隼,于高墉之上,获之无不利。"

子曰:"隼者禽也,弓矢者器也,射之者人也。君子藏器于身,待时而动,何不利之有?动而不括,是以出而有获,语成器而动者也。"

解卦上六的爻辞说:"王公射鹰,站在高墙上,必然会有所获,不会有不利。"

第三章 学《易》之传

孔子解释说："鹰是飞禽，弓箭是利器，射猎的是人。君子将利器藏在身上，等待有利的时机行动，又怎么会不利呢？行动能够把握时机，毫不迟疑，所以出猎就有所获。这是说行动备有完备的工具，当然无往不利了。"

子曰："小人不耻不仁，不畏不义，不见利不劝，不威不惩。小惩而大诫，此小人之福也。《易》曰：'履校灭趾，无咎。'此之谓也。"

孔子说："小人不以不仁为可耻，不以不义为可怕，不看到有利不会进取，不加以威吓不知道戒惧；但有小的过失给予惩罚就会使其戒惧，不至于闯大祸，这正是小人的福气。《易经》噬嗑卦初九的爻辞说：'虽然戴上脚镣将脚趾磨伤了，但以后就不会有灾祸了。'它说的就是这个意思。"

"善不积，不足以成名；恶不积，不足以灭身。小人以小善为无益而弗为也，以小恶为无伤而弗去也，故恶积而不可掩，罪大而不可解。《易》曰：'何校灭耳，凶。'"

孔子说："不累积善行，不足以成名；不累积罪恶，不足以使自身灭亡。小人认为，小的善行，不会有什么益处，就不去做，以致恶行累积到不可掩饰的程度，犯罪大到无法消解的地步。所以《易经》噬嗑卦上九的爻辞说：'肩上扛着枷锁，磨伤了耳朵，这是凶恶的象征。'"

子曰："危者，安其位者也；亡者，保其存者也；乱者，有其治者也。是故，君子安而不忘危，存而不忘亡，治而不忘乱，是以，身安而国家可保也。《易》曰：'其亡其亡，系于苞桑。'"

孔子说："危险，由于认为安全而发生；灭亡，由于认为可以长久而发生；混乱，由于认为治安良好而发生。因而，君子在安稳的时刻，不可忘记危险；在生存的时刻，不可忘记灭亡；在治安良好的时刻，不可忘记混乱。这样，自身才能安全，国家才能保住。《易经》否卦九五的爻辞说：'灭亡，灭亡，要时刻这样警惕，就像牛马要拴在稳固的丛生的桑树上一样。'"

子曰："德薄而位尊，知小而谋大，力小而任重，鲜不及矣。《易》

曰：'鼎折足，覆公餗，其形渥，凶。'言不胜其任也。"

孔子说："德行浅薄却地位尊贵，智慧不足却图谋大事，力量微小却担负重任，很少能不招来灾祸的。《易经》鼎卦九四的爻辞说：'鼎的脚折断，打翻君王赐给的美食，弄得湿淋淋的，凶。'就是说，其才智不足以胜任其职责。"

子曰："知几其神乎？君子上交不谄，下交不渎。其知几乎？几者，动之微，吉之先见者也。君子见几而作，不俟终日。《易》曰：'介于石，不终日，贞吉。'介如石焉，宁用终日，断可识矣。君子知微知彰，知柔知刚，万夫之望。"

孔子说："知道事机的微妙吗？君子对上不谄媚，对下不轻侮，坚持正义，遵循事理，就可以说知道事机的微妙了。'几'是动机的微妙变化，能够预先判断吉凶的征兆。君子看破动机的微妙变化，就能迅速因应，果断行动，不会整天迟疑等待了。《易经》豫卦六二的爻辞说：'被巨石阻挡就不必整天在那里等待，应当立即选择其他途径，要这样坚定果断，才会吉利。'既然被巨石阻挡，为什么还要继续等待？状况已经非常明显，可以判断了。君子知道事理微妙隐秘的变化，知道事理明白显露的状况，知道因应处置的态度应当柔弱还是刚强，所以能够正确判断，因应自如，成为众人景仰依赖的人物。"

子曰："颜氏之子，其殆庶几乎？有不善，未尝不知，知之，未尝复行也。《易》曰：'不远复，无祗悔，元吉。'"

孔子赞扬他的学生颜回说："颜回这个年轻人，不是几乎已经这样了吗？他一旦有过失，从来不会不知道；知道，从来不会再去做。《易经》复卦初九的爻辞说：'迷路不要走得太远才回头，就不会造成大的后悔，这就是极大的吉利。'"

故事 颜回是孔子最心爱的学生。《论语·雍也》篇中记述：鲁哀公问孔子，在他的学生中谁最好学，孔子回答："有名叫颜回的学生，好学，不无故对人发怒，不犯同样的过错，但却不幸短命早死了！现在他死

第三章　学《易》之传

了，就再没有听说有其他好学的人了。"

"天地氤氲，万物化醇。男女构精，万物化生。《易》曰：'三人行，则损一人；一人行，则得其友。'言致一也。"

孔子说："天地间阴气阳气弥漫，发生变化，生成万物，非常完美；雌雄交媾，发生变化，使万物生成。所以，《易经》损卦六三的爻辞说：'三人共同行动，主张不同，行动不一致，有一人必须放弃成见。一人单独行动，反而会得到志同道合的友伴。'这是说，天下的道理就是要达成一致。"

子曰："君子安其身而后动，易其心而后语，定其交而后求。君子修此三者，故全也。危以动，则民不与也；惧以语，则民不应也；无交而求，则民不与也。莫之与，则伤之者至矣。《易》曰：'莫益之，或击之，立心勿恒，凶。'"

孔子说："君子必定先使本身安定，然后才行动；必定先使自己心平气和，然后才说话；必定先建立感情，然后才提要求。君子有这三项修养，所以待人处世才会完美，没有偏差。本身危险而要行动，则民众不会随从；以言语恐吓，则民众不会响应；没有建立感情而去提要求，则民众不会支持；得不到支持，伤害你的人就要来到了。所以《易经》益卦上九的爻辞说：'得不到帮助，甚或将遭受攻击，以致意志动摇，就凶险了。'"

以上第五章，说明爻辞的凡例。

灵光一闪　这一章，孔子选了一些特别的爻辞，举例说明。这些例子全是金科玉律，是人生必读！

比如：君子必定先使本身安定，然后才行动；必定先使自己心平气和，然后才说话；必定先建立感情，然后才提要求。君子有这三项修养。

又比如，孔子说："危险，由于认为安全而发生；灭亡，由于认为可以长久而发生；混乱，由于认为治安良好而发生。因而，君子在安稳的时刻，不可忘记危险；在生存的时刻，不可忘记灭亡；在治安良好的时刻，不可忘记混乱。这样，自身才能安全，国家才能保住。"

再比如，孔子解释说："大石，本来无法移动，却要逞强将其移动，使名誉蒙受羞辱。蒺藜多刺，不是应当进入的地方，却轻率地进入，必然被刺伤，使自身遭遇危险。陷入这种既羞辱又危险的境况，已经面临死亡的绝境，哪里还会见到妻子呢？"

第六章

子曰："乾坤，其《易》之门邪？乾阳物也，坤阴物也，阴阳合德，而刚柔有体，以体天地之撰，以通神明之德。其称名也，杂而不越。于稽其类，其衰世之意邪？"

孔子说："乾、坤两卦，不是进出《易经》的门户吗？乾指阳性的物，坤指阴性的物。阴与阳相交，德行相互配合，由此产生各卦阴柔阳刚交错的形象，以具体象征天地所创造的一切，并与天地造化的奥妙相互贯通。卦的形象，象征宇宙万物的变化，以各种事物为名称。虽然繁杂，却不超越天地创造的范围。但考察卦、爻名称所表达的各类事物，所说的也许是殷末周初衰败时代的情形吧？"

"夫《易》，彰往而察来，而微显阐幽，开而当名，辨物正言，断辞则备矣。其称名也小，其取类也大，其旨远，其辞文，其言曲而中，其事肆而隐，因贰以济民行，以明失得之报。"

"《易经》的主旨在于使过去的事情显明，作为镜鉴，以察知未来；使细微显著，将隐秘阐明；扩大来看，所有卦、爻的名称，无不适当；用以辨别事物，所说的话，无不正当；所用的判断文句，则完备无缺。虽然所用的名称微小，但象征事物的类别却非常广大，而且旨意深远，文辞高雅，于委婉曲折中表达的事理，无不中肯；叙事直截了当，却隐藏着深意；因应吉凶的道理，以辅助民众行动，使其明辨善恶得失的报应。"

以上第六章，说明《易经》的完成时代与主旨。

灵光一闪 这一章，有一个比喻非常重要：
乾、坤两卦，不是进出《易经》的门户吗？
有一个推断使《易经》落到实处：

第三章 学《易》之传

卦、爻名称所表达的各类事物，所说的也许是殷末周初衰败时代的情形吧？

这是两个惊天的问号。

第七章

《易》之兴也，其于中古乎？作《易》者，其有忧患乎？

《易经》的兴起，也许是在中古殷代的末期吧？《易经》的作者，也许心中怀有忧患吧？

传说，周文王被囚禁于羑里时制作了卦辞，意在防止忧患。

是故，履，德之基也；谦，德之柄也；复，德之本也；恒，德之固也；损，德之修也；益，德之裕也；困，德之辩也；井，德之地也；巽，德之制也。

所以，《易经》所启示的，是修养德行、防止忧患的方法。诸如：履卦教导礼义，是德行修养的基础；谦卦教导谦逊，是德行修养的关键；复卦教导返回原始的本性，是德行修养的根本；恒卦教导有恒，使德行稳固；损卦教导克制欲望，以修养德行；益卦教导向善，使德行更为充裕；困卦教导在困境中如何明辨德行；井卦教导德行要像井一般，位置永远不动；巽卦教导因势利导，使德行能够制宜。

履，和而至；谦，尊而光；复，小而辨于物；恒，杂而不厌；损，先难而后易；益，长裕而不设；困，穷而通；井，居其所而迁；巽，称而隐。

"履"是礼节，可在祥和中达到极致；"谦"是谦逊，使人受尊敬，品格更加光辉；"复"只有一个阳爻，在五个阴爻的下面，虽然阳微小，却能与阴爻明确地分辨开来；"恒"是恒心，在繁杂的环境中，仍能择善固执而不厌烦；"损"是克制，这是道德修养的第一步，开始困难，成为习惯后就容易了；"益"是增长德行，使其日益充裕，而不虚伪造作；"困"是在困境中能够坚持，经得起考验，然后才能豁然贯通；"井"是说井的位置固定不动，却能施惠他人；巽是因时制宜地衡量，隐藏于心，并不

385

显露。

> 履，以和行；谦，以制礼；复，以自知；恒，以一德；损，以远害；益，以兴利；困，以寡怨；井，以辩义；巽，以行权。

"履"是以祥和与人共同行动；"谦"是以礼节自我克制；"复"是以自我反省恢复本性；"恒"是以始终如一的德行，贯彻到底；"损"是以克制减损欲望，远离灾害；"益"是以德行的增长，自然而然产生利益；"困"是以困境历练考验，减少怨天尤人的心理；"井"是以不动而能普遍供给众人生活必需的水，使人明辨道义的意义；巽是以因时制宜的权衡，使人临机应变，处置得当。

以上第七章，说明身处忧患时的因应原则。

灵光一闪 这一章简明扼要，说明社稷兴衰、人类繁荣的原则与立场。

第八章

> 《易》之为书也，不可远；为道也，屡迁。变动不居，周流六虚，上下无常，刚柔相易，不可为典要，唯变所适。

《易经》是与人类日常生活密切相关，不可疏远的一部书，但《易经》的法则则经常变化。这种变化并不拘泥于一定的形式，在卦的六个爻位之间，普遍流通，或上或下，没有常规，刚爻与柔爻相互变易。因而，不可被法则拘束，唯有因应变化，才能适当运用。

> 其出入以度，外内使知惧，又明于忧患与故，无有师保，如临父母。

《易经》教人进退要有节度，对外对内知道谨慎戒惧，又能明察忧患的事实与原因，虽然没有师长保姆，但就如同父母在身边教育一样。

> 初率其辞，而揆其方，既有典常。苟非其人，道不虚行。

首先依据卦爻的词句推断《易经》的法则，就能够发现，法则变化都有一定的规律可循。但也因人而异，如果不是具备深厚修养的人，《易经》的法则就不能凭空实行了。

以上第八章，说明学习《易经》的要领。

灵光一闪　《易经》是一本变化无穷又有一定规律的书。

第九章

《易》之为书也，原始要终，以为质也。六爻相杂，唯其时物也。

《易经》这本书，是以追溯原始，归纳终结，探求事物的本质为主体。至于复杂的六爻，只不过是某一事物在某一时间的象征而已。

其初难知，其上易知，本末也。初辞拟之，卒成之终。若夫杂物撰德，辩是与非，则非其中爻不备。

初爻不容易理解，上爻则容易理解。因为"初"是事物的根本，"上"是事物的末端。事物的根本隐秘，了解起来困难，事物的末端明显，了解起来就容易了。初爻的文辞是比喻事物的开始，迹象还不明显，由下而上，最后到了上爻，事物的形象就已经完备了。至于夹杂一些象征性的事物叙述卦的性质，用以辨明是非时，就必须加上中间的二、三、四、五爻，综合观察分析，这样才能够理解全卦完整的含意。

噫！亦要存亡吉凶，则居可知矣。知者观其彖辞，则思过半矣。

啊！抑或要归纳出存亡吉凶的概念，那么，在家里由六爻中去推求，就可以知道了。不过，智者闻一知十，触类旁通，只要看每一卦开始的彖辞，多半就能够了解整体的含意了。

二与四，同功而异位，其善不同。二多誉，四多惧，近也。柔之为道，不利远者。其要无咎，其用柔中也。三与五，同功而异位，三多凶，五多功，贵贱之等也。其柔危，其刚胜邪？

"二"与"四"爻，都是阴位，作用相同，但位置不同，因而"二"多赞誉，"四"多恐惧。因为"二"在下卦中央，远离"五"的君位，较少受牵制，容易见效，所以多赞誉；而"四"接近"五"的君位，容易冒犯得咎，必然经常在恐惧中。"柔"在本质上软弱，必须依附他人，疏远时不利；主要的功能，在于避免灾难，其效用在于柔顺与中庸的原则。

387

"三"与"五"爻,都是阳位,作用相同,但位置不同,因而"三"多凶险,"五"多功绩。因为"三"在下卦顶端,刚强过度,而且是臣下的地位,所以多凶险;"五"在上卦中央的君位,刚毅中庸,又居于领袖地位,所以多功绩,这是贵贱等级不同导致的。但果真柔弱就危险,刚强就能胜任吗?也不能一概而论。

以上第九章,说明研读《易经》的方法。

灵光一闪 虽说这一章是讲研读《易经》的方法,但就爻的位置与担当的论述,可作经世之用。

第十章

《易》之为书也,广大悉备,有天道焉,有人道焉,有地道焉。兼三才而两之,故六。六者非它也,三才之道也。道有变动,故曰爻;爻有等,故曰物;物相杂,故曰文;文不当,故吉凶生焉。

《易经》这部书,内容广大,所有的道理,无不完备,有天的道理,有人的道理,有地的道理。卦有三画,象征天、地、人三项元素,再将两个三画的卦,重叠成六画,但六画的卦,并非另有含意,而是阴阳匹配,才能构成形象,各以两画象征天、地、人。亦即"五"为阳位,"上"为阴位,阴阳成双,象征天。同样地,"三"与"四"象征人,"初"与"二"象征地。不论天道、人道、地道,都有变动;而六爻的设定,效法天、地、人的变动,所以称作"爻",是"效法"的意思。"爻"有上下不同的等级,以比拟万物贵贱不同的类别,所以称作"物"。刚爻与柔爻,在六个位置交错,犹如万物错综复杂的文采,所以称作"文"。"文"构成的形象,有正当与不正当之分,阳爻在奇数位、阴爻在偶数位时正当,否则不正当。由形象的正当与不正当,产生了吉与凶的象征。

以上第十章,说明卦的六位,取法于天、地、人三才。

灵光一闪 这一章把《易经》各爻的结构说得更明白了。

第十一章

《易》之兴也,其当殷之末世、周之盛德邪?当文王与纣之事邪?是

故其辞危。危者使平，易者使倾，其道甚大，百物不废。惧以终始，其要无咎，此之谓《易》之道也。

《易经》的兴起，是正当殷代末期，周文王德业兴盛的时期吗？是正当周文王与殷纣王之间发生事端的时候吗？因此，它的文辞中隐含着危机意识。唯有处于危险中，才能戒慎恐惧，转危为安；相反，在安定中，容易懈怠，掉以轻心则容易倾覆。《易经》的道理非常广大，所有的事物无不包含，并以戒慎恐惧的态度贯彻始终，主要的目的在于求没有灾祸，这就是《易经》的道理。

以上第十一章，说明《易经》的主旨。

灵光一闪　《易经》的真谛在于对天、地、人始终持戒慎恐惧的态度。

第十二章

夫乾，天下之至健也，德行恒易以知险。夫坤，天下之至顺也，德行恒简以知阻。

所谓乾亦即天的功能，是天下最刚健的，勇往直前，将它的功能表现于恒常与容易中，因而，知道险难之所在，而不轻率冒进。所谓坤亦即地的功能，是天下最柔顺的，顺从安详，将它的功能表现于恒常与简易中，因而，知道阻碍之所在，而能戒备。

能说诸心，能研诸侯之虑，定天下之吉凶，成天下之亹亹者。

《易经》的道理容易、简易，因而，研究《易经》就能了解天下一切道理，心满意足。《易经》的功能在于辨别凶险，因而，研究《易经》就能避免天下一切凶险，消除忧虑。所以，《易经》能够断定天下一切吉凶，使天下人勤勉的事业得以成功。

是故，变化云为，吉事有祥，象事知器，占事知来。

所以，在天地间一切变化及人的言语行动中，吉祥的事情会有吉祥的征兆；由各种事物的现象就可以了解其具体的演变过程，就能够判断其未来的发展趋向。

天地设位，圣人成能，人谋鬼谋，百姓与能。

天在上，地在下，宇宙间一切事物都安排有一定的地位，显示出了造化的功能。圣人仿效天地的功能，完成《易经》著作。所以，在策划一项行动时就要先思考，再与周围的人商议，不可预知的状况就得由占卜中谋求神鬼的启示。《易经》是占卜书，能使愚昧的民众经由这一方法参与天地造化的功能。

八卦以象告，爻彖以情言，刚柔杂居，而吉凶可见矣！

八卦以形象告知象征的事物，爻辞、彖辞以变化说明万物的情意。刚爻、柔爻相互错杂于六位中，由其形象就可以看出吉凶了。

变动以利言，吉凶以情迁。是故，爱恶相攻而吉凶生，远近相取而悔吝生，情伪相感而利害生。凡《易》之情，近而不相得则凶，或害之，悔且吝。

各卦由变动而形成，在变动中说明利害。每一爻的情意都各不相同，使吉凶也随着变迁。所以，在上下两爻之间，异性相吸，同性相斥，产生爱与恶，在爱与恶的相互冲击中，产生吉与凶。在各爻的位置中，远处有"初"与"四"、"二"与"五"、"三"与"上"的"相应"与"不相应"；近处有上下相邻两爻间的爱与恶的"相比"与"不相比"；在远与近的取舍中，产生悔与吝。在上下两爻之间，情意又有真假，在是否能以真情实意相互感应中，产生利与害。大体上，《易经》的情意，如果相邻两爻不能相互亲近，就有凶险或灾害，也就会有后悔与遗憾了。亦即，近邻的"相比"比远方的"相应"重要。

将叛者，其辞惭，中心疑者其辞枝，吉人之辞寡，躁人之辞多，诬善之人其辞游，失其守者其辞屈。

爻辞的表达，依各爻的情意变化，与人的言语随情意变化的情形相同。想背叛的人，说话会有惭愧的表情；心中有疑惑的人，说话杂乱分歧；有修养的人，说话少；浮躁的人，说话多；诬蔑善良的人，说话游移不定；有失操守的人，说话含混，不能直截了当。由一个人的说话，就可以判断他当时的心态；由爻辞的表达中，也可以理解其内在的深意。

以上第十二章，先说明《易经》能够判断未来的道理，再说明卦辞、爻辞的性质，最后说明由爻辞的表达方式中可推知其内在的深意，以结束全篇。

灵光一闪 这一章，说得最精彩的是，各爻辞也像人说话一样：叛者，辞惭；疑者，辞枝；吉人，辞寡；躁人，辞多；诬善，辞游；失守，辞屈。

由以上《系辞传》的全篇来看，其论述重复，脉络也混乱，但却不难理解其中所主张的"因应变化而不变易"的大原则。

说卦传

《说卦传》，说明将八卦重叠推演成六十四卦的原理以及八卦所象征的物象。

第一章

昔者，圣人之作《易》也，幽赞于神明而生蓍。

从前，圣人制作《易经》，是为了根究幽深不明的道理，（圣人）暗中得到了神明的帮助，而产生了用蓍草占筮的方法。

参天两地而倚数。

以奇数的一代表天，偶数的二代表地，但因为天的功能包含地，所以奇数的一代表的天，包括偶数的二代表的地，成为三代表天。

卦中应用的数字，都由三天、二地的数字变化而来。如：七是少阳，八是少阴，九是老阳，六是老阴，即二与二加三成为七，三与三加二成为八，三个三成为九，三个二成为六。

观变于阴阳，而立卦；发挥于刚柔，而生爻；和顺于道德，而理于义；穷理尽性，以至于命。

观察天地阴阳的变化，效法设立了卦；发挥阳刚与阴柔的作用，产生了爻；顺应天道不违背，就是人道，依照常理临机应变，可使事物的微妙

第三章　学《易》之传

变化处理得当；穷究天下一切事物的道理，彻底发掘了解其本性，以达到一切行为无不符合天道的目的。

以上第一章，说明卦爻的制作原理与目的。

灵光一闪　其中可以明了各爻的结构来源，比如为什么要用"☰"来表示天（乾）。

第二章

昔者圣人之作《易》也，将以顺性命之理。是以，立天之道，曰阴与阳；立地之道，曰柔与刚；立人之道，曰仁与义。兼三才而两之，故《易》六画而成卦。分阴分阳，迭用柔刚，故《易》六位而成章。

从前圣人创作《易经》，是为了探究宇宙万物的本性，发掘宇宙自然法则一贯的真理。所以，将天的法则，定义为阴与阳；将地的法则，定义为柔与刚；将人的法则，定义为仁与义。阴与阳是气体，凝聚成柔与刚的形体；仁是柔和的德行，义是刚直的德行。因而，八卦兼备天、地、人三者的道理。所以，将两个三画的八卦，重叠成六画的六十四卦；将"二""四""上"与"初""三""五"画，分别成阴位与阳位；各画一再使用不同的柔爻与刚爻，以六个不同的位置，建成有条理的体系。

以上第二章，说明卦象的建立法则。

灵光一闪　它的解释更有趣。比如，阴与阳是气体，凝聚成柔与刚的形体。气体到形体是这样变化而成的。

第三章

天地定位，山泽通气，雷风相薄，水火不相射，八卦相错，数往者顺，知来者逆，是故，《易》逆数也。

乾卦象征天，坤卦象征地，天在上，地在下，先将乾、坤两卦的位置确定。艮卦象征山，兑卦象征泽，山上的水往下流成为泽，泽中的水蒸发上升为云，交互影响，使上下的空气流通。震卦象征雷，巽卦象征风，风被雷激荡使风速增大，雷被风逼迫使雷激发。坎卦象征水，离卦象征火，

393

两者性质相反，但相互为用，彼此不厌恶。天、地、山、泽、雷、风、水、火，并非隔绝孤立，而是相互影响，互通声息；八卦也不孤立，而是交互重叠成六十四卦，以象征天下万物。八卦之所以能够相互变通，是因为乾与坤、艮与兑、震与巽、坎与离，在卦形上各爻阴阳恰好相反，相互成为"错卦"，亦即"旁通"的关系。因而，天、地、雷、风等现象相互交错，使宇宙万象都包含在六十四卦中，可以用来了解过去，预知未来。了解过去，可以依发展顺序往后顺推，所以说"顺"；判断未来，是由已知逆测未知，向前倒算，所以说"逆"。

　　过去人人都知道，但预测未来，则只有依据《易》的卦爻来判断，所以说《易》是"逆数"，亦即追溯以往，推测未来。

　　后来，宋代的学者依据这一章，画了《先天八卦图》，亦称《伏羲八卦图》，也就是今天常见的八卦图，其相对的各卦，阴阳爻恰好相反。宋代的邵雍这样说明："乾南坤北，离东坎西，震东北，巽西南，兑东南，艮西北。自震至乾为顺，自巽至坤为逆。"

先天八卦图

伏羲《先天八卦图》属于先天易的范畴。先天八卦讲对待，即把八卦代表的天、地、风、雷、山、泽、水、火八类物象分为四组，以说明其阴阳对待关系。

　　宇宙的现象，周而复始，循环不已，所以，八卦图画成圆形。

　　由一至四，逆时针方向，顺序为乾、兑、离、震四卦，乾象征天，在最上方，亦即南方；由五至八，顺时针方向，顺序为巽、坎、艮、坤四卦，坤象征地，在最下方，亦即北方。相对的两卦，阴阳爻相反，彼此是错卦，序数的和是九。

以上第三章，说明八卦的形象以及将其重叠成六十四卦的道理。

灵光一闪 八个卦之间的关系有趣且深邃。

第四章

雷以动之，风以散之，雨以润之，日以煊之，艮以止之，兑以说之，乾以君之，坤以藏之。

震是阳气在阴气之下，象征雷，鼓动万物。巽是阴气进入强大的阳气下方，象征风，使万物发散。坎是内刚外柔，象征水、雨，滋润万物。离是阳气在外方，内部空虚，象征日，照耀使万物干燥温暖。艮是强大的阳气将阴气阻挡，象征山，阻止万物的行动。兑是旺盛的阳气被阴气软化的形象，使万物和悦。乾象征天，是万物的主宰。坤象征地，包藏万物。

这一章，以雷、风、雨、日四种现象开始，然后列举艮、兑、乾、坤四个卦名，这种表达方式，称作"互文"，表示这是卦，同时也是象。

第三章所说的八卦顺序是天地、山泽、雷风、水火，由最显著的形象，说到微小的形象。这一章，则以自然现象的作用为顺序，最后以八卦主体的乾、坤两卦作结束。

以上第四章，再以自然现象的作用来说明八卦。

灵光一闪 八卦来自对自然界的描摹与取象。

第五章

帝出乎震，齐乎巽，相见乎离，致役乎坤，说言乎兑，战乎乾，劳乎坎，成言乎艮。万物出乎震，震东方也。齐乎巽，巽，东南也；齐也者，言万物之絜齐也。离也者，明也，万物皆相见，南方之卦也，圣人南面而听天下，向明而治，盖取诸此也。坤也者地也，万物皆致养焉，故曰致役乎坤。兑正秋也，万物之所说也，故曰说言乎兑。战乎乾，乾西北之卦也，言阴阳相薄也。坎者水也，正北方之卦也，劳卦也，万物之所归也，故曰劳乎坎。艮东北之卦也，万物之所成，终而所成始也，故曰成言乎艮。

由"帝出乎震"到"成言乎艮"是纲目，其下文字是解释。

帝即天帝、造物主，由震卦开始，创造万物，因为震卦代表东方，太阳由东方升起，照耀万物；以季节来说，相当于春天。到巽卦使万物整齐，因为巽卦代表东南方，这时太阳已经升起，普照东南方，使万物鲜明，齐一生长；以季节来说，相当于春夏之间。离卦象征光明，日正当中时，照耀南方，使万物显明，都可以被看到，离卦代表南方；以季节来说，相当于夏天；圣人成为帝王，在北方面对南方听取天下的政务，象征面对光明，治理天下，就是取法这一卦。坤卦象征地，地养育万物，所以说，造物主将这一使命交付给地；以方位来说，代表西南；以季节来说，相当于夏秋之间。兑卦象征秋天，秋天正是结果累累，万物喜悦的季节；以方位来说，相当于西方。造物主在乾卦的时刻，发生争斗，因为乾卦代表西北方，太阳在这一方位西沉，明与暗，阴与阳，正在挣扎交替；以季节来说，相当于秋冬之间。坎卦象征水，水不停地流动，是劳苦的形象；坎卦又代表正北方，太阳在这一方向时，已经完全沉没，一片黑暗，正是万物已经劳累，回去休息的时刻；以季节来说，相当于冬天。艮卦代表东北方，在这一方位，正当黎明，黑暗即将过去，光明即将到来，到此刻，既是一天的结束，同时也是另一天的开始，所以说，万物在艮卦完成一切；以季节来说，相当于冬春之间。

宋代学者依据这一章，绘制了《后天八卦图》，亦称《文王八卦图》。《先天八卦图》按逆时针方向，依天、地、山、泽、雷、风、水、火相互交错的自然现象排列，是主体；《后天八卦图》则按顺时针方向，依方位与季节排列，是应用。

以上第五章，以方位及季节来说明八卦的象征。

灵光一闪 这一章所说的"《后天八卦图》则按顺时针方向，依方位与季节排列，是应用"这句话很重要。

后天八卦图

文王《后天八卦图》属于后天易的范畴。后天八卦讲流行，即周期环转，如水流行，用以表示阴阳的依存和互根、五行的母子相生。《后天八卦图》是从四时的推移，万物的生化、收藏得出规律的。

第六章

神也者，妙万物而为言者也。动万物者，莫疾乎雷；桡万物者，莫疾乎风；燥万物者，莫熯乎火；说万物者，莫说乎泽；润万物者，莫润乎水；终万物始万物者，莫盛乎艮。故水火相逮，雷风不相悖，山泽通气，然后能变化，既成万物也。

所谓神明，是以无形存在于有形中，使万物神妙地变化、生成。使万物鼓动，没有比雷雨更激烈的，震卦象征雷；使万物弯曲摇动，没有比风更厉害的，巽卦象征风；使万物干燥，没有比火更强烈的，离卦象征火；使万物喜悦，没有比泽更和悦的，兑卦象征泽；使万物滋润，没有比水更滋润的，坎卦象征水；使万物终结又同时重新开始，没有比艮更盛大的，艮卦象征止。这些都是神明的奇妙作用。所以，水火相互作用，雷风不相互背离，山泽气息相通，然后产生变化，使万物生成。

以上第六章，说乾、坤两卦以下的六卦，亦即"六子"的作用。乾、坤两卦是神明，所以没有特别指明。

灵光一闪 无形借物来显示有形，这个无形就是神明。你看不见神明，但看得见神明给你的结果。

第七章

乾，健也；坤，顺也；震，动也；巽，入也；坎，陷也；离，丽也；艮，止也；兑，说也。

乾卦，象征天运行不息的刚健；坤卦，象征地服从天道的顺从；震卦，由二阴的下方出现一阳，象征活动；巽卦，一阴伏在二阳的下方，象征谦逊，要进入对方的心中；坎卦，一阳陷在二阴中间，象征险陷；离卦，一阴在二阳中间，象征附丽，亦即依附；艮卦，一阳将二阴阻止，象征停止；兑卦，一阴在讨好二阳，象征喜悦。

以上第七章，说明八卦的属性。

灵光一闪 记住这段话，既可以理解八卦，又可以画八卦。

第八章

乾为马，坤为牛，震为龙，巽为鸡，坎为豕，离为雉，艮为狗，兑为羊。

乾卦的性质是刚健，象征健行的马；坤卦的性质是柔顺，象征服从的牛；震卦的性质是活动，象征飞腾的龙；巽卦的性质是号令，象征司晨的鸡；坎卦的性质是陷，象征常在泥淖中的猪；离卦的性质是附丽，象征羽毛华丽的山雉；艮卦的性质是阻止，象征守门的狗；兑卦的性质是喜悦，象征温柔的羊。

以上第八章，如《系辞传下》所说的"远取诸物"，说明八卦象征的动物。

灵光一闪 这一段话，对于占卜是很重要的。

第九章

乾为首，坤为腹，震为足，巽为股，坎为耳，离为目，艮为手，兑为口。

乾卦代表天，在上方，象征人的头；坤卦代表地，包藏万物，象征人的腹；震卦代表行动，象征人的脚；巽卦代表谦逊，象征随着脚走的大腿；坎卦外空内实，形状与耳相似，象征人的耳；离卦中空，形状像眼睛，象征人的目；艮卦代表止，手可以使物停止，象征人的手；兑卦代表悦，言语可使人喜悦，象征人的口。

以上第九章，如《系辞传下》所说的"近取诸身"，说明八卦象征的人体部位。

灵光一闪 同一个卦，远近所象征的意义是不同的。

第十章

乾天也，故称乎父，坤地也，故称乎母；震一索而得男，故谓之长男；巽一索而得女，故谓之长女；坎再索而得男，故谓之中男；离再索而得女，故谓之中女；艮三索而得男，故谓之少男；兑三索而得女，故谓之少女。

乾卦代表天，坤卦代表地，天地创生万物，所以天地相当于父母。母亲向父亲索取阳，生下男孩，最先得到一阳的震卦是长男，其次得到一阳的坎卦是中男，最后得到一阳的艮卦是少男。父亲向母亲索取阴，生下女孩，最先得到一阴的巽卦是长女，其次得到一阴的离卦是中女，最后得到一阴的兑卦是少女。

以上第十章，说明八卦象征的人伦。

灵光一闪 这是极富天才的想象，让人脑洞大开。

第十一章

乾为天、为圜、为君、为父、为玉、为金、为寒、为冰、为大赤、为良马、为老马、为瘠马、为驳马、为木果。

乾卦象征天，天是圆的。天主宰万物，相当于人的君王、父亲。天刚健，象征玉石、金属等坚硬的物质。乾卦的方位在西北，象征寒冷、结冰。乾卦是纯阳的，象征旺盛的大红色彩。良马健行，经时间变化，成为老马；因身体变化，成为瘦马、杂毛的驳马。树上的果实像天上的星星。

所以这些都用乾卦象征。

坤为地、为母、为布、为釜、为吝啬、为均、为子母牛、为大舆、为文、为众、为柄，其于地也为黑。

坤卦象征地，万物生于地，人生于母亲。坤卦性质柔和，布也柔软。坤卦属于阴，中虚能容物，相当于锅。阳大阴小，所以阳慷慨，阴吝啬。地生万物，没有偏袒，所以平均。牛也柔顺。大地载物，大车也载物。地生万物，多彩多姿，文采也富丽。地生万物，相当于群众。地操纵万物，如同柄。在地下阴暗，是黑色的。所以，这些都用坤卦象征。

震为雷、为龙、为玄黄、为旉、为大涂、为长子、为决躁、为苍筤竹、为萑苇。其于马也，为善鸣、为馵足、为作足，为的颡。其于稼也，为反生。其究为健，为蕃鲜。

震卦是动，象征雷、龙。天是黑色的，地是黄色的，震卦是乾与坤开始相交，黑色与黄色混杂，所以成为黑黄的杂色。"旉"，布施的意思；震卦初生阳，代表春天，使草木普遍吐芽生长。"大涂"即"大途"，震卦是万物开始萌芽生长的大道。震卦初得阳，所以是长子。震卦是动，行动必然要快速决断。"苍筤竹"是青翠茂盛的竹子，"萑苇"是芦荻，震卦是春天，所以草木欣欣向荣。"善鸣"是喜欢叫，"馵足"是后左蹄白色的马，"作足"是脚步快速的马，"的颡"是白额的马；以马来说，震卦是雷、动，相当于喜欢叫，脚步快，白蹄、白额，行动明显的马。"反生"是说植物先向下扎根，然后再相反地向上萌芽生长；以耕作来说，震卦是万物初生，相当于萌芽时期。总之，震卦的性质，结论是刚健、繁茂、新鲜。

巽为木、为风、为长女、为绳直、为工、为白、为长、为高、为进退、为不果、为臭。其于人也，为寡发、为广颡、为多白眼、为近利市三倍。其究为躁卦。

巽卦是卑顺，木柔软可制成各种形状。巽卦是入，风无孔不入。巽卦是乾卦"初"得阴，相当于长女。巽卦是木，制成材要用准绳，相当于工匠。巽卦是风，风无色，无远弗届，无高弗至，经常改变方向，进退不

第三章 学《易》之传

定,不果断,气味也是由风吹送来的。对人来说,巽卦是风,风吹落树叶,与人头发稀少、秃顶相似;巽卦是白色,相当于人眼白的部分多。乾卦"初"变阴成巽卦,乾卦是金玉,巽卦是进入,所以是利市三倍。总之,巽卦的性质,结论是急躁,正如同风的性质。

坎为水、为沟渎、为隐伏、为矫輮、为弓轮。其于人也,为加忧、为心病、为耳痛、为血卦、为赤。其于马也,为美脊、为亟心、为下首、为薄蹄、为曳。其于舆也,为多眚。为通、为月、为盗。其于木也,为坚多心。

坎卦是水,水在沟渠中流,水隐伏于地下。水性柔,可以任意改变形状,弯曲流动,弓与轮也是弯曲的。对人来说,坎卦是险难、隐伏、娇柔,使人担忧,因而产生心病;坎卦是耳,又成为耳病;血与水形似,血为红色,所以是血卦。对马来说,坎卦阳爻在中间,形似背部美;坎卦是险难、苦劳,马经过险难、苦劳,心中烦躁,垂头丧气,马蹄磨薄,脚步也抬不起。对车来说,经过艰难、劳苦,容易出故障。水稍有缝隙就能流通,月是水精,盗贼也形似水的隐伏。对树木来说,坎卦刚爻在中间,相当于木心坚实。

离为火、为日、为电、为中女、为甲胄、为戈兵。其于人也,为大腹。为干卦,为鳖、蟹、蠃、为蚌、为龟。其于木也,为科上槁。

离卦是火,象征太阳、闪电。离卦是乾卦的"二"生阴,相当于次女;刚爻在外面,形似甲胄;象征刀枪。对人来说,离卦中间空虚,象征人的肚子。离卦是火、日,所以是干燥的卦。鳖、蟹、螺、蚌、龟,都有坚硬的外壳,与离卦形似。对树木来说,离卦中间空虚,相当于腐朽中空、枝干枯槁的树木。

艮为山、为径路、为小石、为门阙、为果蓏、为阍寺、为指、为狗、为鼠、为黔喙之属。其于木也,为坚多节。

艮卦是山,山上有小径,多碎石,"阙"是门楼,高高在上,形似山。生长在树上的果实,称作"果",生长在地上的果实,称作"蓏"。艮卦以阳爻终结，象征果实。"阍"是守门的人，"寺"是后宫的宦官，职责都是禁止闲人闯入，艮卦有"阻止"的含意；"指"即手，手与狗也在阻止人。"黔喙"是黑色的口，指猛兽；鼠与猛兽，都牙齿锐利，与艮卦的形象相似。对树木来说，艮卦的最外方是刚爻，象征多节的树木。

兑为泽、为少女、为巫、为口舌、为毁折、为附决。其于地也，为刚卤。为妾、为羊。

兑卦阴爻在上方，形似水蓄积成泽。兑卦是乾卦最后生阴，相当于少女。兑卦是口，巫师用口祭告鬼神。兑卦阴爻在外方，所以是对外挑拨的口舌。兑卦是秋天，草木毁损折断，附在枝头的果实坠落。对地来说，泽干枯后坚硬，为盐碱地。兑卦是少女，联想到妾；温柔，形似羊。

以上第十一章，说明八卦象征的各种物象，但多半不易理解，与《易经》原文对照，也不尽符合。有的版本更多出了许多其他形象，可能是为了迁就世俗的占卜，后人添加的，并非文王、周公的原意。不过，这一章是对《易经》最古老的解释，依然是学易重要的参考。

灵光一闪 这一章，对于占卜而言极其重要。如果不读或不理解这一章，占卜的预测是不会具体、细致的。

第三章 学《易》之传

序卦传

《序卦传》解说六十四卦的序列。

有天地，然后万物生焉。盈天地之间者，唯万物，故受之以屯。屯者盈也，屯者物之始生也。物生必蒙，故受之以蒙。蒙者蒙也，物之稚也。物稚不可不养也，故受之以需。需者饮食之道也。饮食必有讼，故受之以讼。讼必有众起，故受之以师。师者众也。众必有所比，故受之以比。比者比也。比必有所畜，故受之以小畜。物畜然后有礼，故受之以履。履者礼也。履而泰，然后安，故受之以泰。泰者通也。物不可以终通，故受之以否。物不可以终否，故受之以同人。与人同者，物必归焉，故受之以大有。有大者不可以盈，故受之以谦。有大而能谦必豫，故受之以豫。豫必有随，故受之以随。以喜随人者必有事，故受之以蛊。蛊者事也。有事而后可大，故受之以临。临者大也。物大然后可观，故受之以观。可观而后有所合，故受之以噬嗑。嗑者合也。物不可以苟合而已，故受之以贲。贲者饰也。致饰然后亨则尽矣，故受之以剥。剥者剥也。物不可以终尽，剥穷上反下，故受之以复。复则不妄矣，故受之以无妄。有无妄然后可畜，故受之以大畜。物畜然后可养，故受之以颐。颐者养也。不养则不可动，故受之以大过。物不可以终过，故受之以坎。坎者陷也。陷必有所丽，故受之以离。离者丽也。

乾卦象征天，坤卦象征地；有天地，然后产生万物。充满天地间的，唯有万物，所以接着是屯卦；"屯"是"充满、万物创始"的意思。万物刚创始时，必然蒙昧，所以接着是蒙卦；"蒙"是"蒙昧、幼稚"的意思。万物幼稚，就不能不养育，所以接着是需卦；"需"讲饮食的道理。饮食必然引起诉讼，所以接着是讼卦。争讼必然成群结队而来，所以接着是师卦；"师"是"众"的意思。众必然相互亲近，所以接着是比卦；"比"是"亲近"的意思。亲爱互助，必然有蓄积，所以接着是小畜卦。"畜"与"蓄"同。物资有了积蓄，然后就要以礼仪节制，所以接着是履卦。"履"与"礼"义相同。有了礼义，然后就会安泰，所以接着是泰卦；"泰"是"通畅"的意思。但万物不可能始终通畅，所以接着是否卦。"否"是"坏、阻塞"的意思。万物不可能始终阻塞，所以接着是同人卦。能够与人和谐共处，万物必然来归顺，所以接着是大有卦。有大事业的人，不可以自满，所以接着是谦卦。有大事业而且谦逊的人，就不会过与不及，必然安乐，所以接着是豫卦。能够使民众安乐的人，民众必然都来追随他，所以接着是随卦。喜悦地追随他人，就会沉溺于安乐，必然发生事端，所以接着是蛊卦；"蛊"是"腐败、发生事端"的意思。发生事端，然后才能创造大事业，所以接着是临卦；临是君临，以大统治小，是"大"的意思。大了以后，就具备观摩的条件，所以接着是观卦。具备观摩的条件，就会使人仰慕，然后和同，所以接着是噬嗑卦；"嗑"是"合"的意思。但万物不可以苟且地和同，所以接着是贲卦；"贲"是"文饰"的意思。但过分文饰，就失去真实，产生弊端，亨通就到了尽头，所以接着是剥卦；"剥"是"剥落"的意思。万物不可以始终剥落，剥落到极点，又由上返回到下，所以接着是复卦。重新回复到真实，就不会虚妄，所以接着是无妄卦。有了不虚妄的觉悟，然后就可以大量积蓄，所以接着是大畜卦。物资蓄积以后，就可以养育，所以接着是颐卦；"颐"是"养"的意思。不养育就不能行动，所以接着是大过卦。万物不可以始终过度，所以接着是坎卦；"坎"是"陷"的意思。物陷落，必然就要攀附，所以接着是离卦；"离"是"丽"，亦即"附丽、攀附"的意思。

有天地，然后有万物；有万物，然后有男女；有男女，然后有夫妇；有夫妇，然后有父子；有父子，然后有君臣；有君臣，然后有上下；有上

第三章 学《易》之传

下，然后礼仪有所错。夫妇之道，不可以不久也，故受之以恒。恒者久也。物不可以久居其所，故受之以遁。遁者退也。物不可以终遁，故受之以大壮。物不可以终壮，故受之以晋。晋者进也。进必有所伤，故受之以明夷。夷者伤也。伤于外者，必反于家，故受之以家人。家道穷必乖，故受之以睽。睽者乖也。乖必有难，故受之以蹇。蹇者难也。物不可以终难，故受之以解。解者缓也。缓必有所失，故受之以损。损而不已必益，故受之以益。益而不已必决，故受之以夬。夬者决也。决必有遇，故受之以姤。姤者遇也。物相遇而后聚，故受之以萃。萃者聚也。聚而上者谓之升，故受之以升。升而不已必困，故受之以困。困乎上者必反下，故受之以井。井道不可不革，故受之以革。革物者莫若鼎，故受之以鼎。主器者莫若长子，故受之以震。震者动也。物不可以终动，止之，故受之以艮。艮者止也。物不可以终止，故受之以渐。渐者进也。进必有所归，故受之以归妹。得其所归者必大，故受之以丰。丰者大也。穷大者必失其居，故受之以旅。旅而无所容，故受之以巽。巽者入也。入而后说之，故受之以兑。兑者说也。说而后散之，故受之以涣。涣者离也。物不可以终离，故受之以节。节而信之，故受之以中孚。有其信者必行之，故受之以小过。有过物者必济，故受之以既济。物不可穷也，故受之以未济，终焉。

这一节，是下经序列的说明，但上经最后的离卦与下经开始的咸卦的关系，却没有说明。

上经由天道开始，下经则由人伦开始。

有了天地，然后才有万物；有了万物，然后分出雌雄，在人称作男女；有了男女，然后才有夫妻，咸卦象征夫妻。有了夫妻，然后才有父子；有了父子，然后人类社会才仿效父子关系，建立了君臣体制；有了君臣体制，然后才分出上下的等级名分；有了上下的等级名分，然后才能建立并实施礼义。夫妇的关系，不可以不长久，所以在咸卦之后，接着是恒卦；"恒"是"久"的意思。万物不可能长久保持原状，不发生变化，所以接着是遁卦；"遁"是"退避"的意思。物不可以始终退避，所以接着是大壮卦；"壮"是"兴盛"，"大壮"即"大的兴盛、壮大"的意思。物不可以始终壮大，所以接着是晋卦；"晋"是"前进"的意思。前进必然

易经今解：释疑·解惑·见微

受到伤害，所以接着是明夷卦；"夷"即"痍"，"创伤"的意思。在外面受到创伤，必然返回家中，所以接着是家人卦。当家走到穷途末路时，行为必然发生乖违现象，所以接着是睽卦；"睽"是"乖违"的意思。乖违，必然有灾难，所以接着是蹇卦；"蹇"是"灾难"的意思。万物不可以始终有灾难，所以接着是解卦；"解"是"解除、缓和"的意思。缓和必然有损失，所以接着是损卦。不停地损失，到不能再损失时，必然就会增益，所以接着是益卦。不停地增益，必然会决溃，所以接着是夬卦；"夬"是"溃决"的意思。溃决之后，必然会有遭遇，所以接着是姤卦，"姤"即"逅、邂逅、不期而遇"的意思。万物相遇之后，就会聚集，所以接着是萃卦；"萃"是"丛生、聚集"的意思。聚集，就会逐渐升高，所以接着是升卦。不停地升，必然就会遭遇进退不得的困境，所以接着是困卦。遭遇上升的困难，必然返回下方，所以接着是井卦。井的使用原则，不经常淘清就会混浊，需要革新，所以接着是革卦。使物革新，莫过于鼎，鼎用来煮食物，可以完全改变食物的性质，所以接着是鼎卦。鼎是祭器，祭祖先是长子的责任，所以接着是震卦，震卦象征长子；"震"是"动"的意思。万物不可以始终在动，必须使其止息，所以接着是艮卦；"艮"是"止"的意思。但万物不可能始终止息，所以接着是渐卦；"渐"是"渐进"的意思。前进必然就有归宿，所以接着是归妹卦。得到良好的归宿，必然强大，所以接着是丰卦；"丰"是"盛大"的意思。盛大到极点，必然不安于原来的位置，所以接着是旅卦。旅行找不到容身的地方，就要设法进入，所以接着是巽卦；"巽"是"进入"的意思。进入之后，就会喜悦，所以接着是兑卦；"兑"是"喜悦"的意思。喜悦，就会使人的闷气涣散，所以接着是涣卦；"涣"是"离散"的意思。万物不可以始终离散，所以接着是节卦。节制就能使人相信，所以接着是中孚卦；"孚"即"信"的意思。有信用的人，必定能够履行职责，所以接着是小过卦；"过"即"超越"的意思。能够超越常情，才足以成大事，所以接着是既济卦。但万物不可能有穷尽，所以接着是未济卦，《易经》也到此终止，以象征天道的循环不已、人事的无穷无尽。

灵光一闪 这里说明卦的顺序以及它们之间的关系。

第三章 学《易》之传

杂卦传

《杂卦传》是将六十四卦，以性格相反的综卦（反卦）或性格交错的错卦（旁通卦），两卦并列，简明扼要地进行解释。其解释含意深远，可以说，讲明了各卦的精义。因为不依照《序卦传》的次序，故称作《杂卦传》。

乾刚坤柔，比乐师忧。

乾卦与坤卦，是阴阳爻相反的错卦。乾卦全部是阳爻，所以刚健；坤卦全部是阴爻，所以柔顺。

比卦与师卦，是上下爻相反的综卦。"比"是亲近，所以"乐"；"师"是战争，所以"忧"。

临、观之义，或与或求。

临卦与观卦是综卦。"临"是由上临下，所以是给予；"观"是由下观上，所以是有所求。

屯见而不失其居，蒙杂而著。

屯卦与蒙卦是综卦。屯卦是崭露头角的时期，所以，虽已显现，仍然艰难，但不会失去安身的场所；蒙卦是启蒙，启发愚昧，必然繁杂，但效果显著。

震起也，艮止也；损、益盛衰之始也。

震卦与艮卦是综卦。震卦是由阳爻开始，所以说起始；艮卦是以阳爻终止，所以说终止。

损卦与益卦是综卦。损极而益，所以兴盛；益极而损，所以衰败。损卦与益卦，各是兴盛与衰败的开始。

大畜时也，无妄灾也。

大畜卦与无妄卦是综卦。大量蓄积，但仍然要适当调节，所以，把握时机最重要；"无妄"是不虚伪，虽然是福，但也会是灾害。

萃聚而升不来也，谦轻而豫怠也。

萃卦与升卦是综卦。"萃"是聚集；升是只想到上升，就下不来了。

谦卦与豫卦是综卦。过于谦卑是看轻自己；而过于沉溺于欢乐中就会懈怠。

噬嗑食也，贲无色也。

噬嗑卦与贲卦是综卦。"噬嗑"是咬合，所以有"食"的含意；"贲"是修饰，但不可掩饰本质，所以说无色。

兑见，而巽伏也。

兑卦与巽卦是综卦，兑卦的阴爻在最上方，所以说显现；巽卦的阴爻在最下方，所以说隐伏。

随无故也，蛊则饬也。

随卦与蛊卦是综卦，也是错卦。"随"是无缘无故地追随，并无一定的目的；"蛊"则是将事物加以整饬，有一定的目的。

剥烂也，复反也。

剥卦与复卦是综卦。"剥"是剥落，果实剥落则腐烂；"复"是返回，果实剥落到地上，又重新萌芽生长。

第三章 学《易》之传

晋昼也，明夷诛也。

晋卦与明夷卦是综卦。晋卦的上卦离是日，下卦坤是地，太阳在地上，所以是白昼；明夷卦恰好相反，太阳在地下，所以是光明被消灭。

井通，而困相遇也。

井卦与困卦是综卦。井水汲取不尽，所以通畅；困卦的下卦是阳卦，被上卦的阴卦遮蔽，九二的阳爻又被围困在险坎中，所以说，阴阳相遇，发生困难。

咸速也，恒久也。

咸卦与恒卦是综卦。"咸"是感应，在一瞬之间相互沟通，所以说速；"恒"是恒常，恒常就能久。

涣离也，节止也；解缓也，蹇难也；睽外也，家人内也；否泰反其类也。

涣卦与节卦是综卦。"涣"是"涣散、离"的意思；"节"是"节制，止"的意思。

解卦与蹇卦是综卦。"解"是排解困难，所以缓和；"蹇"是"艰难"的意思。

睽卦与家人卦是综卦。"睽"是"违、离别在外"的意思；"家人"则相聚在内。

否卦与泰卦是综卦，也是错卦。上下卦都是同类的阴爻或阳爻，但彼此上下相反。"否"是阻塞；"泰"是畅通。

大壮则止，遁则退也。

大壮卦与遁卦是综卦。在壮大的时候，就应当知道适可而止；"遁"是"逃避、返"的意思。

大有众也，同人亲也，革去故也，鼎取新也，小过过也，中孚信也，丰多故也，亲寡旅也。

大有卦与同人卦是综卦。大有卦，柔爻在九五君位得中，有"怀柔得众"的含意；同人卦，柔爻在下卦九二得中，是"朋友相亲"的意思。

革卦与鼎卦是综卦。"革"是革新，所以去旧；"鼎"用来煮食物，所以，不断地取新的。

小过卦与中孚卦是错卦。小过卦，阴多阳少，所以过度；中孚卦，中心空虚，所以诚信。

丰卦与旅卦是综卦。"丰"是丰盛，丰盛到极点就会多事；"旅"是旅行在外，所以亲友少。

最后一句，为了押韵，是倒装句。

离上而坎下也，小畜寡也，履不处也，需不进也，讼不亲也。

离卦与坎卦是错卦。离卦是火，火焰向上；坎卦是水，水往下流。

小畜卦与履卦是综卦。小畜卦，以一阴得正，但畜养众阳，力有不足，所以寡；履卦只有一阴，阴爻阳位不正，所以不安，要出走。

需卦与讼卦是综卦。需卦的上卦是险，前面有险，所以不前进；讼卦是天与水，水下落，所以彼此不亲。

大过颠也。姤遇也，柔遇刚也。渐女归，待男行也。颐养正也。既济定也。归妹女之终也。未济男之穷也。夬决也，刚决柔也。君子道长，小人道忧也。

最后这一节，并不以相综或相错的两卦并列解释，可能是错简。有的学者认为应改正为：大过颠也，颐养正也。既济定也，未济男之穷也。归妹女之终也；渐女归，待男行也。姤遇也，柔过刚也；夬决也，刚决柔也，君子道长，小人道忧也。

大过卦，上下都是柔爻，象征栋梁的根部与上端软弱，房屋将要倾倒。

姤卦，一个阴爻遇到五个阳爻，象征淫奔。

渐卦，渐进，象征女儿等待男人出嫁。

颐卦，口，象征养，目的正当。

既济卦，六爻的位置全部都正当，象征安定。

归妹卦，出嫁，象征女人有了归宿。

未济卦，三个阳爻都在阴位不正，象征男人穷途末路。

夬卦，一阴五阳，阳将阴决断，象征君子的处世原则得以伸张，小人的处世原则就有苦恼了。

附 录

易学人物

附 录 易学人物

孟 喜

孟喜（约前 90—前 40），字长卿，汉昭、宣帝之时东海兰陵（今山东苍山西南）人。其父孟卿善治《礼》《春秋》，后世所传《后氏礼》《疏氏春秋》皆出自孟卿。

孟喜为汉代第一位易学家田何的再传弟子。他自称得师田王孙之真传，"师田生且死时，枕喜膝，独传喜"（《汉书·儒林传》）。其实，这是孟喜为了假借其老师声望抬高自己在当时的地位而编造的故事。然而，孟喜学有师法，这是事实。他不是田何的正宗传人，而是一位叛离儒家师门、敢于接受异端邪说的易学家。孟氏易才列于学官，与施仇、梁丘贺并称汉初三大家。清人马国翰《玉函山房辑佚书》有《孟氏章句》一卷。今天我们研究孟喜的易学思想，主要凭借唐代僧一行的《卦议》所引孟喜之思想。

焦 赣

焦赣，字延寿，西汉梁（今河南商丘南）人。家贫贱，因好学而得到梁敬王资助。学成之后，为郡吏察举，补小黄（西汉陈留郡之属县，今河南兰考附近）令。任职期间，常先知奸邪，而使为盗者不敢轻举妄动。后因"爱养吏民，化行县中"，被举荐，升迁外地为官。

焦氏的易学著作有《易林》《易林变占》。《隋书·经籍志》载有焦氏撰《易林》十六卷、《易林变占》十六卷。《旧唐书·经籍志》载有焦氏《易林》十六卷，《新唐书·艺文志》《宋史·艺文志》亦有著录。今存焦氏著作有《易林》。

京 房

西汉两位京房，于易学皆有所研究。

一位受学于杨何，官至太中大夫、齐郡太守。其学传梁丘贺，《汉书·儒林传》云："梁丘贺，字长翁。"

另一位是西汉人今文易、京氏之学创始人。这里所言的是后者。

京房（前 77—前 37），字君明，东郡顿丘（今河南清丰西南）人。本姓李，好音律，推律自定为京氏。元帝时立为博士，官至魏郡太守。屡次上疏，以卦气、阴阳灾异推论时政，后因劾奏中书令石显专权，为石氏所忌恨，被捕下狱处死。死时年四十一。

郑 玄

郑玄（127—200），字康成，北海高密（今属山东）人。世称"后郑"，以别于郑兴、郑众父子。他一生博学多师，兼通今古文："师事京兆第五元先，始通《京氏易》《公羊春秋》《三统历》《九章算术》。又从东郡张恭祖受《周官》《礼记》《左氏春秋》《韩诗》《古文尚书》。以山东无足问者，乃西入关，因涿郡卢植，事扶风马融。"（《后汉书·郑玄列传》）在外游学十余年，后回乡里聚徒讲学，其门生"相随已数百千人"。后因政治上反对宦官专权而被禁锢。自此，他闭门不出，潜心著述，通过注释、研究诸经和当时流传下来的历史文献，创立了郑学。

其易学著作主要有《周易注》《易赞》《易论》《易纬注》，现存的有《易纬注》，其余佚失。

荀 爽

荀爽（128—190），一名谞，字慈明，东汉颍川颍阴（今河南许昌）人。幼而好学，年十二能通《春秋》《论语》。时人称："荀氏八龙，慈明无双。"延熹九年拜郎中。献帝即位，就任平原相，后晋升司空。政治上，因反对宦官专权而遭党锢，后又参与谋除董卓之乱。

其一生对经学皆有著述。据《后汉书·荀爽传》记载，"著《礼》《易传》《诗传》《尚书正经》《春秋条例》，又集汉事成败可为鉴戒者，谓之《汉语》，又作《公羊问》及《辩谶》，并它所论述，题为《新书》。凡百余篇，今多所亡缺"。

虞 翻

虞翻（164—232），字仲翔，汉末三国时会稽余姚（今属浙江）人。少而好学，有高气。最初，为会稽太守王朗之功曹。孙策征会稽，王朗败绩，虞氏归孙策。孙策复命为功曹，待以交友之礼。自此，他追随孙策左右，驰骋疆场。后州举茂才，汉召为侍御史，因司空曹操举荐而不就。孙策死后，其弟孙权主事，以其为骑都尉。

虞氏一生虽处乱世，亲自参与了三国争霸的战争，但于学问孜孜以求，从未间断。特别是晚年在交州期间，讲学不倦，门生常数百人。

虞氏于《周易》造诣最深。这主要得之于其世代家传之易学和他本人处战习《易》而不辍，博览众家之易说。

虞氏精通筮法，能够灵活自如地运用《周易》进行占断。据《三国志·吴书·虞翻传》载，他曾为关羽筮，"得兑下坎上，节。五爻变之临"。他说："不出二日，必当断头。"果然如此。孙权曾称赞他："不及伏羲，可与东方朔为比矣。"裴松之引《虞翻别传》云虞翻放弃南方，"依《易》设象，以占吉凶"。可见，虞氏擅长运用《周易》进行预测。

虞氏的易学代表著作为《易注》。据虞氏本传称，此书作成后，曾示于少府孔融等人，且得到了孔融的称赞。

陆　绩

陆绩（187—219），字公纪，三国时吴郡吴县（今属江苏苏州）人。出身官宦世家。

《三国志·陆绩传》说他一生博学多识，星历算数无不该览。他与当时名士交往甚密，"虞翻旧齿名盛，庞统荆州令士，年亦差长，皆与绩友善"（同上）。在孙权执政时，"辟为奏曹掾，以直道见惮，出为郁林（今广西玉林）太守，加偏将军，给兵二千人"。

他有躄疾，又志在儒雅，故虽有军务，却著述不废，以"学善政，见称当时"（《后汉书·陆康列传》）。自知亡日，仍作辞自悼，死时三十二岁。

一生撰写了不少著作，据《三国志·吴书》记载，曾作《浑天图》，注《易》及《太平经》。

姚　信

姚信，《三国志》《晋书》未列其传。其生平事迹散见于史传和其他文献中。陆德明《经典释文》云："姚信，字德佑。"阮孝绪《七录》称："字元直，吴兴人，吴太常卿。"他与三国时陆绩、陆逊有亲戚关系。姚信师从钱唐范平，研究《坟》《索》。姚信生卒年代，因《三国志》未列传，故亦无法考订出其准确时间。

姚信易学著作有《周易注》。

翟 元

翟元（玄），史志无传，生平不详。唐陆德明《经典释文》曾提到"翟子玄"，言《荀爽九家集注》"其序有荀爽、京房、马融、郑玄、宋衷、虞翻、陆绩、姚信、翟子玄，子玄不详何人，为《易义》"。唐李鼎祚《周易集解》辑有《翟元易注》。

《翟玄易注》早已佚失。

蜀 才

蜀才，史传无考，年籍未详。

《周易》十卷，蜀才注。《宋史·艺文志》已不著录其书，恐已佚失。

干 宝

干宝，字令升，东晋新蔡（今河南新蔡）人。祖父干统，三国时为吴奋武将军，父干莹为丹阳丞。干宝少勤学，博览群记，以才器召为佐著作郎，又因平定杜弢之乱有功，赐爵关内侯。

干宝于易学造诣极深，《晋书》明言其注《周易》。另外，根据其他典籍记载，干宝还撰有《易音》《毛诗音》《周官礼注》《答周官驳难》《周官音》《后养议》《春秋左氏函传义》《春秋序论》《正音》《立言》等。

卢 氏

卢氏，不详为何人，清儒马国翰据《魏书·卢景裕传》将卢氏视为卢景裕。

卢景裕，字仲孺，小字白头。北魏范阳涿县（今河北涿州）人。幼而敏，专经为学，性清静，淡泊名利。其叔父职居显要，而卢氏隐居大宁山，止于园舍，情均郊野，谦恭守道，贞素自得，故号为居士。官至中书郎和国子博士。东魏相高欢闻其经明行著，驿马特征，使教诸子。

卢氏以易学而闻名当时。"其说易爻用升降，与蜀才略相似，大抵宗荀氏之学者。"据史志记载，其易学著作为《周易注》。

根据卢氏散见于《周易集解》中的易注，其象数易学特征非常突出，特别表现在他对卦变的运用上，完全合荀、虞之法。

何 妥

何妥，字栖凤，西城（城，又作域）人。其父通商入蜀，遂家居郫县（今四川成都平原中部），事奉梁武陵王纪，主知金帛，因致巨富，号为西州大贾。他少机警，八岁游国子学。十七岁以使巧事湘东王。后知其聪明，召为诵书。当时他与肖眘齐名，时人称"世有两俊，白杨何妥，青杨肖眘"。西魏灭梁，何妥入后周，仕为太学博士，封为襄城县男。至隋统一中国，文帝受禅，升国子博士，加通直散骑常侍，晋爵为公。

何妥一生著述很多，曾"撰《周易讲疏》三卷（《隋书·何妥传》及《经籍志》并作"十三卷"，此"三"上当脱"十"字）、《孝经义疏》二卷、《庄子义疏》四卷，与沈重等撰《三十六科鬼神感应等大义》九卷、《封禅书》一卷、《乐要》一卷、《文集》十卷，并行于世"。

但《周易正义》中所引"何氏"是否即何妥？何晏、何胤皆有易注，孔氏未明指其人。

崔 憬

崔憬，史传不载，生平不详。

唐李鼎祚《周易集解》多引其注，并对他的某些注有评论，故知崔氏生活在李氏之前。而其易注又引唐孔颖达《周易正义》，知他当生活在孔氏之后，即大约生活在唐朝李鼎祚之前、孔颖达之后。清人马国翰等人曾就其生平做过说明。

侯 果

侯果，见于李鼎祚《周易集解》，其生平不详。

据清人马国翰考证，侯果即侯行果。马氏云："果名于史志无考，惟《新唐书·儒学列传·褚无量传》云：'始，无量与马怀素为侍读，后秘书少监康子元、国子博士侯行果亦践其选。'意侯行果即侯果，唐人多以字行，果名而行其字也。"（《玉函山房辑佚书》）关于侯行果，《新唐书》有记载，该书《儒学下·侯行果传》云："行果者，上谷人，历国子司业，侍皇太子读。卒，赠庆王傅。"

侯果的著作已失。其易注主要散见于李鼎祚《周易集解》中。清儒马国翰据李氏《周易集解》所引易注，辑《周易侯氏注》三卷，收入《玉函山房辑佚书》中。

侯氏易学除了主象数易学外，还有义理之倾向。

他的象数易学在易学史上，尤其是在唐代占有重要地位。

李鼎祚

李鼎祚，资州盘石（今四川资中）人。生活在唐朝中后期，经历唐玄宗、肃宗、代宗三代。

从他献策讨伐安禄山看，他大约出生在天宝元年前后，甚至还可以往前一些。

政治上，李氏积极为统治者献计献策。安史之乱，他进《平胡论》，为讨伐安禄山等人出谋划策。为了加强对少数民族地区统治，防止叛乱，又上奏在泸、晋、渝、合、资、荣等六州界险要之地置昌州。

他勤于读书，精于经学，尤通象数易学，擅筮占。李氏兄弟曾读书于资州东四明山，后人曾名其读书地为"读书台"。《蜀故》言他"以经学称于时"（卷十二）。在代宗登极后，他将撰成的《周易集解》献于朝。同时，他曾推演六壬五行，撰成《连珠明镜式经》十卷，说明他对象数易学及术数理论颇有研究。据《蜀故》记载，他"预察胡人判亡之日期无爽毫发，象数精深，盖如此然"（卷十二）。他由此被召拜为左拾遗。

他官至左拾遗、秘书省著作郎、殿中侍御史。这些官职皆随当时其政绩而授。如进《平胡论》，因其所言有验，而被召为左拾遗。建议设昌州，又充内供奉。撰《连珠明镜式经》《周易集解》献于朝，而为秘书省著作郎和殿中侍御史。

李鼎祚在当地德高望重，为当地民众所推崇，他死后，资州立四贤堂，"在郡治绘王褒、范崇凯、李鼎祚、董钧像"（《舆地纪胜·资州景物下·四贤堂》注）以祀之。

陈 抟

陈抟（871—989），字图南，亳州真源（今安徽亳县）人，或谓西蜀崇龛（今四川安岳）人。少年好学，"及长，读经史百家之言，一见成诵，悉无遗忘"（《宋史·隐士传上》）。后唐长兴年间，举进士不第，遂不求禄仕，以山水为乐，过着隐居的生活。先在武当山九石岩，服气辟谷二十余年，后移居华山云台观，又止少华石室，"每寝处，多百余日不起"（同上）。周世宗闻其名，召见命为谏议大夫，他辞而不受。北宋太平兴国时期，太宗待之甚厚，曾三次派遣使者前往华山宣诏陈抟进京，陈抟前两次皆撰答诏诗以辞之。第三次"太宗召之，以羽服见于延英殿，甚礼重之，赐号'希夷先生'"。

陈抟一生于《老》《易》皆有建树。

陈抟著述很多，据《宋史·陈抟传》载，有《指玄篇》八十一章，又作《三峰寓言》及《高阳集》《钓潭集》及诗六百余篇。又据郑樵《通志·艺文略》著录，陈抟著有《赤松子八诫录》一卷，《指玄篇》一卷，《九室指玄篇》一卷，《人伦风鉴》一卷。《宋史·艺文志》有《龙图易》一卷，《宋文鉴》有《龙图序》一文。今除了《龙图序》文，其他皆佚失。

李之才

李之才（？—1045），字挺之，青州（今山东青州）人。其性朴率直信，不肆不窘，倜傥不群。天圣八年举进士，初为孟州司户参军共城令，后升殿中丞金书泽州判官。他"能为古文章"，有大才却"安于卑位，无仕进意"，人推荐其升迁，而不能"决其归心"。

学术上，事从河南穆修。穆修（979—1032），字伯长，汶阳（今山东汶上）人，官至颍州文学参军等职，师陈抟而传《易》。

李之才的易学已失传，今能见的是保留在朱震《汉上易传》、黄宗羲《易学象数论》、胡渭《易图明辨》等书中的卦变图。因这种卦变图是讲卦与卦之间关系的，而这种卦与卦之间的关系是通过卦象变化而表现出来的，故李氏卦变图被称为"象学"。李之才的卦变图包括两个图：一是《卦变反对图》，一是《六十四卦相生图》。

刘 牧

刘牧（1011—1064），字先子，号长民，临安（今浙江杭州）人，后因祖父刘彦琛为吴越王将，"有功刺衢州，葬在西安"（王安石《刘君墓志铭》，见《王文公文集》卷九五），故又为西安（今浙江衢州）人。

他"少则明敏，年十六求举进士不中"（同上），故买书闭门读之，再考而为举首，调任衢州军事推官。后在范仲淹、富弼等推举下，曾任兖州（今山东兖州）观察推官、大理寺丞、广南西路（今广西桂林）转运判官、湖北路（今湖北）转运判官、尚书屯田郎中等职。

刘牧一生，治盗贼，平叛乱，政绩显著。

《宋史·朱震传》云："陈抟以先天图传种放，放传穆修，修传李之才，之才传邵雍。放以《河图》《洛书》传李溉，溉传许坚，坚传范谔昌，谔昌传刘牧。"从以上记载看，刘牧易学渊源师承分明，当来自道家。

清朱彝尊《经义考》载其易学著作有：《卦德通论》一卷（《绍兴书目》作《统论》）、新注《周易》十一卷（《绍兴书目》作十卷）、《周易先儒遗论九事》一卷、《易数钩隐图》一卷（《读书志》《绍兴书目》作三卷）。其门人"秘（吴秘）上其书于朝，黎献（黄黎献）序之"（《宋元学案》卷二）。其易注今不传，而《易数钩隐图》保存在《道藏·洞真部·灵图类》中。其生平事迹主要见于王安石撰写的《刘君墓志铭》、黄宗羲的《宋元学案》、陆心源的《宋史翼》。

周敦颐

周敦颐（1017—1073），原名敦实，字茂叔，因避宋英宗旧讳改。道州营道（今湖南道县）人。谥元，称"元公"。曾筑书堂于庐山莲花峰下，堂前有溪，洁清绀寒，遂名"濂溪书堂"，晚年退居书堂讲学，世称"濂溪先生",其学被称为"濂学"。

其官位不高,曾历任县主簿、县令、州判官、州通判、知州军等官职,多从事刑狱工作。据有关史料记载,他在处理刑狱时,尽心尽职,公平合理,果断不疑。他为分宁县主簿时,能"一讯立辨"难决之疑狱。提点广南东路刑狱,务在矜恕,得罪者自以不冤。潘兴嗣作《墓志》,称其"为治精密严恕,务尽道理"(《周子全书》卷二十)。蒲宗孟作《墓碣》则云:"屠奸剪弊,如快刀健斧,落手无留。"

周敦颐其学源于道家。然而,他并不是一个道家学者,而是一个新式的儒家代表人物,即杂糅儒道,将道家思想融入儒家之中,尤其是以《周易》为框架,兼取道家炼丹理论和儒家《孟子》《中庸》的思想,融旧铸新,建立了以诚为核心的思想体系。

宋人黄庭坚曾对其人品给予很高评价:"舂陵周茂叔人品甚高,胸中洒落,如与风霁月。"(《濂溪词并序》,《周子全书》卷十九)朱熹也明言:"濂溪在当时,人见其政事精绝,则以为宦业过人。见其有山林之志,则以为襟袖洒落,有仙风道气。无有知其学者,惟程太中独知之。"(《周子遗事》,《周子全书》卷十八)

周敦颐改造儒家,建立一个全新的体系,主要表现在他的《太极图》的绘制上。《太极图》是其思想的精髓,集中体现了他的易学观及儒家的价值理想趋向,而其他著作皆是训释和阐发《太极图》之义的。

邵　雍

邵雍(1011—1077),字尧夫,谥康节。祖籍范阳(今属河北),后移衡漳(今河北南部),少时随父邵古迁共城(今河南辉县),晚年定居洛阳。其父死于伊川,又称为伊川人。

少时刻苦自学,博览群书。史称:"自雄其才,慷慨欲树功名。于书无所不读,始为学,即坚苦刻厉,寒不炉,暑不扇,夜不就席者数年。"(《宋史·道学传》)共城令李之才闻其好学,授其物理、性命之学。

其人品极高,"德气粹然,望之知其贤,然不事表襮,不设防畛,群居燕笑终日,不为甚异。与人言,乐道其善而隐其恶。有就问学则答之,未尝强以语人"(同上)。具有儒者大家之风范,在当时影响很大,"故贤者悦其德，不贤者服其化，一时洛中人才特盛，而忠厚之风闻天下"（同上）。他成为时人的楷模，受人尊敬。

他一生不求功名，过着隐逸的生活。

他勤于著书，著有《皇极经世》《观物内外篇》《渔樵问对》《伊川击壤集》等书。其思想渊源于陈抟道家思想，已成为定论，众家皆有论述。

值得说明的是，邵子之学虽有渊源，但更多的是他自己的体悟。

邵氏易学的价值不在于对传统象数易学的继承，而在于在继承传统象数易学的基础上，对易学所进行的精心的改造和创新。

朱 震

朱震（1072—1138），字子发，荆门军（今属湖北）人。生活在北宋末南宋初。靖康年间金兵入汴时，他已五十五岁。史料记载，他的活动主要在南宋。朱震曾于徽宗政和五年登进士第，担任过州县官。这就是《宋元学案》所谓的"登政和进士第，累仕州县"。

绍兴六年（1136），朱震把自己所著的《周易集传》九卷、《周易图》三卷及《周易丛说》一卷，共十三卷进献给高宗皇帝，并撰写了《进周易表》。这些书后人合之称为《汉上易传》。

朱 熹

朱熹（1130—1200），字符晦，一字仲晦，号晦庵，晦翁，别号紫阳，祖籍徽州婺源（今属江西），生于南剑州尤溪（今属福建）。父朱松，官至吏部郎，师从罗从彦（二程弟子杨时的学生），为程门三传弟子。因政治上与秦桧不和，出任尤溪县尉，后辞官隐退。朱熹十四岁，父去世，遵父遗命，他从学于父友胡原仲、刘致中、刘彦冲。后刘致中以女许嫁朱熹。

两宋时期，学术上造诣最深、影响最大的是朱熹。他总结了以往的思想，尤其是宋代理学思想，建立了庞大的理学体系，成为宋代理学之集大成者，其功绩为后世所称道。朱熹死后，被谥为"文公"，赠宝谟阁直学士，又追封徽国公等。其思想被尊奉为官学，其本身则与孔子圣人并提，称为"朱子"。

朱熹撰《周易本义》，列河洛、先天图于卷首，又与弟子蔡氏父子（蔡元定、蔡沈）编撰《易学启蒙》，诠释河洛、先天之学，后世皆以此立言，阐发朱子的河洛、先天思想。从这个意义上讲，朱熹真正确立了河洛之学和先天之学在学界的地位而为后世大多数易学家所认可。

蔡元定

蔡元定（1135—1198），字季通，建州建阳（今属福建）人。早年从父蔡发授程氏《语录》、邵氏《经世》、张氏《正蒙》。后闻朱熹之名而师从之。因其博学，与朱熹对榻讲论诸经奥义，每至夜分。朱熹并未视其为门生，"此吾老友也，不当在弟子之列"（《宋史·蔡元定传》），尤袤、杨万里曾推荐为官，他以有病而推辞，故登西山筑室，发奋读书，学者称为"西山先生"。

撰有《大衍详说》《律吕新书》《燕乐》《原辨》《皇极经世指要》《太玄潜虚指要》《洪范解》《八阵图说》及与人合著的《易学启蒙》等，其中《皇极经世指要》《大衍详说》《易学启蒙》是易学著作。蔡元定的河洛思想主要见于《易学启蒙》，如前所言，《易学启蒙》是朱熹和蔡元定父子合作撰定的，由蔡氏起稿。其书代表了朱子和蔡氏父子的观点。蔡氏主张伏羲先天图与六日七分说相合，因朱子极力反对而未被采纳。蔡氏研究邵氏易另一个成果是他的《皇极经世指要》。该书以《易》解说邵氏之学，皆得其要，在某些方面远远超过了邵伯温的注释，故而成为学者学邵氏易必读之书。

朱元升

朱元升，字日华，号水檐，南宋桂阳军平阳（今属湖南）人。登右科，官至建宁松溪政和县巡检。《宋元学案·张祝诸学案》中列"邵学之余"，有其学案，并视为邵氏之学传人。其著作有：《三易备遗》十卷，初稿成于咸淳六年（1270），后由其子朱仁立定稿。咸淳八年（1272）由两浙提刑家铉翁表进之于朝。另有《邵易略例》，今不传。

朱氏的易学思想主要见于《三易备遗》。

俞 琰

俞琰（1253—1316），字玉吾，吴郡（今属江苏）人。生活在宋元之际，宋亡，隐居林屋山著书立说，故自号"林屋山人"。因所居旁有一石涧，学者称"石涧先生"。始学儒家，是儒家学者。

其易学著作有：《周易集说》四十卷，《读易举要》四卷，《易图纂要》二卷，《易古占法》一卷，《易外别传》一卷，《大易会要》一百三十卷，以及《易经考证》《易传考证》《读易须知》《六十四卦图》《卦爻象占分类》《易图合璧连珠》等书。所著之书大部分佚失。据朱彝尊考证，尚存者有《周易集说》《读易举要》《易图纂要》《易古占法》《易外别传》，其中《读易举要》《易古占法》朱氏未见。《周易集说》《读易举要》《易外别传》影响比较大，是其代表作。

胡一桂

胡一桂（1247—？），字庭芳，徽州婺源（今属江西）人。生而颖悟，好读书，尤精于易学。南宋景定五年（1264）十八岁时乡荐礼部不第，退而讲学于乡里，远近师之，号"双湖先生"。其学源于其父胡方平，治朱熹易学。

胡一桂承其家学，依朱子原书，撰成《易本义附录纂疏》《易学启蒙翼传》二书，以还朱子易学之原貌。

吴 澄

吴澄（1249—1333），字幼清，抚州崇仁（今属江西）人，因"所居草屋数间，巨夫题曰草庐，故学者称为'草庐先生'"（《宋元学案·草庐学案》），谥文正。他出生在南宋末，但大部分时间是在元朝度过的。吴澄出身于世儒之家，受家庭熏陶，自幼读儒家著作。七岁诵《论语》《孟子》，十岁读《中庸》《大学》，十五岁读朱熹《大学章句》，十六岁拜临安书院山长程若庸为师，十九岁正式就读于临安书院。二十岁应乡试中选。元朝建立后，在临安书院学友程巨夫及左丞相董士选的极力推荐下，先后任翰林文字兼国史编修、江西提学副提举、国子监丞、司业，后迁翰林学士、太中大夫、经筵讲官等职。虽任过许多官职，但"旋进旋退"，时间很短，其大半岁月都是居于穷乡陋壤，孜孜于理学，"研经籍之微，玩天人之妙"。

撰有《五经纂言》《孝经章句》《草庐精语》《道德经注》等书，后人辑于《草庐吴文正公全集》。其易学著作有《易纂言》《易纂言外翼》《易叙录》。

张 理

张理，字仲纯，元清江（今属江西）人。元仁宗延佑年间（1314—1320）为福建儒学副提举。早年从杜本学易于武夷山，"尽得其学，以其所得于易者，演为十有五图，以发明天道自然之象"。其著作有《易象图说》内外篇各三卷，《大易象数钩深图》三卷。《四库全书》收有张理《大易象数钩深图》三卷，《易象图说》内外篇各三卷。

张理一生博览群书，尤精于易学，通过研究两宋象数易学，建立了自己独特的易学体系。

注：以上易学人物简介皆参考林忠军著《象数易学发展史》，有删改。